品牌经典系列

创建强势品牌

[美] 戴维·阿克 ◎著
（David A. Aaker）

李兆丰 ◎译

BUILDING
STRONG
BRANDS

《创建强势品牌》是戴维·阿克先生经典作品《管理品牌资产》的姊妹篇，它不仅能与《管理品牌资产》相提并论，而且后来者居上，是企业管理者和品牌经理人不可错过的必读之作。全书通过土星、美体小铺、通用电气、麦当劳等世界知名企业的品牌建设案例来阐述五个方面的问题：什么是品牌识别，如何建设品牌识别；如何管理品牌识别；如何构建品牌系统；如何衡量品牌资产；如何培育品牌的组织模式，从而帮助企业在数字营销时代创建和管理强势品牌，提升品牌溢价，创造企业的差异化价值。

David A. Aaker. Building Strong Brands.

Copyright © 1996 by David A. Aaker.

Simplified Chinese Translation Copyright © 2025 by China Machine Press.

Simplified Chinese translation rights arranged with David A. Aaker through Andrew Nurnberg Associates International Ltd. This edition is authorized for sale in the Chinese mainland (excluding Hong Kong SAR, Macao SAR and Taiwan).

No part of this book may be reproduced or transmitted in any form or by any means, electronic or mechanical, including photocopying, recording or any information storage and retrieval system, without permission, in writing, from the publisher.

All rights reserved.

本书中文简体字版由 David A. Aaker 通过 Andrew Nurnberg Associates International Ltd. 授权机械工业出版社仅限在中国大陆地区（不包括香港、澳门特别行政区及台湾地区）销售。未经出版者书面许可，不得以任何方式抄袭、复制或节录本书中的任何部分。

北京市版权局著作权合同登记　图字：01-2011-3029 号。

图书在版编目（CIP）数据

创建强势品牌：典藏版 /（美）戴维·阿克（David A. Aaker）著；李兆丰译. -- 北京：机械工业出版社，2025. 6. --（品牌经典系列）. -- ISBN 978-7-111-78479-1

I. F273.2

中国国家版本馆 CIP 数据核字第 2025JU2401 号

机械工业出版社（北京市百万庄大街 22 号　邮政编码 100037）
策划编辑：章集香　　　　　　　　　　责任编辑：章集香　黄姗姗
责任校对：颜梦璐　王小童　景　飞　　责任印制：单爱军
中煤（北京）印务有限公司印刷
2025 年 8 月第 1 版第 1 次印刷
170mm×230mm · 24.25 印张 · 3 插页 · 310 千字
标准书号：ISBN 978-7-111-78479-1
定价：119.00 元

电话服务　　　　　　　　　　网络服务
客服电话：010-88361066　　　机　工　官　网：www.cmpbook.com
　　　　　010-88379833　　　机　工　官　博：weibo.com/cmp1952
　　　　　010-68326294　　　金　　书　　网：www.golden-book.com
封底无防伪标均为盗版　　机工教育服务网：www.cmpedu.com

Building Strong Brands

丛书序言

能将我的六部与品牌相关的著作引入中国,我备感欣喜与荣耀。这些著作将成为传播品牌理念的重要载体。我35年来研究品牌的征程始于一个使命——致力于推动品牌资产的构建、管理与运用。万分欣喜这六部著作能在中国市场引起共鸣,它们在品牌建设领域发挥了重要的作用。

在这六部著作出版中文典藏版之际,我想向中国读者介绍《管理品牌资产》《创建强势品牌》《品牌领导》《品牌组合战略》《开创新品类:赢得品牌相关性之战》《品牌标签故事:用故事打造企业竞争力》这六本书的写作背景,解释其写作原因,以及它们在推动品牌建设方面的作用和意义。

1.《管理品牌资产》

"品牌资产"是20世纪80年代末提出来的一个概念。从某种程度上来讲,"品牌资产"概念的提出源于两种管理战略理论的失效,这两种管理战略理论都是基于数据驱动的分析,它们都导致了对短期销售的关注。

波士顿咨询公司(BCG)1970年提出的增长矩阵理论认为,一个企业的战略是否成功取决于在增长型市场中这家企业能否获得较高的市场份额,因为经验经济和规模经济能够带来成本优势。结果,当业务部门以降价的方式和更廉价的产品来获取市场份额时，品牌就会受到不利影响，增长难以实现，利润也会受到损失。另外，企业实时数据的实验表明，提高销售额的唯一方法就是使用"20%折扣"等价格促销活动。随之而来的价格促销活动的激增让消费者认识到，价格是最重要的考虑因素。在这种情况下，品牌差异化和品牌忠诚度下降，企业的发展前景恶化，盈利能力也随之下降。

随着"品牌资产"概念（品牌是战略资产）的出现，企业需要一种新的战略观点。然而，当时对于品牌资产并没有一个被广泛接受的定义，人们也不清楚它是如何助力企业取得成功的。《管理品牌资产》填补了这一空白。它对品牌资产进行了定义，并详细介绍了品牌资产让企业卓有成效的10多种方式，同时《管理品牌资产》还提出了对于企业来说建立品牌是值得的这一理论背后的底层逻辑。

《管理品牌资产》一书中介绍的品牌资产，除品牌知名度和品牌联想外，还包括品牌忠诚度。品牌资产的出现改变了市场营销的方式。它不再是一项战术性的传播工作。相反，它涉及影响与客户关系的方方面面——新产品、购买和使用体验、细分战略、组织文化，等等。这意味着以首席营销官或营销副总裁为代表的营销人员被邀请进入企业高层，成为战略的积极参与者。这也意味着企业关注的重点不再是短期的利益，而是要构建企业的资产，实现企业的可持续性发展。《管理品牌资产》已被引用33 000次，这反映了"品牌即资产"这一理念的影响力。

2.《创建强势品牌》

在接受品牌资产是企业增长战略的关键内容这一观点后，企业就希望了解如何建立、管理和运用品牌资产。《创建强势品牌》一书就为此提供了答案。《创建强势品牌》一书阐述了一个核心理念——品牌识别模式（有时称为 Aaker 模式，最近被称为品牌愿景模式），该模式与当时公认的方法截然不同。它基于以下几个前提。

第一，品牌不仅仅是两个字的词语，它可能涉及 4～12 个识别要素（或称为支柱、信念、原则、价值观）。大多数品牌都不能用单一的想法或词语来定义，而且寻找这种神奇的品牌概念可能会徒劳无功，更有甚者，可能会使品牌愿景不完整，缺少一些相关元素。品牌识别要素的优先级被划分为 2～5 个最具有吸引力和差异化的要素，我称之为"核心识别要素"，而其他要素则被称为"延伸识别要素"。核心识别要素将反映推动品牌建设计划和倡议的价值主张。延伸识别要素为品牌愿景增添了质感，有助于判断计划是否"符合品牌定位"。

第二，品牌识别模式会根据环境、产品、客户、竞争、业务战略和组织情况创建相应的元素。与此相反，"一刀切"的模式预先设定了其适用于所有品牌，但具体情况各不相同。组织价值观和计划可能对服务业和企业对企业（B to B）类公司至关重要，但对包装消费品企业则不然。创新对于高科技品牌可能很重要，但对于一些包装商品品牌则不那么重要。品牌个性往往对于耐用消费品很重要，而对于企业品牌则不那么重要。品牌愿景模式允许采取任何形式，以形成能够引起共鸣、与众不同并代表组织和产品的愿景。

第三，品牌识别不仅限于功能属性和利益。它不仅是作为产品的品牌，也是作为组织的品牌、作为人的品牌和作为象征的品牌。它可以带来自我表达、社会和情感方面的好处。

第四，品牌识别具有前瞻性，它可能与当前形象不同。考虑到当前和未来的业务战略，它是品牌在未来发展中需要具备的联想。很多时候，当超越品牌许可范围时，品牌管理者会感到受限和不舒服。然而，大多数品牌都需要改进支撑其发展的支柱来参与竞争，并增加新的支柱来创造新的差异点和增长平台。然而，前瞻性不仅仅是一个梦想，它还需要得到意愿、资源和计划的支持，才能将其变为现实。

第五，品牌定位是一个短期的传播指南，它往往表达了将以何种逻辑向目标受众传播哪些内容。当前的定位通常强调的是具有吸引力的品牌识别要素，这些要素现在是可信的、可实现的。定位信息可能会随着组织能力和计划的出现或市场的变化而变化。

《创建强势品牌》被世界各地的许多公司所采用，在关于人们如何管理品牌的图书中其影响巨大。该书英文版的销量超过15万册。

3.《品牌领导》

埃里克·乔基姆塞勒在巴塞罗那IESE商学院担任教授时，他决定撰写一本涵盖品牌塑造和品牌建设的图书，并重点关注世界各地企业相关的案例。《品牌领导》一书提出了创建品牌领导力的四个关键要素。

第一个关键要素是品牌建设需超越大众媒体广告。我们建议品牌建设者将品牌与客户的兴趣点、活动或价值观联系起来。其中一个例子是阿迪达斯街头篮球挑战赛（Adidas Streetball Challenge），这是一系列三对三的篮球比赛，每场比赛都围绕着游戏和音乐来展开，并与阿迪达斯联系在一起。

第二个关键要素是扩展品牌识别模式，增加一个可选的品牌精髓概念——代表品牌识别大部分内容的单一思想。一旦找到了正确的品牌精髓，它就能在内部沟通、激励员工和合作伙伴方面发挥神奇的作用并帮助指导各项计划。比如，伦敦商学院的"变革未来"、松下的"生活创意"、迪士尼乐园的"家庭魔法"以及雪佛龙的"人类能源公司"。在每个案例中，品牌精髓都提供了一个涵盖所有品牌支柱的总括思想或概念。

第三个关键要素是全球品牌管理。埃里克和我采访了近三十五家公司的经理并查阅了与之相关的案例研究资料，询问他们认为全球品牌经理面临哪些问题，以及他们是如何处理这些问题的。我们的研究使我们确信，全球品牌经理都需要找到跨国传播见解和计划的方法，要打破"我的国家与众不同"的思维定式，开发一种人人都能使用的品牌管理流程，并找到让卓越品牌建设得以出现的方法。

《品牌领导》讲到的最后一个关键要素是品牌组合战略。我们对品牌组合战略进行了定义并开发了品牌关系谱，该关系谱构建了子品牌和认可品牌在整个品牌组合中的作用。

4.《品牌组合战略》

品牌不是单独存在的，它们受到多个品牌的影响。一个企业通常有子品牌、代言人品牌、联合品牌、合作伙伴品牌、企业品牌，等等。此外，品牌还可以通过品牌服务、品牌特色、品牌技术、品牌流程，甚至品牌文化支柱，获得差异化、活力和可信度。因此，需要创建和管理这样一个品牌体系，使其发挥协同作用，产生清晰的品牌定位、协同效应、杠杆作用，从而打造强大的品牌阵容。

制定品牌组合战略是一项复杂而又针对具体情况的工作。据我所知，由于这项工作通常混乱而又无趣，《品牌组合战略》可能是美国市场上唯一一本涉及这项工作的图书。创建一个能够独树一帜并产生共鸣的品牌并非易事，但直截了当，而制定品牌组合战略则不然。许多品牌之间的关系复杂且不断变化。这些品牌不仅要协同工作，还要支撑往往模糊、复杂和不断变化的组织战略。虽然没有一种线性流程适用于所有的情况，但有一些概念和框架有助于实现品牌组合战略。

品牌组合战略的第一个核心作用是使新产品能够与某一品牌或一系列品牌相识别。品牌关系谱可以帮助新产品通过描述（如通用电气喷气发动机）接近主品牌，或通过代言人（如 3M 的 Scotch Guard）拉开一定的距离，或通过子品牌（如丰田花冠）或新品牌（如雷克萨斯）拉开更大的距离。

　　品牌组合战略的第二个核心作用是创造和使用品牌差异化因素和品牌活力因素，用一个品牌帮助另一个品牌解决两个重要的品牌问题。品牌差异化是指使品牌与众不同的品牌特征、成分或服务。因此，威斯汀酒店拥有"天堂之床"和"天堂之浴"两个品牌，两者都具有明显的优越性，使其酒店与众不同。品牌活力是指具有品牌化特征的产品、促销活动、赞助活动、项目或其他实体，通过关联，显著提升目标品牌的影响力并为其注入活力，并在一段时间内对其进行积极的管理。例如，iPod 为苹果公司注入了活力，麦当劳叔叔之家为麦当劳注入了活力并提升了形象，而知名人士则可以为其代言的品牌增添活力。

　　品牌组合战略的第三个核心作用是通过品牌延伸创造增长路径。一种增长路径是将品牌延伸到新的产品或地区。另一种增长路径是将品牌推向高端细分市场或下沉到大众价值市场。所有品牌延伸方案都有风险，但都能带来品牌提升和增长机会。在做出决定时，需要根据相关品牌的现有优势和潜在优势进行具体的分析。

　　5.《开创新品类：赢得品牌相关性之战》

　　《开创新品类：赢得品牌相关性之战》定义并介绍了品牌相关性概念，并解释了其在战略中的作用。品牌相关性是指在一个子品类（或品类）中，品牌既有知名度又有可信度。仅有知名度还不足以获得目标客户的青睐，还需要在细分品类中具有知名度和可信度，不能有任何理由不购买或不使用该品牌。

　　《开创新品类：赢得品牌相关性之战》创作的灵感来自我们从许多不同品类和环境中观察到的一点，即发展的唯一途径（除极少数例外情况）是参与竞争并在品牌相关性竞争中获胜。这就意味着要创建一个新的子品类，如电动汽车、具有卓越睡眠体验的床、有机清洁剂供应商或来自特定地区的苹果。通过这个新的子品类，成为代表新的子品类的典范品牌，并对其进行定位，使其胜出，然后成为唯一或最相关的品牌。当竞争对手不相关或不太相关时，企业开创的新品类就成功了。

还有一种战略是品牌偏好竞争战略，其重点是在既有的成熟品类中击败竞争对手，从而获得品牌偏好。制胜战略是进行渐进式的创新，使品牌更具有吸引力或更可靠，使产品成本更低，或使营销计划更有效或更高效。这种"我的品牌比你的品牌好"的方法在当今多变的市场中越来越难以实现企业的增长。

《开创新品类：赢得品牌相关性之战》与其他许多讨论基于颠覆性创新的增长战略的图书大相径庭，它主要讲述了以下的内容：

- 强调其他图书忽略或不重视的品牌和品牌塑造方法。特别是，它强调了定位新细分品类、基于客户群设置壁垒以及品牌创新的重要性。
- 假定子品类和品类一样都在发挥作用，实质性创新和变革性创新都能带来新的品类或子品类。
- 提供企业创建新品类或子品类的流程，包括概念生成、评估、定义品类或子品类，以及创建竞争者壁垒。
- 考虑失去品牌相关性的损失，它是如何发生的以及应如何避免。
- 提出一个组织需要具备哪些特征来支持实质性或变革性创新，从而产生新的品类或子品类。
- 讨论为什么赢得品牌相关性竞争是困难的，以及如何应对这些挑战。

6.《品牌标签故事：用故事打造企业竞争力》

我的女儿詹妮弗是斯坦福大学商学院的教授，拥有心理学专业背景，擅长教授如何讲故事，对故事的力量、创造和应用非常精通。我们的讨论促使我创作一本有价值的，关于如何通过讲故事来传达企业重要战略信息的书。

无数的研究表明故事具有传播力量。如果一个信息包含在一个故事中（或由故事激发或由故事说明），那么它就更有可能获得关注、得到处理、更少地遭到反驳并被记住。在信息过载、媒体内容杂乱和怀疑普遍存在的极端情况下，使用故事就提供了一条行之有效的途径。

什么样的故事是有效的？它不是事实、数据或破坏性特征的简单罗列，例如"让我来告诉你我公司的故事——它很有创意，生产的产品非常可靠"。我所定义的标志性故事具有以下的特征：

- 引人入胜。这个故事即使不是引人入胜的，也是引人深思、新颖、具有启发性、有趣、信息量大、有新闻价值或娱乐性的某种组合。
- 真实性。不能让受众认为故事是虚假的、做作的，或者是有明显的推销行为。此外，故事及其信息的背后应该传达产品规划、企业战略或产品及其服务等实质性内容。
- 参与性。受众应该能被故事所吸引，它通常（但不总是）会引起受众认知、情感或行为上的反应。
- 能够传达与品牌相关的战略信息。它可以澄清或提升品牌的知名度、形象、个性、相关性和价值主张。它可以生动、真实地传达企业的价值。最后，它不仅可以阐明企业当前的业务战略，还可以阐明企业的未来愿景以及如何实现企业的目标。

这类故事可以以客户、员工、体验者、产品或创始人为主角，它们应为员工提供清晰的思路和灵感。尤其是千禧一代，他们更愿意为那些不仅仅以销售额和利润为目标的企业工作，而一个标志性的故事可以帮助他们更真实、更清晰地了解他们为之服务的企业目标。客户也是重要的受众，因为战略性的故事信息可以赢得他们的尊重和忠诚。

尽管人们对此很感兴趣，但在市场营销中使用故事的做法仍然鲜为人知，使用率也很低。与事实相比，故事通常被视为一种低效的沟通工具，而且在寻找和管理故事方面通常具有一定的挑战性。《品牌标签故事：用故事打造企业竞争力》的贡献在于考虑如何利用故事来支持组织内外战略信息的传播。故事的这种战略作用与支持短期战术性传播目标的作用大不相同。

我很高兴这套丛书为众多品牌从业者追求卓越品牌建设奠定了基础。

戴维·阿克

2025 年 5 月 14 日

Building Strong Brands 赞 誉

戴维·阿克作品的最大价值是帮助你跳出创意和战术级传播，真正建立起品牌战略思维，关注深度品牌资产的建立，提升品牌溢价，解决中国企业低端的痛点，这也是品牌人提升价值的秘籍。

——翁向东　杰信咨询首席专家

数字营销时代变化太快，让我们以为碎片的观点便是前沿。戴维·阿克让我们想起品牌不是曝光，不是点击，不是 uv（独立访客数），不是 share（分享量），而是长久以来积累在人们心中的形象和联想。只有回归对品牌最本质和最基础的理解，才能够参透我们所在行业的深远意义，才能够明白"品牌资产"不是一日说、一时做而草草了事的。说是一句话，做是万般心。但说的这"一句话"必须扎实，必须是基础，必须是思维缜密的理论之基。

——王冉　腾信创新前 COO

续集很少能与原著相提并论。但这次是后来者居上！阿克用令人信服的案例分析和富有洞察力的探讨，延展了《管理品牌资产》一书中提出的概念，为品牌经理人创造了一本真正的用户手册。在品牌管理领域，阿克本身就是品牌！

——约瑟夫·特里波迪　万事达卡全球执行副总裁

阿克的品牌理论以及他对品牌资产衡量的探讨，将从根本上改变我们对市场的看法。

——彼得·乔治斯库　扬罗必凯前董事会主席兼CEO

这是一本必读书，将我们对品牌的理解带到了新高度，是当之无愧的一朵奇葩！

——彼得·希利博士　可口可乐前高级副总裁

1970～1980年，美国汽车业的消费者之所以会有"迷失的一代"，行业没有保持强势品牌是主要原因之一。我们的主要问题之一就是混淆了品牌识别（我们想成为什么）和品牌形象（我们现在是什么）的概念，而这正是这本富有洞察力的著作所探讨的诸多问题之一。阿克教授所倡导的对品牌的反思，会让每一家美国企业从中受益。

——罗伯特·鲁兹　克莱斯勒前总裁兼首席运营官

经典之作！精深、实用又易读。既对大企业有用，又对新公司有启发。相信它，品牌忠诚永不会过时！

——汤姆·彼得斯　《追求卓越》作者

所有市场从业者的必读书。

——丹尼斯·卡特　英特尔公司副总裁、市场总监

有关品牌战略价值的突破性著作，如果你希望将自己的品牌效益最大化，这就是你的必读之书。

——斯蒂芬·维兹　万豪国际酒店集团高级副总裁

《管理品牌资产》奠定了根基，《创建强势品牌》则是高屋建瓴。

——乔·维勒　雀巢美国公司前首席执行官

Building Strong Brands

译者序

作为一名品牌咨询工作的从业者，我认为《创建强势品牌》可以从三个方面为中国的品牌建设提供价值。

第一，提供了有关品牌的系统化概念和定义；第二，为品牌强度的测量提供了细分维度，同时也为品牌建设提供了正确的方法和途径；第三，弥补了中国品牌建设缺乏历史和借鉴的先天不足。

在当今中国的品牌咨询领域，概念混乱是一个根本性的问题。作为一个品牌咨询工作的从业者，当我们和客户或者同行谈论品牌，在谈论中途产生争执时，经常发现双方谈论的"品牌"在概念上是不同的。作为一位品牌研究者，在研读品牌相关的文献时，我经常发现不同的作者对于品牌概念的理解也是不同的。而当客户向我们寻求帮助，描述他们心目中理想的品牌时，我们也常常发现他们对品牌概念的理解千差万别。

概念的混乱不仅限于"品牌"，还包括其他与品牌有直接和间接关系的概念，如"品牌个性""品牌形象""品牌核心价值""品牌DNA""品牌定位""品牌识别"等，并且有一些本土或者国际品牌机构为了彰显自身的"独创性"和"专业性"，自创了一系列有关品牌的概念，这些概念自成体系，在与外界沟通的时候总是存在各种各样的差异，使得品牌建设的任务从一开始就面临着障碍。

无论从哪一个角度来讲，概念的混乱和体系的封闭都不利于行业整体的发展，而戴维·阿克的《创建强势品牌》应该非常利于这一问题的解决。在书中，作者论述了四种品牌视角：作为产品的品牌、作为组织的品牌、作为个人的品牌和作为符号的品牌。这四种视角囊括了几乎所有主体提到的"品牌"的概念，将单一的品牌概念系统化。在日后遇到不同的"品牌"概念时，这种多维视角或许有助于我们迅速厘清该"品牌"对应于哪一种视角，以及我们如何将单一的视角延展到更多维度。

在管理品牌系统的章节中，戴维·阿克论述了不同的子品牌，如担保品牌、驱动品牌、银色子弹、战略品牌等，每一种子品牌都扮演着不同的角色，发挥着不同的作用，这些论述和案例对于任何组织中品牌战略的制定者和管理者都具有明确的指导意义，而对于刚刚涉足品牌营销的中国企业更显得弥足珍贵。

在本书中，作者提及品牌资产的概念。这是一种消费者的视角，它对于品牌强度的测量以及品牌建设路径具有开创性的价值。

作为本土的品牌咨询从业者，我曾看过各种各样的"品牌"建设报告，也见过各种各样的"品牌"建设行为。但我不得不承认，大多数的品牌建设还是以"品牌所有者"的视角为起点的，其品牌的内涵充满了各种各样时髦、应景的概念，其品牌建设行为弥漫着领导者的意志和喜好。但是，品牌离开了消费者就只能是一种子虚乌有的存在，而戴维·阿克提出的"品牌资产"的概念不仅具有消费者的视角，奠定了品牌强度测量的基础，而且还指出了如何将消费者头脑中的印象和重复购买行为作为结果与目标，引导企业进行品牌建设，避免浪费宝贵的企业资源。尽管品牌资产并不是本书论述的重点，但是这一概念的重要性，尤其是对于中国品牌建设的重要性，无论如何强调都不为过。

由于中国市场经济发展的特殊性，因此在中国出现了几家成功的多元化企业。但在有些西方品牌理论中，这些多元化品牌并没有得到合理的解释，甚至不被认为是成功的品牌。现实不可能因为理论的肯定或者否定而改变，当多个品牌都经由某种路径取得成功时，其背后一定存在某种规律。在本书中，组织联想等章节对此给出了非常恰当的阐释，在初读这些文字时，我感觉自己之前的疑惑像一把锈蚀多年的锁砰一声被打开了，豁然开朗、神清气爽。当然，这种阐释的作用绝不仅限于从理论上正名、解惑，更重要的是给多元化企业的品牌建设指出了一条从理论到实际都被证明是正确的道路，从而拓宽了品牌建设的路径。

　　品牌建设是一种战略行为、长期行为。建设一个成功的品牌绝非一日之功，而是需要长期的、协调一致的传播。在当今的中国市场上，品牌定位和形象的更迭屡见不鲜，其结果当然是可想而知的。品牌建设产生这种朝三暮四的行为可能有多种原因：营销导向，绩效指标压力，部门或个人利益驱动等。究其根本，是企业管理者对于品牌的战略性、长期性认识不足，对于成功品牌建设的规律性认识不足。更深层次的历史原因在于中国市场经济的历程有些短暂，在中国的现代经济史上，某一款产品的成功、某一任企业家的成功、企业在某一阶段的成功远远多于品牌的长期成功，因此对于成功品牌建设规律的总结相对匮乏，对于品牌建设规律的成功实践就更加稀缺。在本书中，戴维·阿克提供了几十个成功品牌建设的案例，这些品牌大多度过了几十年甚至上百年的岁月，但仍然历久弥新，散发着时代的气息。它们无愧于"成功品牌"这一称谓，对这些品牌成长历史的阅读、对其经验和教训的了解无疑将对中国的品牌建设具有明确的启迪和借鉴意义。

当然，《创建强势品牌》一书的价值绝不仅限于以上三个方面，它就像是一颗钻石，从不同的角度折射出耀眼的光芒，对于这颗钻石，我们需要从不同的角度去细细地品味、学习和欣赏！作为译者，我已经领略了它的璀璨，也希望各位读者能够感受到它的光芒！

李兆丰

Building Strong Brands

前 言

    我的另一本著作《管理品牌资产》也是由自由出版社（Free Press）出版的。书中提出了新的视角，即品牌是一项战略资产，对长期业绩起着关键作用，因此需要进行长期管理。而《创建强势品牌》这本书解释了品牌资产是什么，以及品牌资产如何创造价值，同时也建立了品牌资产的结构，该结构包括四个维度：品牌知名度、感知质量、品牌忠诚和品牌联想。书中还探讨了品牌名称及其标志的作用，深入研究了与品牌延伸决策相关的问题，并回顾了全球品牌战略。

    自《管理品牌资产》问世之日起，我的研究和咨询工作开始涉足诸多该书没有详细探讨的领域。在自由出版社的鲍勃·华莱士的鼓励下，我开始着手探索这些新的问题。

    《创建强势品牌》有五个主题。首先，本书深入探究了第一个主题——什么是品牌识别（brand identity），以及怎样建设品牌识别。品牌形象（brand image）是指品牌如何被顾客所感知，而品牌识别则表达了一种抱负——品牌希望如何被顾客所感知。创建品牌识别常常走入一个误区，就是把关注点放在与产品相关的特色上。本书将鼓励品牌战略制定者突破陈规，综合考虑情感利益和自我表达利益、组织属性、品牌个性以及品牌符号。看待品牌的视野越宽广，创造真正差异化价值的可能性也就越大。

第二个主题是管理品牌识别，包括建立品牌定位（品牌识别中需要主动传播的部分）和制定执行计划，同时还涉及用持续一致的信息和符号去平衡各种因环境变化而产生的需求。主张变化的强大外力经常存在，但有时需要抵制。

第三个主题以品牌系统概念为核心，这个概念给品牌管理增添了新的维度。品牌系统由一系列相互交织重叠的品牌和子品牌构成，这个系统既可以是清晰的，形成协同效应，也可能造成混乱和矛盾。品牌系统的概念引出了对于各品牌不同作用的分析。品牌或子品牌除了驱动业务领域的发展外，还能支持其他品牌，给顾客提供清晰的选择。另一些有关品牌系统的问题是以品牌为支点，通过垂直延伸或水平延伸建立跨越多个产品类别的品牌和联合品牌。本书还引入了品牌系统审计，以此作为系统管理品牌的开始。

第四个主题是提供了跨产品和跨细分市场衡量品牌资产的方法。这个衡量方法对大多数尝试建立和管理多个市场及品牌的管理者具有实际价值，同时这个方法也提供了概念品牌模型的量化规范。

第五个主题是探讨了培育品牌的组织模式。创建品牌不仅需要处理品牌系统的问题，还要跨越不同的市场、产品、角色和环境进行品牌的协调。这些挑战往往是传统组织应付不了的，因此通常需要新的组织方式。

此外，土星品牌创建的故事阐述了本书提出的许多新的议题和方法。我曾对土星有过深入的了解，并且逐渐相信这是近几年来品牌创建方面令人印象最深的项目之一。

与《管理品牌资产》一样，本书提出的概念模型和问题都辅以案例研究和实例进行阐述。我认为抽象模型需要具体描述才能产生清晰的理解，并激发读者对于品牌及其管理的新视角。另外，只要有可能，我都会引用学术研究成果，用以支持对所探讨或模拟的流程所做的假设。因为我认为不是所有读者都读过《管理品牌资产》一书，因此也重述了该书中的一些关键概念，但两书重合的部分最多不超过本书的5%。另外，本书偶尔会参考《管理品牌资产》一书中详细讨论过的内容。

致 谢

许多人对本书的出版做出了努力。我特别感谢伦敦商学院的肯特·格雷森，他阅读了初稿，并给出了大量详尽的评论和建议。与圣·詹姆斯集团的斯科特·陶格的谈话使我深受启发、获益匪浅，他也对第3章介绍的核心模型做出了巨大贡献。我的助手兼编辑卡罗尔·查普曼能力卓越，耐心地对本书进行了润色。自由出版社的凯瑟琳·韦兰从多方面主动提供帮助，希丽亚·奈特一直推动本书的出版。

我曾与学术界和业界一些我所尊敬的、眼光独到的人进行过激烈的讨论，我的思考和著作也因此受益良多。这其中包括北卡罗来纳州的凯文·莱恩·凯勒、加州大学洛杉矶分校的珍妮弗·艾克、ESADE和哈斯商学院的罗伯特·阿尔瓦雷斯、哈尔·赖利公司的鲍勃·艾利斯、彼得·西利（现在索尼和哈斯商学院供职）、万豪集团的史蒂夫·韦兹、品牌战略公司的杜安·纳普、圣·詹姆斯集团的杰夫·辛克莱、麦当劳的里克·莱特伯恩、爱帝威公司的安德鲁·斯托达特、高乐氏的珍妮特·布雷迪、AT&T的布鲁斯·杰弗里斯·福克斯、扬罗必凯的彼得·乔治苏和斯图尔特·阿格雷斯、亚历山大·比尔协会的亚历山大·比尔，以及我在哈斯商学院的同事们。

有些优秀的学员也帮助整理了我的手稿，他们是黛安娜·加贝安内利、琼·考夫曼、约翰·萨默维尔、约翰·弗里德、贝斯·厄尔曼、文森特·韦勒、杰夫·尹、蒂姆·泰瑞、罗斯·范沃尔特、阿久津聪、尼古拉斯·卢里、简·里欧和马西·波罗斯，以及优秀的编辑奇瑞斯·凯利。

最后，我想感谢自由出版社的鲍勃·华莱士，他对我和我的作品一直保持着积极鼓励的态度。同时，我特别想感谢我的家人，他们支持我撰写了这两本书。

Building Strong Brands

目 录

丛书序言
赞　　誉
译者序
前　　言
致　　谢

第 1 章	强势品牌	1
	柯达的故事	2
	品牌资产	7
	品牌知名度	9
	感知质量	16
	品牌忠诚	20
	品牌联想	24
	本书的目标	24
	创建强势品牌为何如此困难	25

| 第 2 章 | 土星的故事 | 36 |
| | 土星：一个强势品牌？ | 38 |

土星如何创建品牌	42
土星与通用汽车共同面临的挑战	59
土星故事的评价	63

第3章 品牌识别系统 — 65

品牌识别	66
品牌识别陷阱	67
四种品牌识别视角	76
品牌识别结构	82
提供价值主张	90
信誉角色	96
底线：品牌－顾客关系	97
处理多种品牌识别	97
理解品牌识别	99

第4章 组织联想 — 100

美体小铺的故事	101
日本品牌建设的故事	103
作为组织的品牌	107
组织联想	110
组织联想如何发挥作用	123

第5章 品牌个性 — 129

哈雷－戴维森的故事	130
衡量品牌个性	135
如何塑造品牌个性	138

为什么要利用品牌个性	143
自我表达模型	145
关系基础模型	151
功能利益表现模型	160
品牌个性与用户形象	164
品牌个性是可持续优势	166

第 6 章 | 形象的落地　　168

品牌定位	170
在执行中实现卓越	179
追踪	182
战略品牌分析	183
品牌识别与定位的力量	194

第 7 章 | 长期品牌战略　　199

通用电气公司的故事	200
皇冠品牌的故事	204
为什么要改变识别、定位或者执行	210
为什么成功地保持一致性会更好	212
持续一致为什么如此之难	218
搜寻青春的源泉	224

第 8 章 | 管理品牌系统　　232

关于品牌系统	233
驱动角色	237
背书角色	238

战略品牌	241
子品牌的角色	242
品牌增益	251
银色子弹	255
需要多少品牌	258
关于品牌战略	260

第 9 章 综合利用品牌 262

康之选的故事	263
金斯福德木炭的故事	266
综合利用品牌	267
产品线延伸	268
品牌向下延伸	270
品牌向上延伸	280
品牌延伸决策	285
创建系列品牌	285
合作品牌	291
品牌系统审计	293

第 10 章 跨产品、跨市场衡量品牌资产 296

扬罗必凯品牌资产评估模型	297
全方位研究公司的资产趋势	302
英特品牌公司评选出的顶级品牌	305
为什么要跨越产品和市场衡量品牌资产	307
品牌资产 10 项指标	308
忠诚度指标	312
感知质量与领导力指标	316

联想与差异化指标 319
知名度指标 323
市场行为指标 325
品牌资产的单一价值 327
根据品牌所处环境调整衡量指标 331

| 第11章 | 为品牌创建而组织 333
品牌创建的任务 334
为品牌建设进行组织调整 336
广告代理商的角色 342
结束语 351

参考文献 353

BUILDING STRONG BRANDS

第1章

强势品牌

要做到最佳,你需要什么?
专注、纪律和梦想。

——弗罗伦斯·格里菲斯·乔伊娜
奥运会金牌获得者

一个橙子……只不过是一个橙子……还是一个橙子。当然,除非它碰巧是一个新奇士橙子,80%的消费者都知道并信任的名字。

——拉塞尔·L. 汉林　新奇士公司

柯达的故事⊖

19世纪70年代，一位摄影师的全套装备不仅有一个大照相机，还包括一个结实的三脚架、感光玻璃、一个很大的感光玻璃容器，以及暗箱、显影液和一个水容器。[1]要照相不能只带一个照相机，必须把整个实验室都带上。然而，这一切都因为乔治·伊斯曼而改变了。他创办了一家公司，这家公司从一成立就对世界产生了巨大影响。开办并经营一家具有如此影响力的公司，伊斯曼需要许多资源，比如开发新工艺的才智、良好的商业嗅觉以及敢冒风险的魄力。但是，如果没有柯达这一强大的品牌，伊斯曼也不太可能取得后来的成就。

柯达的标志以明黄色为背景，上衬黑色粗体字母。100多年来，这一标志清晰地传达着伊斯曼的产品和公司的精髓。这一品牌（及其代表的公司）能够生存至今，主要有4个原因：对质量承诺的坚守、品牌知名度的形成、品牌忠诚度的培养以及强大而清晰的品牌识别开发，其中最后一个是最为重要的。

伊斯曼对质量的承诺在他引入市场的第一个产品上就体现出来了。19世纪70年代后期，他开发了一项"干"式感光板专利，大大简化了摄影工艺。由于效果显著，尤其是在光线暗、曝光较长的情况下体现得更为明显，伊斯曼的感光板很快就成为知名产品。然而，产品推出一年后，由于某个元件的故障导致一些感光板失去了感光性。伊斯曼冒着财务风险坚持召回了这些感光板。这一事件说明，伊斯曼认为产品质量是保证客户满意的最快途径。这一事件也让客户将柯达品牌与优良的品质联系起来，并且一直持续到今天。

⊖ 本书英文版出版于1996年，当时，柯达无疑是强势品牌，由于在数码时代的大潮中跟不上步伐，尽管历经挣扎，柯达还是于2012年1月19日在美国纽约提出破产保护申请。——译者注

对柯达而言，质量也意味着方便易用。多年以来，柯达总是同那些让消费者方便、满意的照相产品联系在一起。1888年，伊斯曼开始推广一款适用于所有人而不仅仅是专业人士的照相机。这款相机售价25美元，不需要那时照相所需要的各种实验室附件，初学者只需要"拉绳索，开开关，按下按钮"。如果再付10美元，就可以在纽约罗切斯特一个"现代化"、高效率的设备中把照片冲洗出来，并装上新胶卷。

1888年，柯达在早期推出的一支广告中将自己定位为面向下一世纪的企业。在广告画面中，有一只手握着相机，旁边是伊斯曼书写的标题："你只需按下按钮，剩下的事我们来做。"（见图1-1）柯达照相机实现了这一承诺，并且，柯达后来的许多产品都实践着这一精神：1890年柯达推出的折叠照相机更易于携带。随后的世纪之交，柯达推出了柯达小精灵（Kodak Brownie），该产品成为柯达约80年内的主打产品。1963年柯达推出的"傻瓜"照相机（带闪光灯的便携式照相机），1988

图1-1 柯达公司1888年的广告

资料来源：Reprinted courtesy Eastman Kodak Company.

年柯达推出的一次性照相机（Kodak FunSaver，将照相机送回冲洗店，冲洗店处理照片并回收相机）都在延续这一传统。

长期稳定的质量和创新产生了一项副产品，即柯达这一品牌与日俱增的知名度。促销、广告和无所不在的标志同样增加了柯达的知名度。1897年，柯达资助了一次业余摄影比赛，吸引了25 000人参加；1904年，柯达举办了柯达巡回展，展出了41张照片；1920年，柯达沿公路建立了风景点，并竖起"前方可照相"的路标提醒驾车者。这些举措与同期开展的广告活动提高了消费者对柯达名字及其黄色标志的熟悉度。每当提到照相机、胶卷或者家庭照片时，第一个出现在人们脑海中的词便是柯达，而且几乎所有人看到柯达标志时都会对这个熟悉的名称产生积极的情绪。

柯达之所以具有全球的高知名度和杰出表现，是因为该企业很早便决定把产品销到美国以外的区域。柯达在美国推出照相机短短5年后，便在伦敦设立了销售办事处，其产品很快遍及欧洲。1930年，柯达已占据全球摄影器材市场75%的份额，以及约90%的利润。多年以来，这一数字仅有很小幅度的下滑。

柯达具有一系列的联想，这助其建立了独特的形象，并为忠诚的客户关系奠定了基础。柯达依靠几十年来对产品和营销的投入树立了强大的品牌识别，这一品牌识别可归纳为两个词：简洁（主要由产品特色支持）和家庭（主要由营销传播和视觉形象支持）。

大约在世纪之交（19世纪末20世纪初），柯达推出了两个人物作为产品形象代表——小精灵男孩和柯达女孩。他们不仅让消费者感觉照相机非常容易操作（因为儿童都可以使用），而且创建了照相机与儿童及家庭之间的联系。柯达早期的广告总是展示易于被胶片记录的背景，尤其是有儿童、狗和朋友的家庭场景（见图1-2，1922年广告画面）。20世纪30年代，听众可以在广播中的柯达时间收听到对家庭相簿的描述。

1967年,柯达的获奖广告描绘的内容是:一对年逾60岁的夫妇在清理阁楼时,找到了一箱照片,这些照片记录了他们20多岁的样子,还有随后的岁月——结婚、享受蜜月、迎接第一个孩子、出席儿子的毕业典礼。广告结尾,已经成为祖母的妇女手拿傻瓜相机,正在为她刚出生的孙子照相。

图1-2　1922年柯达的广告

资料来源:Reprinted courtesy Eastman Kodak Company.

一次又一次诸如此类的营销努力,还有无可比拟的产品品质,使消费者逐渐把柯达当成了家庭的朋友,因为柯达总是伴随左右并和他们一起分享快乐的时光。这一形象成为柯达巩固客户忠诚度的关键因素。

客户忠诚度有多高?这可以从柯达应对危机恢复品牌活力的例子中体现出来。例如,柯达拍立得相机(Instant Camera,1976年为与宝丽来竞争而推出)上市一年后,就占据了拍立得相机市场1/3的份额。然而,在宝丽来取得侵犯专利权诉讼案的胜利后,柯达被迫于1986年放弃该产品。再没有什么比被迫从一个原本拥有一定优势的市场退出更糟糕的了。许多品牌因此一蹶不振。但柯达在这次失败后依然生存了下来,这源于其先天的品牌实力以及解决困难的能力。柯达请每一位拍立得相机所有者退回他们的相机，调换为柯达光碟相机和胶卷以及价值 50 美元的柯达公司的其他产品，或是柯达的股票。结果，柯达利用这次事件以及相关的沟通机会，强化了柯达的品牌联想，并宣传了光碟相机。

环境永远在变化，对柯达而言也是如此。柯达在 21 世纪面临着一大挑战，就是把品牌从传统的照相机和胶片生产者的形象，扩展到数字化的形象，这一领域也应该是企业的主要经营范围。柯达品牌与特殊时刻和家庭场景的传统联系，需要调整到创新、高科技的形象，这样才能支持像照片光盘（数字化存储相片，并可在电脑上重放的载体）和"即可印"（该产品可以迅速扩印照片，却不需要底片）之类的产品。在不同市场中，许多强势品牌都同样需要调整，这一点本书第 7 章将会详细阐述。

柯达面临的另一个挑战是胶卷行业激烈的价格竞争，这些竞争部分来源于自有（或"零售"）品牌。柯达的反应之一是推出 3 种胶卷：供特殊场合使用的高品质胶卷"尊贵金"（Royal Gold）、日常用胶卷"金加"（GoldPlus）以及针对喜欢廉价商品的消费群的低价季节性品牌"欢乐时光"（FunTime）。柯达以及其他企业为了应对日益恶化的市场，将品牌向上向下同时延伸，这部分内容将在第 9 章详细论述。

许多研究表明，柯达仍是当今世界上最强势的品牌之一。在柯达销量和利润最大的胶卷行业，柯达占有大约 60% 的美国市场，而且产品价格显著高于其最大的竞争对手富士。此外，柯达还在积极开拓全球市场，目前占有 40% 的市场份额。

柯达的故事说明了如何创造并管理品牌资产。本章将概括性地介绍品牌资产，并对我在《管理品牌资产》⊖一书中首先提出的这一概念加以

⊖ 该书中文版已由机械工业出版社出版。

拓展。虽然两本书的概念是相同的，但本书增添了新的研究、案例和观点。第 1 章还阐明了创建强势品牌的关键。本章的最后一部分包含部分报告，论述了为何在当今风云变幻、竞争激烈的市场上建立强势品牌如此困难。

品牌资产

品牌资产（brand equity）是一系列与品牌名称和标志相关的资产（或负债），它能够增加（或减少）产品或服务带给企业或企业顾客的价值。品牌资产主要可分为 4 类：

（1）品牌知名度（brand name awareness）；

（2）品牌忠诚（brand loyalty）；

（3）感知质量（perceived quality）；

（4）品牌联想（brand association）。

这一定义的诸多方面都需要详细阐释。首先，品牌资产是一系列资产，因此，对品牌资产的管理包括投资创造并强化品牌资产。图 1-3 的内容在《管理品牌资产》一书中探讨过，该图简洁地概括了品牌资产如何产生价值。（注意，为了保证完整性，图 1-3 把第五项资产，即其他所有权品牌资产也纳入进来。这类资产是指渠道关系和专利权等附着于品牌的资产。）

其次，每种品牌资产创造价值的方式各不相同。为了有效管理品牌资产，并为品牌建设活动做出明确的决策，清晰地了解强势品牌如何创造价值非常重要。

最后，品牌资产不仅为企业创造价值，也为消费群创造价值。消费群一词既指最终用户，也指渠道用户。因此，希尔顿不仅需要考虑其在旅游消费者心目中的形象，还需要考虑其在旅行社心目中的形象。而可口可乐在零售商心目中的形象（特别是对消费者接受度的感知），对其市场成功至关重要。

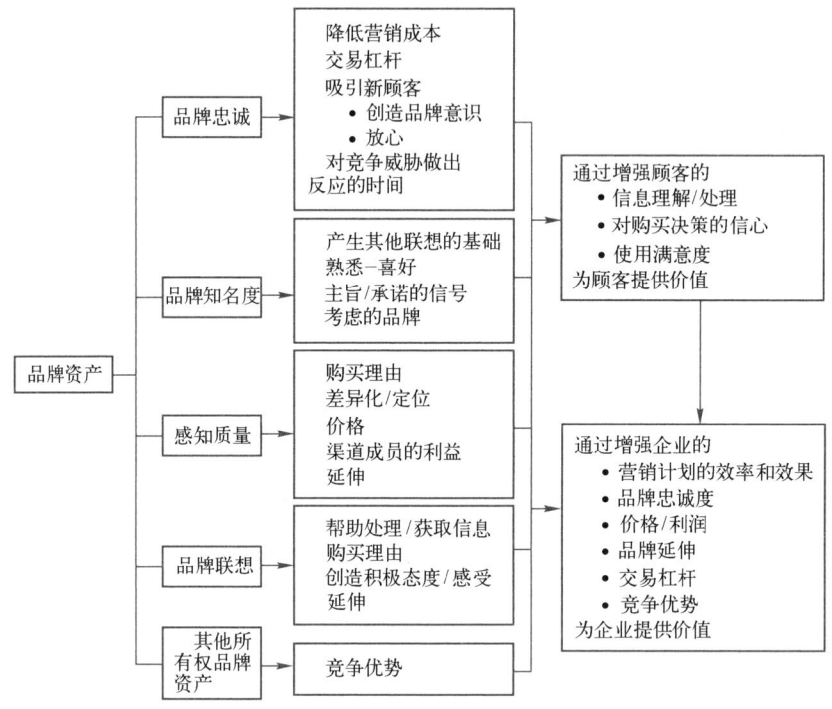

图 1-3　品牌资产如何产生价值

资料来源：From *Managing Brand Equity: Capitalizing on the Value of a Brand Name* by David A. Aaker. Copyright © 1991 by David A. Aaker. Reprinted with permission of The Free Press, a Division of Simon & Schuster Inc.

因为资产或负债是品牌资产的基础，它们必定与品牌名称和品牌标志相关联。如果品牌名称或标志发生改变，部分或全部资产和负债就会受影响，甚至完全丧失，也可能有一部分会转移到新的名称和标志中。

下面我会对 4 种主要品牌资产类别分别进行评述。这些评述是对《管理品牌资产》一书中所探讨内容的概括、延展和提升。我的意图是帮助读者清晰理解每一种类别如何作用于整个品牌资产。

品牌知名度

品牌知名度（brand name awareness）指的是一个品牌在消费者心中的重要性。假如消费者心中布满了心理看板，每个看板对应一个品牌，品牌知名度在消费者心中的重要性就是对应看板的大小。品牌知名度是根据消费者对一个品牌的不同的记忆方式进行测量的，从认知（以前曾见过这一品牌吗）到回忆（这类产品你能记起哪些品牌），再到"第一回忆"（第一个想起的品牌），最后到支配（唯一想起的品牌）。然而，心理学家和经济学家认为，认知和回忆不只是记得一个品牌的信号。

作为心理盒子的品牌

Mr. Goodwrench 之类的品牌就像是一个人头脑中的盒子，如果一个人接收到关于通用服务项目的信息，就会将其放入贴有 Mr. Goodwrench 标签的盒子。一段时间以后，很少有信息能够再取出来。但是个体知道这个盒子是轻是重，并且还知道，这个盒子放在哪个房间里，是放在正面盒子（即得到积极情绪和态度的物品）的房间，还是放在负面盒子的房间。

品牌认知：熟悉与喜好

认知（recognition）反映了从过去的接触中获得的熟悉度。认知不必记得在哪里见过该品牌，该品牌为什么与其他品牌有所不同，甚至不需要知道该品牌所属的产品类别。它只需要消费者记得曾经见过该品牌即可。

心理学研究表明，仅有认知就能产生积极情绪，针对任何事物几乎都是如此，无论是音乐、人、词还是品牌。研究结果也证明，即使是毫无意义的词，消费者出于本能都会青睐他们见过的某个，而不是陌生的那个。因此当消费者在面临品牌选择时（即使是在选择电脑或广告代理这类产品时），熟悉的品牌都会占优势。

有一个研究能够显著反映被认知品牌的力量。在研究中，被调查者要品尝 3 种花生酱样品：[2] 其中一份样品是一种口味更好的（在盲测中 70% 的被调查者表示青睐）；一份样品是无品牌名的花生酱；另一种口味较差（在口味测试中不受青睐），但贴有品牌标签，该品牌被调查者所知晓，但未购买过也未使用过。结果令人非常诧异，73% 的被调查者认为标有品牌名的花生酱口味最好。由于名称为人所知，因此影响了本来应该非常客观的口味测试，使得贴有品牌标签的花生酱显得口味更好。

经济学家告诉我们，消费者对于熟悉品牌的倾向性并不仅仅是本能反应。当消费者看到品牌，记得他们曾经见过该品牌（或许就几次），他们会认为企业在投资支持该品牌。人们通常认为，企业不会把钱花在劣质产品上，因此消费者就会把认知当成该品牌不错的一个信号。下面的专栏介绍了"Intel Inside"的案例，该案例很好地说明了企业是如何充分利用这种信号的。

如果一个品牌在熟悉度方面有缺陷，尤其是当竞争对手更抢眼、地位更牢固时，熟悉度这一因素就显得更为重要。在这种情况下，建设知名度是必要措施。

Intel Inside

英特尔生产个人电脑的核心部件——微处理器，其系列产品被称为 8086、286、386 和 486 微处理器。不幸的是，英特尔没有得到其数字编号系统的商标保护，因此像 AMD、Chips and Technologies 和 Cyrix 这些竞争对手也能使用 386 和 486 的名称。它们生产自己的芯片，并将 ×86 的名称应用在自己的产品上。

1991 年，英特尔做出了反应，鼓励 IBM、康柏、捷威和戴尔等电脑公司把"Intel Inside"标志用在其产品广告上。条件是英特尔支付这些公司部分广告费用，费用金额为这些公司售出的包含英特尔产品的商品的 3% 的销售额（如果这些公司在包装上也使用该标志，则是 5%）。Intel Inside 广告，如图 1-4 所示。

图 1-4　Intel Inside 广告

资料来源：Reproduced with permission of Intel Corporation.

起初这一广告项目每年的预算为 1 亿美元，它在各个层面都发挥了作用。在 18 个月里，共做出了 9 万页的广告，可以转化为 100 亿次潜在曝光量。在此期间，英特尔在商业终端用户的认知度从 46% 上升到 80%。而纽特健康糖在其标志曝光数年后才达到这一水平。如果以一个价格来衡量，就是让消费者接受一台不含英特尔处理器的电脑所要提供的折扣，英特尔的品牌资产无疑受到了积极的影响。1992年，也是Intel Inside广告项目的第一个完整年度，英特尔的全球销量飙升了63%。

Intel Inside广告项目为什么能够对消费者产生影响呢？它并没有强调英特尔的微处理器好在哪里。事实上，很多消费者可能都不知道微处理器到底是什么。

消费者的推理方式可能是这样的：电脑制造商，包括IBM、康柏这样的行业领袖，花了很多财力和精力告诉我，英特尔生产了这部电脑的一个部件。这些公司都不傻，因此这个部件一定很重要，英特尔也一定是优秀的供应商。我可以调查一下微处理器是什么东西，英特尔比竞争对手的产品好多少，或者我就稍微多花点钱买一台内含英特尔生产的部件的电脑。一个简单的决策是，我只需要相信英特尔这个品牌就好了。

Intel Inside宣传运动实际上是从日本开始的，松下通过这一活动为自己的电脑建立了高科技产品的可信度。在日本，企业声誉和可见度极其重要。通过树立英特尔公司的名声，松下也为自己建立了可信度。

（后记：英特尔在486之后于1994年推出了奔腾芯片，这一芯片被发现在特定情况下会出现计算错误。但英特尔并没有马上承认错误，也没有提供替换相关产品的服务，可能只有很少的消费者遇到了这一芯片带来的麻烦。英特尔声称这一问题很少发生，可以忽略。后来，英特尔的确采取了以客户为导向的召回措施，但只是在遇到了媒体和公众的破坏性抗议风暴之后。因为英特尔的品牌资产是基于知名度的，也基于一个假设，即消费者不知道芯片内的状况，因此该事件的潜在伤害力很大。尽管初期的销售没有受影响，但是从这一事件的打击中恢复过来对英特尔来说也是个挑战。）

品牌回忆与墓地模型

如果提到某一品牌所属产品类别（如寿险公司），消费者就能想到该品牌（如美国大都会人寿保险），那么该品牌就拥有了回忆属性。消费者能否回忆起你的品牌决定了品牌能否列入他的购物清单，或者得到竞标合同的机会。

图1-5表明了回忆相对于认知的作用，该图描述的是一个"墓地模型"，是欧洲扬罗必凯广告公司在吉姆·威廉斯的指导下开发出来的。在这一模型下，一类产品中的品牌被列在一个标明认知度和回忆度的图上。例如，有20个汽车品牌，每一品牌的认知度和回忆度都可以被测量出来，测量数值为每个品牌在图上做了定位。通过对多类产品的研究表明，品牌倾向于按照图中显示的曲线分布。但存在两种例外情况，它们都反映了回忆的重要性。

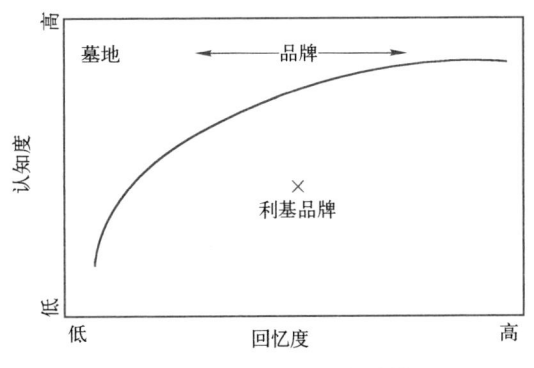

图1-5 认知与回忆：墓地模型

第一种例外是经营良好的利基品牌（niche brand），它们落在曲线下方，因为大多数消费者都不知道这些品牌，总体认知度相对较低。但在各自的忠诚消费群中，它们的认知度很高，因此低认知度并不一定代表市场表现差，并且优秀的利基品牌有时还有潜力扩大认知度，同时扩大消费群的基数。

第二种例外是墓地，位于左上角，主要是那些认知度较高但回忆度很低的品牌。处于墓地位置非常危险：消费者知道这些品牌，但考虑购买产品时却想不起来。逃离墓地会受到高认知度的阻碍，因为人们没有理由去听一个熟悉品牌的什么故事，无论这个故事多么新颖。墓地模型的观点之一就是高认知度并不一定是强势品牌的标志，它同样与弱势品牌相伴。

位于图中中上和右上角品牌的动向是未来品牌健康度的指示器。向墓地方向移动常伴随着销售与市场份额的下滑。但如果品牌背离墓地移动，销售和市场份额就有望增长。因此，墓地模型证明回忆和认知同样重要。

领导品牌

品牌知名度的最高水平是领导品牌，就是在回忆时，大多数消费者只能提供一个品牌名，如 A-1 烤肉酱、舒洁、施乐、吉露（Jell-O）[⊖]。但如果这个品牌名称变成了这类产品的通用标签，因为无法受法律保护而失去了品牌，那这种成功就变成了悲剧，会让人啼笑皆非。阿司匹林（Aspirin）、赛璐凡（Cellophane）、自动楼梯（Escalator）和风帆冲浪船（Windsurfer）等就曾遭遇这样的命运。

为避免丢失商标所有权，企业应该从选择名称开始便对其进行保护。对 Windows 这类描述性名称应特别注意，因为它们很难与一般产品相区别，难以受到保护。有时，创造产品类别通用名称会有帮助，甚至是必需的，因为这样才能使品牌名称不至于变为产品品类名称。"Copier"帮助施乐保护了它的商标；风帆冲浪船后来试图新创"帆板"（Sailboard）来表示同类产品。同时，严格使用品牌名称也非常重要。

[⊖] 美国卡夫食品公司的一种果冻品牌。——译者注

克莱斯勒曾指出,"Jeep是克莱斯勒的注册商标",因此决不允许其他品牌用Jeep来描述此类产品。

创建品牌知名度

由于消费者每天都被迫接受越来越多的营销信息,要建立回忆度和认知度,并且要经济合理地实现这一目标,是一项巨大的挑战。企业要战胜这项挑战,有两个因素起着越来越重要的作用。

首先,考虑到建立高品牌知名度需要不少资源,较高的销量是一笔巨大的资产。如果产品销量小、生命周期以年而不是以10年为单位,那么支撑品牌的代价就非常高昂,通常也不可取。由于这个原因,通用电气、惠普、本田和西门子这类公司,在进入市场和建立知名度方面就占有优势,因为有众多业务支持其品牌名称。同样的道理,企业应试图减少品牌数量,这样品牌建设就会有重点。(有关这方面的内容,以及将品牌延伸到不同业务上的问题,详见第8章和第9章。)

其次,在未来10年中,如果企业善于采用传统媒体以外的渠道,如利用事件促销、赞助、公关、赠送样品和其他引起注意的方法,将会在建立品牌知名度方面更为成功。例如完美文书(Wordperfect)公司通过赞助三大自行车赛队之一,在欧洲迅速为其文字处理软件建立了名望与信誉。这支赛队在比赛与停赛期间的媒体覆盖率帮助完美文书成为一个知名品牌。无独有偶,1993年柯达赞助的一辆黄色赛车为其创造了超过10亿人次的关注。[3]

让消费者认知和回忆你的品牌能够极大地增加品牌资产。然而本书自始至终都在强调,简单的回忆、认知以及熟悉只是建设品牌知名度的一部分。"只要将名称拼写正确"是过去公关公司的经典格言,但这不足以成为品牌建设的战略。最强势的品牌不会努力实现普遍的品牌知名度，而是努力实现战略品牌知名度。被人记住是一件事，由于正确的原因被人记住（避免因为错误理由被人记住）是另一件事。

感知质量

感知质量是一种品牌联想，它被提升到品牌资产行列，有多种原因。

- 在所有的品牌联想中，只有感知质量可以推动财务绩效。
- 感知质量通常是企业的一种主要的（甚至是关键的）战略动力。
- 感知质量与品牌感知的其他方面相连，并常常推动其他方面的感知。

感知质量推动财务绩效

绝大部分企业都渴望对品牌资产的投入能物有所值。虽然将财务绩效与任何无形资产（无论是人、信息技术还是品牌资产）联系起来都很困难，但以下三项研究结果却显示，感知质量确实能推动财务绩效。

- 基于 PIMS 数据库（超过 3000 个业务单位的 100 多种变量的年度数据）的研究显示，感知质量是对公司投资回报率（return on investment，ROI）最为重要的贡献因素，比市场份额、研发和营销费用的作用更大。[4] 感知质量部分通过提升价格与市场份额对盈利做出贡献。这种关系适用于凯马特（Kmart），也适用于蒂凡尼（Tiffany）：提高感知质量，投资回报便会增加。
- 克莱斯·福内尔及其同事曾在密歇根大学的全国质量研究中心对瑞典 77 家公司进行了一项为期 5 年的研究，结果显示，感知质量是顾客满意度的主要驱动因素，继而也对 ROI 产生主要影响。[5]

- 一项对 33 家上市交易公司为期 4 年的研究表明,感知质量(使用资产趋势方法测量,详见第 9 章)对股票回报率这一最终财务指标具有重大影响。[6] 这项研究考察了美国运通、AT&T、雅芳、花旗银行、可口可乐、柯达、福特、固特异、IBM、家乐氏和其他 23 家公司。企业品牌给这些公司带来了巨大的销售额与利润额。图 1-6 显示了感知质量的变化和 ROI 对股票回报率的相关影响。值得一提的是,感知质量的影响和 ROI 的影响(对股票回报率公认的影响因素)几乎相同,即使是在研究人员控制了广告支出和知晓水平的情况下。

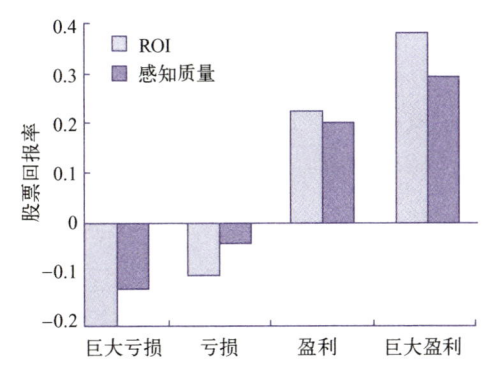

图 1-6　股票市场对 ROI 及感知质量变化的反应

作为战略推动力量的感知质量

对许多公司来说,感知质量是一种关键的战略变量。在过去 10 年里,全面质量管理(total quality management,TQM)或者相关的管理措施始终是许多企业的中心工作,而感知质量则通常是全面质量管理的最终目标。

许多企业明确地将质量当作主要价值观,并包含在企业使命宣言中。例如,IBM 总裁郭士纳提出的指导原则之一就是"对质量的压倒性投入"。在一项研究中,250 名经理被要求确定企业持续的竞争优势,感知质量这一资产被提到的频率最高。[7]

感知质量是企业品牌（如东芝或福特）和其他各类产品品牌（如慧俪轻体、卡夫以及西夫韦精选等商店品牌）进行定位的关键维度。因为这些品牌跨越多个产品类别，因此功能利益不太可能是驱动因素，感知质量的作用应该更大。

进一步讲，品牌感知质量定义了竞争环境以及它们在环境中的定位。有些品牌是基于低价格的，而其他一些是基于名誉或者属于高端品牌。在这些分类中，感知质量常常成为差异化的定位点。

作为"品牌优质"评价标准的感知质量

感知质量通常是消费者购买行为的核心，从这一意义上讲，它应该是品牌识别的最低衡量标准。更有意思的是，感知质量作为衡量"品牌优质程度"的标准，就像是黏稠的糖浆一样，蔓延到品牌的所有其他元素上。大多数研究证明，即使当品牌识别由功能利益决定时，对这些利益的感知也和感知质量密切相关。当感知质量提升时，一般来说，消费者对品牌其他元素的感知也会相应地提高。

创建对质量的感知

如果质量宣传没有坚实的物质基础，那么形成质量感知是不可能的。生产优质商品不仅需要企业文化的支持，需要质量提升流程，促使企业提供高质量产品或服务，还应该理解对于消费者来说，质量意味着什么。有了优质的产品或服务只是取得了部分胜利，还必须创造对高品质的感知。

感知质量与实际质量不同，主要基于以下一系列原因。第一，如果原先已经有了低质量的形象，消费者可能会受到影响。他们可能不相信新的质量宣传，或者不愿意花时间来验证。三得利老威士忌、奥迪汽车和施利兹啤酒都认识到，优质产品并不足以消除消费者因为原来质量受污染而产生的怀疑。[8] 因此，避免品牌得到劣质的名声非常关键。要恢复名誉非常困难，有时是不可能的。

第二，企业可能在一个消费者认为不重要的方面实现了高品质。当花旗银行通过自动化作业流程大幅度提高了事务部门的效率之后，对消费者评价的预期影响却非常令人失望。事实上，顾客要么没有注意到这些变化，要么没有认识到变化带来的利益。因此，企业一定要确保对质量的投资能够与消费者产生共鸣。

第三，消费者几乎没有必需的信息对质量进行理智、客观的判断，即使他们有这些信息，也可能缺乏时间或动机去判断。因此，他们会把质量和一两个线索联系起来，然后依靠这些线索来判断。这样，影响感知质量的关键就是正确理解并管理这些线索。了解消费者用于质量判断的这些小细节非常重要。如果消费者用脚踢轮胎，看汽车是不是结实，那么轮胎就一定要结实。

第四，因为消费者可能不知道什么才是最佳的质量判断方法，所以他们依赖的线索可能是错的。例如，珠宝店一定要告诉第一次购买钻石的消费者，价签或是克拉数不一定反映质量，而比喻或视觉形象应该能帮消费者正确地进行质量判别。

作为战舰的品牌

品牌就像是面对战斗的舰队中的一艘战舰。这一比喻能让我们洞察品牌管理的问题和任务角色。品牌经理就是舰长，他必须清楚船要驶向何处，并保证航线正确。企业的其他品牌就像是舰队中的其他战舰，需要协作取得最好效果。竞争对手就像是敌舰，了解它们的位置、方向和力量是取得战略与战术成功的关键。消费者感知和动机就像是风，了解风向、风力和可能发生的风转向非常重要。

品牌忠诚

品牌忠诚是第三类品牌资产项目，在很多关于品牌资产的定义中是被排除在外的。[9]但为什么这里要把它包括进来，有两个原因：第一，品牌对于企业的价值大多数是由品牌享有的消费者忠诚所创造的；第二，把品牌忠诚当成一项资产，鼓励并给品牌忠诚建设项目正名，这些项目会创造并强化品牌资产。

忠诚与品牌价值

当对一个面临交易的品牌进行估值时，品牌忠诚度是需要考虑的关键因素，因为高度忠诚的消费群能够产生可预测的销售与利润流量。事实上，没有忠诚消费群基础的品牌非常脆弱，换句话说，只有当品牌具备创造忠诚消费群的潜力时才有价值。

品牌忠诚对于营销成本的影响非常巨大：维系老客户的成本要比吸引新客户的成本低很多。企业经常犯的一个错误就是依靠引诱新客户来寻求增长，而忽略了现有的客户。现有消费者的忠诚也意味着竞争者巨大的进入壁垒，因为引诱消费者转换品牌忠诚的成本通常高得令人却步。

所有的组织都应当评估一下现有消费者的价值，结果常常令人惊讶、给人启迪。如果能让"移情别恋"的既有顾客减少5%，对于一家银行的分行而言，可以增加85%的利润增长；对保险经纪来说，可以提高50%的收入；对汽车维修连锁服务而言，也有30%的增长。[10]对美信银行（MBNA，一家金融服务公司）来说，如果既有顾客再度光顾的比例提高5%，那么到了第5年，公司的获利将会增加60%。[11] 在地中海俱乐部（Club Med），每失去1名既有顾客，公司至少损失2400美元的生意机会。[12] 信用卡公司也发现，大部分新客户在持卡初期很少使用信用卡消费，但是从第二年开始，使用率就提高了，信用卡公司的获利也随之增加。另外24个行业中的100多家企业也都具有相似的趋势。[13] 对一个工业分销商而言，平均每位顾客的净销售额在初次交易后的19年里持续上升。

忠诚度分类

对忠诚度细分的聚焦，能够获得有助于建立强势品牌的战略和战术洞察。市场通常可以分为以下几部分：非顾客（购买竞争者品牌或非此类产品使用者）、价格转换者（价格敏感的顾客）、被动忠诚者（习惯性而非理性购买者）、摇摆不定者（对两个或更多的品牌持无所谓态度者）和忠诚顾客。企业的挑战是改进品牌忠诚度的版图：增加非价格转换者；强化摇摆不定者和忠诚顾客与品牌的联系；增加愿以高价（或忍受不便）使用本品牌或服务的顾客人数。对被动忠诚者和忠诚顾客这两个细分群体，企业的投资常常有所欠缺。

被动忠诚顾客常常被忽视，或被视作理所当然。积极管理这部分顾客并不真正需要建立品牌识别，而是要求尽量避免分销空当和断货（因为这可能造成顾客转向别的品牌），还要求企业提供的产品是顾客想要的型号、颜色和口味，尽管从经济角度看，宽产品线不具备吸引力。但对产品线宽度的正确分析需要考虑对被动忠诚顾客的影响。

高度忠诚顾客处在另一端。企业也倾向于认为他们的现状是理所应当的。但是增加高度忠诚顾客的业务是有可能的，也非常有意义。例如，万豪酒店如果增加了商务支持服务，比如在房间里放置传真机，就可能会激励忠诚顾客更频繁地入住万豪酒店。更进一步讲，如果不改进现有的产品或者服务，就会存在忠诚顾客被竞争者引诱的风险。所有这些说明，企业应当避免把用于忠诚核心顾客的资源转移到非忠诚顾客或是价格转换顾客那里。

增强忠诚度

增加摇摆不定者和忠诚顾客忠诚度的方法之一是发展或加强他们与品牌的关系。品牌知名度、感知质量，以及有效、清晰的品牌识别有助于实现这一目标。然而对许多产品类别而言，更为直接的忠诚度建设计划正在变得越来越重要，甚至具有决定性作用。频繁购买者计划和顾客俱乐部就是建设计划的部分措施。

频繁购买者计划

频繁购买者计划由航空公司率先推出（联合航空的常客计划、美国航空的AAdvantage计划，以及英国航空的行政俱乐部），如今已被许多产品类别中的大量品牌所采用，包括书籍（如沃尔登书店的优先读者计划）、旅馆（如希尔顿荣誉客会计划）、快餐（汉堡王的熟客俱乐部）、停车场（Park-n-Fly奖）甚至还有汽车。1992年发行的通用汽车的万事达卡为顾客提供了购买通用汽车公司的轿车或卡车（不包括土星车）的折扣，折扣额度相当于他们信用卡购买额的5%。一年半之后，通用汽车公司共向这些购买者售出了140 000辆轿车和卡车，并发行了1200多万张信用卡。

频繁购买者计划能直接切实地强化忠诚行为。这类计划不仅能加强品牌价值主张和差异点，同时也体现了公司对忠诚顾客的承诺。从这些举措可以看出，顾客的忠诚度并没有被视为是理所应当的。

顾客俱乐部

顾客俱乐部能够促成一种更高的忠诚度水平。例如，参加任天堂开心俱乐部（接收短信并可电话咨询）的儿童都是任天堂的狂热用户，他们也是公司早期成功的核心。克拉里奇酒店和赌场通过克拉里奇金卡俱乐部成功地加强了旗下 35 000 名会员的忠诚度。会员可以享受折扣、及时收到活动通知并获得从印花浴衣到"门到门"豪华轿车接送的特殊服务。苹果电脑用户组则为顾客提供支持、协助，提供机会让他们表达对电脑的兴趣和对苹果公司的忠诚。

卡萨·布托尼（Casa Buitoni）俱乐部为雀巢在英国建立意大利食品品牌布托尼发挥了关键性作用。用户定期收到彩信，上面有关于托斯卡纳和意大利的评论、意大利生活方式的信息及意大利面食菜谱和优惠券。会员享受的福利还包括一系列免费的烹调建议、获得参观位于托斯卡纳的卡萨·布托尼乡间庄园的机会、进行周末烹调、获得新产品样品的机会和对于会员如何创建自己活动的众多建议。

与频繁购买者计划一样，顾客俱乐部体现了公司对其客户真正的关心。一般来说，频繁购买者计划是被动的、宽泛的，而顾客俱乐部的参与度则更高。顾客俱乐部为顾客提供了机会，使他们认同品牌，表达对品牌的感受和态度，与相似的人们共同分享与品牌的关系。

数据库营销

顾客数据是频繁购买者计划和顾客俱乐部的一项副产品，它们可用在面向狭窄、集中的细分市场的数据库营销中。有关企业新产品和特别促销的信息可以定向传送给那些最有可能有所反应的细分市场。目标顾客会觉得企业是在与他们一对一地打交道，品牌与顾客的关系也因此变得更加牢固。

例如，Beverages & More！是一家提供多种葡萄酒、啤酒、烈性酒和饮品的零售连锁店，每位顾客都被邀请加入其"饮品俱乐部"，并获赠一张记录所有购买物品的卡片。消费者除了能收到彩信和频繁购买者计划外，还会收到个性化的通知，这些通知是与顾客购买记录相关的特殊购买活动、产品或事件。这种互动模式不仅使顾客与产品相匹配，而且表明连锁店充分考虑到了每一位顾客的兴趣所在。

品牌联想

我在《管理品牌资产》一书中强调，品牌资产主要是由消费者对品牌的联想支持的。这些联想可能包括产品属性、明星代言人或者一个特定的符号。品牌联想是由组织希望品牌在消费者心目中的品牌识别驱动的。从这一意义上讲，创建强势品牌的关键就是开发并完善品牌识别。

本书的目标之一就是扩展品牌识别这一概念。通常讲到这一概念，就会落入聚焦于产品属性和实际功能利益的陷阱。第 3 章正式定义并探讨了品牌识别的概念，鼓励战略家通过以下两种途径拓展关于品牌识别的概念：①在考虑功能利益的同时，考虑情感利益和自我表达利益；②采用 4 种品牌识别的视角：作为产品的品牌、作为组织的品牌（第 4 章中有详细论述）、作为个人的品牌（第 5 章的主题）以及作为符号的品牌。第 6 章介绍了品牌识别的实施过程，以及战略性品牌分析和品牌定位。第 7 章探讨了品牌联想的长期管理这一复杂问题。

本书的目标

本书的撰写有数个目标。第一个目标，如上文所述，是发展品牌识别的概念：如何创造一个清晰的、与消费者相关的、可实现品牌潜力，并且能够为具体的实施提供指导的形象？如何在变化的环境中，面对变换的竞争者和消费者进行长期的有效管理？第 3～7 章回答了这些问题。

第二个目标是超越品牌管理，延伸到品牌系统管理。大多数组织不仅需要管理多个品牌，而且需要管理大量的子品牌、成分品牌、品牌延伸、联合品牌和品牌化的服务。进一步讲，每个品牌的角色都不相同，有的仅作为背书者（就像万豪在万枫酒店中的角色），有的是驱动者（就是驱动做出购买决定的品牌）。管理品牌系统需要决定品牌扮演的角色，并理解它们之间如何相互联系、相互影响。第 8 章和第 9 章主要对这类问题进行探讨。

第三个目标是解决至关重要的评估问题。如何评估品牌资产，尤其是跨品类和跨市场评估？几个主要举措将会在第 10 章中讨论。

第四个目标是考虑开发可以有效创建品牌的组织形式和组织结构。第 11 章将会讨论一系列的相关措施。

本书的总体目标是帮助经理人创建强势品牌。当我们穿越某一地区时，了解地形是非常必要的。同理，理解品牌建立的困难以及品牌建设者面对的压力对于创建强势品牌将会很有帮助。因此，我现在就开始讨论为何创建强势品牌如此困难。

创建强势品牌为何如此困难

在当今的环境中建立品牌并非易事。企图打造强势品牌的品牌建设者就像一位高尔夫球手，面对的球场中有茂密的深草区、深深的沙地陷阱、急拐型狗腿洞和宽阔的水面障碍，在这种条件下很难打出好成绩，何况品牌建设者还可能受阻于内部和外部的巨大压力与障碍。为了开发有效的品牌战略，了解这些压力和障碍不无裨益。

为实现这一目标，我们将探讨造成创建品牌困难的8个因素（见图 1-7）。第一是价格竞争压力，它直接影响创建品牌的动机。第二是竞争者的扩张，它减少了品牌定位的选择以及实施的有效性。第三和第四分别是市场与媒体的碎片化以及复杂的品牌战略和关系，这是当今创建品牌的环境，也是一个日益复杂的环境。

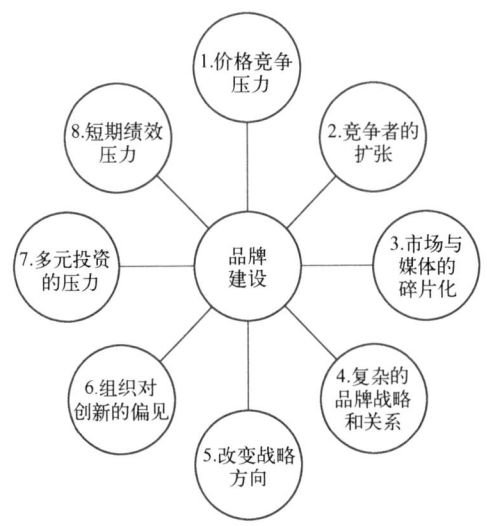

图 1-7 创建品牌困难的因素

其他原因则表现为阻碍创建品牌的内部压力。第五是改变战略方向，这一因素尤为隐蔽，就像是搬起石头砸自己的脚。第六和第七分别是组织对创新的偏见和多元投资的压力，这些是强势品牌面临的特殊问题，可能是骄傲自大所致，但更多的是伴随着自豪、贪婪的自我满足所致。最后一个原因是组织中普遍存在的短期绩效压力。可笑的是，今天的品牌建设者面临的很多可怕的问题都是由内部的压力和偏见引起的，而这些因素都是组织可以控制的。

当我们审视了创建强势品牌所面临的这么多压力后，很多品牌没有实现它们的潜能、甚至无法得到公平对待也就不再令人感到奇怪和疑惑了。但同样在这些压力之下，确实存在着强势品牌，这才是真正让我们感到好奇的。

价格竞争压力

几乎所有的企业都面临着价格竞争的巨大压力。从电脑到轿车到冷冻食品到航空公司再到软饮料，不同行业当今的市场状况都相同：价格竞争处于舞台中心位置，受到强势的零售商、价值敏感的顾客、产品类别增长的速度有所下降，以及过剩生产能力（通常由新加入者和不愿退出的老竞争者引起，有时由破产引起）的驱动。

在有关品牌资产的演讲中，我经常会问主管，他们所在的行业，价格竞争不是常态或没有这一态势的，请举手。在上千位参与演讲的主管中，只有一位曾经举手，是巴拿马运河的董事长！

零售商正在一年一年地变得强大，并用这种力量向价格施压。10年前，信息主要受控于生产商，而现在零售商收集了大量的信息并发展出应用模型。因此，利润率和空间的有效使用越来越成为关注焦点。供应商面临着严酷的压力，只能提供价格折让，对于市场份额占第三、第四且忠诚度水平不高的供应商尤其如此。

10年前，零售品牌大多限于低质低价的产品，包装和营销也较弱。只有在经济衰退期，它们的销售才会有短暂的爆发。但现在不同了，尽管零售商还在提供所谓的低价品牌，但它们越来越多地开始在高档终端推出自有品牌。这些品牌在质量和市场支持上可与全国性品牌相抗衡，但是成本优势非常明显，这部分是因为其品牌管理团队、销售力量和广告成本更低，可以扩展到上百个产品类别；部分是因为其物流的优势。结果带来了更大的价格压力。

促销是价格竞争的驱动器，也是指示器。20世纪50年代，大约10%的传播组合集中于价格促销。那时的情况是：分销很简单，零售商专注于建设新的商店而不是挤压同行，同时市场也在增长。但今天，美国企业超过 75% 的广告或促销费用都投到了促销方面。

这些市场现状暗示成功的关键因素就是低成本。企业必须削减经营费用、精简冗员、实行瘦身，并且减少一切不必要的开支。那么，这对那些用市场调查或其他品牌建设行为支撑品牌的人员意味着什么呢？在企业的新成本文化中，他们非常脆弱。同样脆弱的还有对品牌资产的投资，因为它来自可贵的市场利润。

竞争者的扩张

雄心勃勃的竞争者从各种来源涌进来。慧俪轻体和康之选（Health Choice）通过品牌延伸战略进入了一系列食品品类市场。在饼干类市场，菲多利公司（Frito-Lay）眼睁睁地看着地区品牌逐渐扩张，百威的鹰牌跃出其利基市场，成了主要竞争者之一。软饮料市场也遭受到新产品形式的蚕食，瓶装水、碳酸水、果汁饮料和"新时代"饮料，还有其他种类为顾客提供了实实在在的多样化选择。

新晋竞争者不仅增加了价格竞争压力和品牌复杂度，而且使品牌建立或保持定位更加困难。市场上有待开发的空白越来越少，能够实施的措施也越来越少。每个品牌的定位越来越窄，目标市场越来越小，而非目标市场越来越大。面对复杂的"品牌景象"，进军更宽的细分市场难度加大。另外，一些新的或绝望的竞争者可能会铤而走险或剑走偏锋，这种做法可能导致竞争动态被消解。同时，模仿成功者的动力也在加强，原因部分在于模仿的风险要小于推出耀眼的新替代产品的困难。

市场与媒体的碎片化

在媒体和市场之间保持一致性曾经一度很容易。媒体的选择非常有限，全国性媒体只有几种。大众市场就是常态，细分市场并不存在。而如今品牌经理面临的环境迥然不同,在这个环境中,很难达到创建并保持强势品牌所需的一致性。

如今的媒体选择阵列令人迷茫,包括互动电视、互联网广告、直接营销、事件赞助,并且每天都有更多的新媒体诞生。要使这些媒体的信息相互协作而不削弱品牌是一项挑战,尤其是当促销工具加入这一组合时就更加困难。促销活动(包括送赠品和降价这类能带来销量飙升的活动)可能与建立在高品质基础上的品牌识别产生偏差,因为这可能会传递给人一个信息,品牌需要降低价格才能增加销量。因此,把促销(如打包销售使用的礼券,或汽车公司使用的现金折扣)纳入进来的压力使得保证品牌建设顺利进行变得有些困难。

如今的协调变得前所未有得困难,因为不同的品牌活动通常由不同的组织和个人实施,而这些个人和组织的视角与目标各不相同。当品牌的广告、公共关系、事件赞助、促销、商业会展、活动商店[14](event store)⊖、直接营销、包装设计、企业识别系统和直邮由不同的组织实施时,每一种活动都会对品牌产生直接影响,更有甚者,有的企业内部组织为了与不同的角色顺利合作而迎合这种多样化的影响。企业应该预见到这些影响之间会产生矛盾,也缺乏协调。

另外,公司倾向于把人群细分成更小、更精确的目标市场,并常常通过特定的媒体和渠道来接近他们。这样公司就会尝试为某些或全部目标细分市场打造不同的品牌识别。但是,为同一个品牌打造并管理多种形象对品牌和消费者来说都会产生问题。因为媒体受众不可避免地会产生重叠,消费者很有可能会接触到同一个品牌的多种形象。

试想帝王威士忌的一位成熟消费者遇到的问题,原本习惯于该品牌传统广告的他,却突然看到公司针对威士忌年轻饮用者制作的广告;或

⊖ 举例说明,活动商店可以是一家耐克专卖店,其中的音乐和图画装饰使逛这种商店的过程成为感受耐克形象的活动。

者想象一名声望导向的购物者可能遇到的困惑,他原本习惯在高级时尚杂志上看到萨克斯第五大道(Saks Fifth Avenue)的广告,有一天却在报纸上发现了一则萨克斯第五大道的折扣广告。一个品牌的形象越多、差异越大,企业就越难协调它们来支持一个强势品牌。

复杂的品牌战略和关系

不久以前,品牌一度就是一个清晰、单独的实体。例如,卡夫和奥斯卡梅尔(Oscar Mayer)仅仅代表需要被定义、建设和培养的品牌名称。今天,情况却大不相同了,出现了子品牌(如卡夫的 Free Singles 和奥斯卡梅尔的 Zappetites)和品牌延伸(如卡夫奇妙酱),还出现了成分品牌(如品食乐巧克力布朗尼中的好时巧克力糖浆)、背书品牌(如家乐氏在家乐氏米花糖中的角色)以及公司品牌(如通用电气)。可口可乐的标志出现在数十种产品上,包括无糖樱桃可乐、无咖啡因无糖可乐和经典可乐,并且这一趋势还在继续。在杂货店里,可口可乐是一个产品品牌;在体育赛事中,它是一个赞助商品牌;在其灌装厂所在的社区,可口可乐又是一个公司品牌。

这种复杂性使品牌建设和品牌管理的难度加大了。每一品牌除了要明白自身的形象外,还要理解它在不同情境中的角色,而且品牌(子品牌)之间的关系必须要从战略和顾客感知的角度梳理清楚。第 8 章和第 9 章将会深入探究这些令人混乱的问题。

是什么原因让品牌这么复杂呢?一个因素就是上文提到的市场细分和品牌扩张,因为新市场和新产品通常会引出新品牌或者子品牌。另一个因素就是成本,因为在现在的环境下建设一个全新的品牌太昂贵了,所以企业倾向于在不同的环境和角色中都使用已建立的品牌,由此产生的复杂性通常难以预料,有时甚至要有大量问题出现时公司才能意识到。

改变战略方向

有时候,压倒性的内部压力会改变品牌识别或其执行,尽管这一形象仍然有效或者还未实现其全部潜能。结果要么是削弱了品牌资产,要么就是品牌建设未果。大多数强势品牌,如万宝路、沃尔沃、莫泰6旅馆(Motel 6)等有一个共同特点:具有清晰的形象并且长期保持不变。但是现在的市场中改变品牌识别非常普遍,结果就是从未形成一个由清晰视觉形象支持的强大形象。第7章讨论了品牌识别保持长期一致性的好处,也讨论了为什么做到这一点这么难。

组织对创新的偏见

尽管企业存在着改变品牌识别或其执行的偏好,但维持现状的心理和资本投资常常阻碍产品或服务的真正创新。因为存在着保持竞争战场不变的动机:任何的改变不仅导致成本升高、有风险,而且会使先前的投资回报降低(甚至打水漂)。结果是企业易于遭受行业外部、没有任何包袱的野心勃勃的竞争者的攻击。

管理着成熟品牌的公司常常太过满足于过去和现在的成功,纠结于日常的琐碎问题,因此无视竞争环境的变化。由于忽视或最小化了市场的根本变化,或是潜在的技术突破,管理者使品牌暴露在攻击之下,并且面临着机会丧失的危险。因此,新竞争者常常就是根本性创新的来源和受益者。

想一想慧俪轻体的例子,它是20世纪80年代曾实现辉煌的伟大品牌之一。该品牌建立在与专业体重控制的关联之上,有着专一的愿景,并通过对产品、包装和广告的投入,创造了15亿美元的业绩。但到了20世纪80年代后期,消费者对体重控制的兴趣随着对健康饮食的关注而消散。随之而来的是康之选(这个品牌的故事将在第9章陈述),这是专为这一市场范式而设计的品牌。为什么这一健康导向的创新没有发生在慧俪轻体这个拥有许多资源、更了解市场的公司呢？一个主要原因在于慧俪轻体这个品牌当时已经是一部印钞机了，公司不希望通过投资一个新的不同的市场而降低利润。

有数不清的例子都是如此，强势品牌既没有看到机会，也没有做出反应，眼睁睁地看着竞争者创新并攻击其品牌资产的核心。在日本，竞争者实现创新，然后攻击品牌核心资产的故事不胜枚举。在日本，麒麟（Kirin）啤酒曾保持60%的市场份额达40年之久，朝日（Asahi）干啤热销后，麒麟的市场份额急剧下降到50%以下。为什么创新者不是麒麟，而是朝日？很可能是因为麒麟对现状十分满意，认为没必要对啤酒种类做出重大改变。

多元投资的压力：自满与贪心之罪

强大的品牌实力也是一个潜在的战略问题，因为它会引发自满与贪心。当一个品牌很强大时，企业为提升短期业绩，或实行对新业务的多元化投资，有可能减少对核心业务领域的投资。一个普遍的错误想法是：即使支持性活动迅速减少，品牌也不会受到损害，其他业务机会更具吸引力。具有讽刺意味的是，吸引这些资源的其他业务并非完美无瑕，因为新收购的业务有可能被高估，或者企业管理不同业务的能力被高估。

施乐（Xerox）就是一个典型的例子，它本来是一个领导品牌，但因对核心业务投入不足，导致品牌地位丧失。20世纪60年代，施乐拥有整个复印机行业，市场份额几近100%。知名的品牌、大量的专利，以及青睐租赁和服务性组织的巨大客群构成了市场进入壁垒。但施乐没有坚持发展其实力，既没有防备来自低端市场的成本攻击，也没有抵御来自高端市场新技术开发的攻击，而是将资源投入了"未来办公室"的概念中。结果企业受到了萨文（Savin）、柯达和佳能（Canon）出其不意的攻击，这些公司凭借新颖、质优价廉的产品进入了复印机行业。虽然施乐在20世纪70年代丧失了其领导地位的原因不止这一点，但主要原因的确在于强大的品牌造成了公司的自满，并诱使公司寻求发展新业务。

短期绩效压力

短期绩效压力阻碍了对品牌的投资，在美国尤其如此。索尼的创始人盛田昭夫指出大多数美国公司经理过分强调短期利润，忽视了产品长期的竞争力。麻省理工学院生产力委员会在研究了8个主要行业（包括纺织、钢铁、电子消费产品、航空和汽车）中的公司之后得出结论：过分强调短期利益而损害长期机会，是美国企业相对于日本和欧洲企业竞争力下降的主要原因。[15]

美国企业主管强调短期业绩的原因有许多。首先，股东价值最大化是公司首要目标的理念在美国非常普遍。同时还存在一种认知，即股东受到季度收入的过度影响，部分原因是他们缺乏信息和洞察力，无法理解公司的战略愿景；另一部分原因是他们无法评估无形资产。因此，公司的管理人员需要将当期业绩做得好看。

其次，短期业绩导向主宰了美国的管理风格。年度预算系统通常强调短期销售额、成本和利润。为了实现这些目标，通常就只能牺牲品牌建设计划。所谓的计划常常就是短期财务数据的电子表操作，而不是战略性的思考。另外，美国公司经常会在组织部门之间调动管理人员，因此从职业发展道路上讲，短期业绩远比长期业绩重要。管理人员常常感到急需让业绩快速见效，改变现状。

再次，对短期业绩的关注还源于目前的绩效衡量标准。对于品牌资产、信息技术和员工这些无形资产的衡量标准无论如何都很难明确。比如，增加或损害品牌资产活动的长期价值难以让人理解并信服，部分原因在于市场"干扰太大",另一部分原因在于跨越多个年度的实验活动耗资太大。与之相反,短期业绩的测量标准非常精确、及时和详尽。例如,促销活动产生的短期影响通过扫描数据就能表现出来。这种结果有点像一个醉酒的人,他之所以在街灯下寻找丢失的车钥匙,只是因为灯光下的地方更亮。

最终产生的结果就是对短期绩效的偏好,而这种偏好会让企业越来越虚弱。这种偏好转化为通过确凿的销量、股份或成本数据说明企业的花费物有所值。在这种情况下,对无形资产(如品牌、员工或信息技术)投入缺乏明确的短期回报,很难说明这些投资是正确的。因此企业通常会放弃这些投资,但企业的核心能力会逐步衰退,当再次需要这些资产时却无法拿出来。

建立品牌:困难、可行性和必要性

品牌的建立的确很困难,但很多成功的先行者已经证明品牌建设是可行的。第2章讲述有关土星(Saturn)的故事就说明了这一点,这家企业在美国竞争最为激烈的汽车市场上成功建立了品牌。这个市场上生产能力过剩、竞争者众多、市场分割、对价格的关注也愈演愈烈。这个故事表明:建立、保持和管理作为品牌资产基础的四种资产——品牌知名度、感知质量、品牌忠诚度和品牌联想是可行的。

品牌建设成功的关键是要理解如何发展品牌识别,指导品牌代表什么,以及如何有效地演绎这种品牌识别。土星故事后面的5章内容就讨论了品牌识别及其长期管理问题。然后本书转向品牌系统的视角,考虑如何管理一系列品牌,使它们相得益彰,不至于产生混战。

另一个品牌建设成功的关键是管理内部的力量和压力。这就需要认清企业对真正创新的偏见,以及对多元化、短期绩效、品牌识别与执行频繁改变的偏好,然后通过开发概念模型和评价系统来支持品牌建设的文化与政策，以此抵御上述的压力。第 10 章将会探讨评价系统，第 11 章将会直接讨论如何调整组织结构，以解决建设和维持品牌要面对的问题与压力。

思考题

1. 你的品牌的认知度和回忆度是多少？它是在向墓地移动还是正在远离墓地？如何才能提高品牌知名度？其他品牌正在做什么？
2. 评估你的品牌及主要竞争品牌的感知质量。你是否对实际的质量水平表示满意？哪些是重要的质量线索？如何保证更好地将质量信息传递出去？
3. 你的公司每个细分市场的顾客忠诚度水平如何？如何提高忠诚度？竞争者为提高忠诚度做了什么？
4. 顾客对主要竞争者是如何感知的？每个竞争对手试图创建什么样的联想？你的理想品牌形象是什么？品牌和传播活动与这一形象是否一致？
5. 是否存在阻碍品牌建设的内部压力，即反对真正创新，强调短期绩效、多元化和频繁改变品牌识别／执行的压力？对每种压力做出评估。哪些组织工具能够对抗这些压力？品牌环境是否恶劣？如何在这样的环境中开展品牌建设？

BUILDING STRONG BRANDS

第 2 章

土星的故事[1]

土星不只是一辆汽车，它是一种理念，是一种全新的做事方式，与顾客、与别人合作的方式。它不只是一场产品的革命，还是一场文化的革命。

——理查德·斯基普·勒夫　土星公司

我们来这里是为了创造一些从未有过的东西，它比我们想象的要难得多。我们一起度过了困难的时刻。经过了这些考验，我认为没有什么能够难倒我们的团队。

——鲍勃·道斯　土星公司

美国汽车行业受到了各个方面的攻击，这就是我来到这里的原因。这是一次改变现状的机会，生产能够与进口汽车相抗衡的汽车的机会，最棒的是能够拥有发言权……有一天……我们的工会主席就站在我身旁，一边吹口哨，一边上着螺丝……而在过去，这些家伙只制定规则，从不靠近生产线。

——史蒂夫·哈洛维　土星公司

我们从一开始就知道，一旦土星取得成功，我们所做的就不只是销售优质汽车，我们还改变了汽车的销售方式、人们对销售人员的认知方式以及顾客对购买汽车的体验方式。

——斯图尔特·拉瑟　土星经销商

我那天之所以去看那辆土星汽车，不能说是出于爱国情结……说实话，我只是想看看这些汽车的样子……这款汽车太漂亮了，但真正让我印象深刻的，是那里的人。他们不会给你任何压力，如果你愿意，他们也乐意与你交谈。所以，参观这款汽车就如同参观博物馆，而他们只是解说员。

——史蒂夫·谢弗　土星汽车用户[2]

1985年1月7日，通用汽车董事长罗杰·史密斯宣布成立土星公司，他将此举称为"通用汽车作为国内生产商拥有长期竞争力、生存和成功的关键一步"。[3] 新公司的使命之一是销售"美国本土研发生产且品质、成本和顾客满意度领先于世界"的小型汽车。[4] 土星公司是通用汽车野心勃勃的计划之一，但考虑到来自进口汽车特别是小型汽车的"入侵"，这也将是生死攸关的一步。土星项目诞生之日，正好是美国制造商缺乏世界一流汽车生产能力的时候，而通用汽车本身也的确有过几次无果的尝试。

经过4年的市场考验，事实准确无误地证明：土星公司成功地从白手起家发展成美国最强大的品牌之一，它完全可以与20世纪60年代的福特野马、70年代的福特斑马和80年代的福特金牛座相媲美。首先，本章的第一部分就将对这一结论进行讨论，并大力发掘证据。到底什么是强势品牌？土星在成立初期是否已形成它独一无二的特色？其次，我们将分析土星品牌资产的产生过程。怎样的决策造就了土星的成功？品牌背后有着怎样的策略和规划？最后，土星和通用汽车现在面临着什么样的挑战？创建品牌并非易事，但要策略性地保持其势头并战略性地管理好品牌，或许更是难上加难。在本案例中，土星的成功也伴随着它本身的问题和两难抉择。

土星：一个强势品牌？

如果要衡量土星品牌打造得是否成功，首要的标准是销售业绩。1991～1994年，土星汽车的销售量分别是74 000辆、196 000辆、229 000辆和286 000辆，在200多个汽车品牌中居第8位。在同级品牌中，只有福特雅士的销售量高于土星。而且，如果不是因为受到生产能力的限制，土星的销售量可能还会更高。在这段时期，土星经常出现缺货现象。

由于在每个经销商那里，土星汽车的销量都高于竞争对手——1994年，土星拥有335家经销商，而本田的经销商有800家，丰田的经销商数量是1000家，福特和雪佛兰的经销商数量更大，因此，可以说土星是区域市场和本地市场的领先品牌。

土星品牌实力的另一个主要指标是在竞争中保持了更加稳定的价格，土星成功地避免了讨价还价、折扣和回扣等弊病——在当时的环境下，这是一项了不起的成就。为了证实这一点，我们需要研究一下当时的背景。当时，在所有行业中——从航空业到宠物食品、从电脑到尿布再到旅馆，甚至是极少竞争者的强势品牌（比如可口可乐和百事可乐），都难以摆脱那种价格竞争的环境，这一环境的特点就是促销和折扣。汽车行业的经销商长期饱受讨价还价的困扰，他们的关注点都放在了消费者的购买价格上。从20世纪80年代中期开始，汽车行业中降价、回扣、折扣等恶性竞争手段愈演愈烈。比如，1992年福特超过60%的销售额都是通过现金折扣或大宗购买的高回扣实现的。仅仅在几年前，还没有谁会相信哪个汽车品牌能避免这一遭遇。而且，这个品牌并不是欧洲的汽车品牌，甚至也不是什么高端品（不是雷克萨斯、宝马、讴歌、林肯或凯迪拉克），它仅仅是通用汽车的一款小型轿车而已。

另一个有关土星价格实力和利润实力的指标是土星经销商的态度。两项研究表明，土星即便称不上是行业内最受尊敬的公司，其受尊敬的程度也绝不输雷克萨斯。[5]如果土星没能实现高于平均水平的利润，那么经销商绝不会对它盛赞有加。

正如在本书第1章和《管理品牌资产》一书中谈到的，品牌资产有4个主要的衡量尺度：感知质量、品牌忠诚、品牌知名度和品牌联想。在以下部分，我们将研究土星在每个方面的表现。

感知质量

君迪（J.D.Power）衡量消费者对新购买轿车的反应，这反映了品牌的感知质量。1992 年，土星的君迪销售满意度指数（SSI）名列第四（仅次于雷克萨斯、英菲尼迪和凯迪拉克），这一指数将对销售人员、送货和产品初始情况进行量化计算。另外，1992 年，土星的君迪顾客满意度指数（CSI）名列第三，该指数反映了顾客购车 1 年后对产品质量和经销商服务水平的满意度。1992 年，CSI 超过土星的两个品牌是雷克萨斯和英菲尼迪，而两者的价格及价格稳定度都比土星高得多。[6] 值得一提的是，土星的这两个指标在 1993～1995 年仍然保持了同一水平，事实上，土星的 SSI 在 1994 年升至第三名，在 1995 年升至榜首。

感知质量的另一个衡量标准来自二手车市场。在 1993 年，1991 年款土星二手车的建议零售价平均比定价高出 5%，而本田思域的建议零售价却比定价低 5%。1991 年款丰田和日产车的转手价更是大幅贬值。[7]

市场调研结果表明，土星的顾客评价较高。在该品牌诞生后的第一年，来展示厅的参观者在看到土星汽车的价格之前，对土星的估价都比实际价格高出 3000～5000 美元。[8] 土星汽车代表着高品质。

品牌忠诚

入户调查为品牌忠诚度提供了直接的数据。1994 年，87% 的土星汽车用户表示，他们对土星汽车零售商持正面评价，而这一数据在上一年度是 80%。[9] 君迪的 CSI 和 SSI 同样反映了品牌忠诚和感知质量。

一些有趣的故事很好地说明，土星汽车用户对土星汽车的品牌忠诚度极高。有一次，一家经销商将顾客的快照贴在展示厅的墙上，而那些在此之前购买土星汽车的顾客看到后，也坚持要求把自己的照片加入其中。有一对夫妻选择在他们的土星汽车里举行婚礼。一些土星汽车用户主动将自己的汽车放到车展上进行展示。Prodigy 网站上甚至还有一个

"土星迷"兴趣小组。这样的传闻让人不由得想起20世纪60年代的大众甲壳虫现象。

品牌知名度

在建立品牌知名度方面，土星取得了不小的成功。最初，土星在目标细分市场上的品牌认知度仅为1%，但在产品投放几个月之后，这一数字便升至40%，而1年之后，这一数字更是达到了79%，到了第4个年头，土星的品牌认知度已接近100%。与此同时，品牌回忆度在1992年年底已达到14%（仅次于道奇和庞蒂亚克，领先于马自达、三菱和吉奥），1994年又增长至17%，几乎与其竞争品牌持平，而这些品牌是经过几十年的广告宣传才达到这一水平的。

品牌联想

土星在创造品牌联想方面做得更成功。汽车问世1年之后，目标细分市场（打算购买小型轿车的顾客）的报告表明有30%～40%的顾客认为土星拥有5个主要的联想。1993年年中，土星在"友好"维度上的指标超过了日本品牌。

1995年年初，有超过60%的被调查者认为，土星关心顾客而且形象友好，这一比率是同级产品大类中6个竞争者（如本田思域）平均水平的2倍。在经销商品质、公司形象、产品安全性、性价比和灵活性方面，土星公司也表现得出类拔萃。

因此，诸多观点和指标都表明，在进入市场最初的2年及以后的时间里，土星成功地建立了一个强大的品牌。值得一提的是，土星在最初的2年里并没有盈利，并且在之后的时间里也获利甚微。但是，我们可以断定的是，上文所提及的这些指标比盈利能力更能反映品牌实力，因为盈利能力要受到产品设计、生产工艺、生产能力等因素的制约。因此，只要提高土星的生产能力，拓展产品线，便可以极大地提升品牌的盈利能力（盈利能力会随时间的推移而不断加强）。

土星如何创建品牌

土星是如何在短短几年之内迅速成为一个强势品牌的？公司的重要决策、重点政策和重点规划有哪些？下文是对产生关键作用的 7 个战略领域所做的详细描述。作者的目的不仅仅是描述土星所采取的措施，同时还要指出这些战略背后的逻辑关系、实行这些战略的原因以及以何种方式通过这些战略为品牌建设做出贡献。虽然土星战略中的某些因素起到了至关重要的作用，但引领土星走向成功的是整个计划的协同作用，而不是某个因素的独立作用。

使命：世界一流的产品

从一开始，土星背后的动力就是制造一款世界一流、能够与日本进口汽车（如本田思域和丰田花冠）相媲美甚至更胜一筹的小型轿车。这种汽车需要在可靠性、安全性、感觉、外观和整体优势等方面满足用户对顶尖进口汽车的期望。这一质量使命正是土星企业文化和品牌形象的一个决定性因素。

人们通常会错误地认为，品牌的建立可以单纯地通过广告来实现，而无须提供承载质量和价值的产品或服务，简而言之，品牌形象仅仅是个广告"问题"。但事实上，产品本身才是品牌形象的决定因素。如果 20 世纪 50 年代的埃德塞尔（Edsel）能在推出后最关键的第一年内保持卓越的品质，它今天可能已成为品质的象征。然而，由于产品质量低劣，埃德塞尔的很多优秀广告和营销活动都变得毫无意义。如果不是因为在产品推出的最初几年中一直饱受机械问题的困扰，那么 20 世纪 60 年代的大众甲壳虫现象完全可以因 20 世纪 70 年代中期的兔牌汽车重现。这些问题的存在，决定了兔牌不得不通过广告和兔子的象征意义将甲壳虫的品牌资产转移至兔牌的品牌建设上。事实上，自此以后，大众汽车就一直活在那段岁月的阴影之下。

埃德塞尔和兔牌的错误，并没有出现在土星品牌上，从一开始，土星的产品就保持了较高的品质。汽车杂志的评论对土星良好的设计和制造持客观态度，顾客调查中的正面反馈也是源于土星的实力。1991 年款土星 SL 汽车被称为 1992 年所有同价位小型轿车中"价值最高"的产品。前文提及的君迪顾客满意度指数更是无可辩驳地证明了土星的成功。

说起土星对质量的重视，有一个众所周知的例子，就是土星公司保证退款的决定。土星承诺，在购车后的 30 天内，或里程在 2400 千米以内，无论是哪种情况，购车者均可以申请无条件全额退款或更换汽车。这一规定不仅保证了顾客能放心地购车，同时（由于对劣质轿车要支付巨额经济赔偿）也说明土星品牌对产品质量的信心。

产品召回的做法为土星提供了许多机会，使之借机生动地展示了品牌的质量理念。在一次召回事件中，当土星发现冷却剂（防冻剂）的缺陷可能对汽车造成某些无法修复的损害时，1836 辆"问题轿车"便再也没有面世销售。在另一次召回事件中，一位土星的工程师远赴阿拉斯加某个偏远的小岛，将一个全新车座亲手送到顾客手中。

团队精神："与众不同的公司"

通用汽车有一个基本假设：在通用汽车公司现有的公司结构框架内，根本生产不出世界级水准的小型轿车，也无法创建一个牢不可破的质量理念。因此，一个新的公司成立了，它有权生产一种全新的产品，而且可以创建一种全新的组织机构，而无须受到全美汽车工人联合会（UAW）合同的种种限制，也完全摆脱了通用汽车管理层与劳工之间由来已久的对立关系，没有当前品牌家族带来的种种局限，也无须承袭现有的经营方式。土星汽车的员工打破了他们与通用汽车的原有关系，前往田纳西州的斯普林希尔镇，在那里建起一个"绿地"生产基地。不管是在生产方面，还是在面对品牌创建和传递品牌形象等更大的挑战方面，这个新的组织都是不可或缺的。土星汽车早期的广告展示了第一批员工的承诺（如图2-1所示）。

1993年的汽车召回事件

1993年6月，土星公司认为，1993年4月以前生产的350 000辆土星汽车都必须被召回，因为一个电路的安置出现了瑕疵。一段时间之后，当初的负面报道逐渐为正面报道所取代。为什么呢？首先，此次召回是公司的自愿行动，而不是政府的强制命令；其次，此次行动反应迅速：两周之后，50%的汽车已经完成维修——由于零售商与顾客保持着良好的联系（相反，一个竞争品牌在政府强制命令下被迫召回一大批汽车，而直到12个月以后，才仅仅召回33%的汽车）；最后，零售商以积极的态度协助召回工作。一家零售商租了辆大巴车送顾客去看棒球赛，比赛结束时大巴车归来，所有的汽车都已经修好、清洗完毕。另一家零售商为顾客举办了一顿烧烤大餐，顾客一边吃着烤肉，一边等待他们的汽车维修。还有一家零售商为顾客免费提供电影票。

总而言之，土星公司与顾客之间牢固的友好关系在此次召回事件中体现得淋漓尽致。跟踪调查表明，土星在"关照顾客"维度上的良好形象没有受到丝毫影响，而品牌在"经销商良好表现"维度上得到了提升。

第 2 章 土星的故事

1. 画外音：在音乐声中，画外音响起。这里有巴尼、比利、斯库特和我。

2. 我们在杰斐逊和帕尔默的角落里长大。如果你那时也在那里长大，在那里成长、呼吸，你也会为汽车而兴奋。

3. 我们就这样慢慢长大了一些，然后离开。但我们又回到这里，制造了野马汽车、克尔维特和GTO，当然还不止这些。

4. 那是20世纪60年代，在我们所能想起的所有记忆中，我们想得最多的仍是汽车。

5. 生活不错，工作不错。但是，突然之间，没有油了。

6. 似乎在一夜之间，人们对汽车的看法变了，这真让人感到沮丧。

7. 于是，我决定为一家名叫"土星"的公司工作，再次生产汽车。但生产方式是全新的。

8. 我知道，我会错过一些东西……但也有一些是我想要留在记忆中的。

画外音：音乐声渐止。

图 2-1　土星的第一则广告——土星"回家"

资料来源：Reprinted with permission of Saturn.

然后，多个跨职能团队被分配到土星公司内部的各个模块，以激发变革、维护标准和构建基本的组织。共同的团队目标渗透进整个公司内部，使整个企业具有强大的力量。团队目标表现为与 UAW 达成伙伴关系，这一点正是通用汽车内部的特点。大规模的训练（占工作时间的5%）包括相当大比重的团队建设练习，目标与奖励也都建立在团队和组织目标的基础上。例如，负责制造的员工 20% 的薪酬与工厂的生产能力和产品质量挂钩。这种团队导向是土星公司"与众不同"的表现之一。

通过推广公司而非产品建立感知

仅仅靠生产世界一流的汽车，还不足以建立强势品牌。顾客感知才是建立品牌的决定性因素，而感知并不能自动地反映现实。例如，奥迪就发现，即便花费 10 亿美元开发出一款顶尖的汽车，最终也无法把那些对奥迪品牌心存疑虑的顾客吸引过来。大众的兔牌汽车在问世一两年后才成为质量精良的汽车，但已经太晚了，这一车型最初出现的问题所带来的"劣质"感知再也无法从消费者的脑海中抹去。

所以，在生产出世界一流的轿车之后，土星品牌如何才能让人们相信这一现实呢？最显而易见的方法——基本上也是所有汽车制造商都使用的方法，就是直接告诉消费者这款轿车为什么这么好，可以使用"对完美品质的不懈追求"或"上至车顶、下至引擎盖，都做过良好的调整"之类的广告词，还可以着眼于细节：安全性能、外部设计和抛光、省油、加速表现、舒适度、路面测试表现、汽车杂志的认可、保证书、灵活快捷的操作等。焦点要集中在汽车本身，辅以连续不断的逻辑和令人目不暇接的事实，来加强劝说购买的力度。如果土星要采用这种方法，那么可以使用的细节无疑更多。

那种以产品为导向的逻辑性说服方法几乎注定要失败，因为其他品牌已经采用过同样的办法。十多年来，福特的口号一直是"质量是第一要务"。别克是"质量的象征"。本田似乎拥有不错的君迪顾客满意度指数。至少在最近 5 年里，克莱斯勒公司的前董事长李·艾柯卡一直在强调，克莱斯勒的轿车堪与日本轿车媲美。土星遵循这些方法所制作出来的广告肯定会给人一种雷同之感，因而难以引起人们的注意，更不用说取得人们的信任。而且，由于质量诉求的类似性，顾客对汽车特性的关注将造成价格成为购买与否的决定性因素。

要解决这一难题，就要推广这个公司（即公司的价值观和企业文化、公司员工及顾客）而不是推广公司生产的汽车。在土星汽车早期的广告中，土星的员工是有着不同个性的人，他们对产品质量和团队协作有着深沉的感情。例如，在图 2-1 的电视广告中，工人描述了汽车在他们孩童时代的意义。另一则广告则表现了转向新领域和创建新公司需要做出的牺牲与承担的风险，图 2-2 所示的广告描绘了工人看到第一辆土星汽车下线时的自豪感。

一则平面广告讲述了土星公司一位技师的故事。广告的第一个画面是晨雾弥漫中斯普林希尔的一处农舍，字幕写着："我记得自己站在一片荒芜之中，眼前和脑海中没有任何汽车工厂的景象，'我到底在这里干什么？'"第二年，大部分广告的焦点都是顾客及其与汽车和土星汽车经销商之间的关系——仍与产品导向类的广告毫无关系。1995年，土星讲述了一辆轿车重新设计的故事，仍然采用员工和土星汽车家族其他成员的视角。

在早期广告中，土星向未来用户表明：土星及其员工决不会设计、制造或出售非世界一流的轿车，原因很简单——土星品牌是出类拔萃的。毋庸置疑，广告的可信度转化成了隐含的产品诉求。相反，大多数产品导向类汽车广告的主要问题就是由于自相矛盾的吹嘘带来的信任鸿沟，因为这些吹嘘根本不是事实。因此，顾客必然会认为一些广告是虚假的，至少是夸大事实的，这种看法对与之相关联的所有广告都产生了负面影响。而且，土星品牌选择了一条与众不同的途径，这种做法使其轻松地从众多的汽车广告中脱颖而出。

1. 画外音：音乐声起，贯穿于整个广告始终。
（电视画面）今天气温25.5摄氏度，在一则新闻中，第一辆土星汽车将在斯普林希尔的汽车生产线下线。

2. 旁白：曾几何时，我看到自己亲手参与生产的产品，但那只是一辆汽车上千个零件中的一个。

3. "总会有那么一天，我猜。"我甚至看不到这个零件被装进了哪辆汽车。而且，汽车装配的过程，也根本与我毫不相干。

4. 没有人问过我在想什么。后来，我听说土星要建一个全新的汽车工厂，专门生产一种轿车。他们还说，这个工厂的运营也将与以往的大不相同。

5. 世界上从未有人做过如此的尝试，据我所知，在T型车之后就从未有过。有一批原材料从工厂前门进来，就有一辆新车从另一个门出去。

6. 对我而言，如果能看到自己生产的零件被装进整辆汽车，那会让我很有成就感。至少，我的感觉就是这样。

7. 现在，我们受到了很多人的关注，有人支持，有人反对。

8. 但我要告诉你，当我走到这栋楼的另一端，当我看到那辆汽车静静地伫立在那里时，这种感觉简直美妙极了。

9. 这种感觉太美妙了，因为我知道，我是这段伟大历史的小小一分子。

画外音：音乐声渐止。

图 2-2　土星的诞生日

资料来源：Reprinted with permission of Saturn.

斯普林希尔工厂的视觉形象有力地打造出一个新型美国公司的全新概念。作为一家坐落在与汽车制造业无关的中部地区的新工厂，斯普林希尔制造基地很明显可以以正确的方式白手起家。早期平面广告中"一片荒芜"的场景微妙地暗示着一缕清新的空气。员工的形象也鲜明、强烈。当想到庞蒂亚克时，你的脑海中可能会浮现出一辆轿车；提到土星时，你的脑海中更容易出现一个员工的形象。

还有两个重要的命名决策值得一提。首先，土星与通用汽车划清了界线。早期概念调查明确了一点：如果继续沿用通用汽车的名称，将会带来劣质感知和可信度较差的联想；使用一个日本名称（如索尼）则会带来相反的后果。此外，土星的整体概念包含着建立一种全新组织结构、生产新型轿车，与通用汽车发生的任何关联都会削弱这一概念的影响力。

其次，传统命名模式（如本田思域、序曲和雅阁）也遭到了抵制。对于土星，关注点在于土星公司和其生产的产品。传统命名模式可以提供一个有效的子品牌，将一款产品与该品牌下的其他产品明确地区别开来，如马自达米埃塔和福特金牛座。但是在这种情况下，这种模式将会大大降低顾客对主要信息的注意力。

建立土星与顾客的关系

在建立品牌识别时，大多数品牌特别是轿车品牌都将重点放在安全性、经济性、操作方便和驾驶舒适度等属性上。这种定位策略通常都比较容易被模仿和超越，因此难以产生较高的品牌忠诚度。强势品牌通常能够超越产品属性，将品牌识别建立在品牌个性和客户关系上。例如，土星品牌识别的一个重要部分就是土星对用户的尊重和朋友般的关怀。只要运用正确，这样的客户关系及其隐含的品牌个性便能建立牢固且持久的品牌忠诚。

除了质量至上和团队导向外，客户关系模式也是公司文化的决定因素和根本特点。例如，零售模式遵循了这种关系的概念。讨价还价、谈判游戏的做法都不符合土星的客户关系原则。这看起来有些不可思议：在营销观念诞生50年后，这种对用户的尊重和朋友般关怀的做法在汽车行业竟然可以算是一项突破，而事实上它就是。

为了了解品牌与客户关系的实质，我们可以将品牌比喻为一个人，他有自己的个性，又与客户保持着平等友好的关系。例如，沃尔沃可以被形象地描述为一个带有欧洲口音、可靠且可信赖的人，他有些乏味，缺乏幽默感，但他可以给客户一种安全且舒适的感觉。相比之下，梅赛德斯的形象或许是一个优雅且成功的人，他可能显得乏味、冷淡，而这种形象也许更能激起客户成为梅赛德斯家族一员的欲望。

"土星回家"

1994年6月底，4.4万名土星汽车用户被邀请参加土星公司在田纳西州斯普林希尔工厂举行的"土星回家"活动（见图2-3）。此次活动是模仿哈雷-戴维森公司赞助的一次庆典活动，那次庆典将超过10万名哈雷摩托车用户邀请到米尔沃基。与哈雷的庆典一样，许多土星用户乘坐由当地零售商组织的车队来到斯普林希尔，另有超过10万名土星用户参加了当地经销商组织的野餐和派对。

斯普林希尔这场"家族聚会"的参加者有许多娱乐项目和活动可以选择。6个舞台分别表演乡村音乐（由知名歌手演唱）、蓝调、福音音乐、滑稽剧、小丑和杂技。活动包括跳舞、烧烤、手工艺品集市、名人（如奥运会滑冰项目冠军丹·詹森）现场互动，以及根据哈雷精神所设计的"刺青"会客厅。事实上，整个活动是响应许多客户参观工厂的要求而举行的。

1. 他们来自阿拉斯加州和北达科他州。

2. 来自加利福尼亚州以及更加遥远的西部。

3. 这个夏天，我们邀请所有的土星用户到田纳西来。这是他们的汽车诞生的地方。

4. 我们将这次活动称为"土星回家"。

5. 受邀者会看到他们的汽车在什么样的地方生产出来。

6. 他们还可以与土星汽车的制造者一起交流。

7. 他们会亲眼看到汽车公司如何提出一个新的设计想法。汽车公司则会向汽车用户表示感谢，感谢他们对土星的信任。

8. 有4.4万人放弃自己的假期，来到工厂与土星汽车公司一起度假。

9. 我们第一个大派对取得了巨大的成功。

10. 当然，并非一切都与计划丝毫不差。但我们做到了让所有人参与，这正是我们一直以来的行事风格。

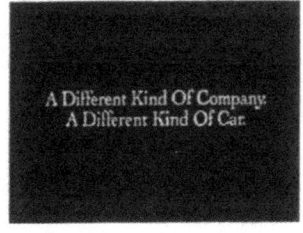
11. 与众不同的公司，与众不同的汽车。

12. 土星。

图 2-3　回家篇

资料来源：Reprinted with permission of Saturn.

此次活动增强了土星品牌的感召力。活动的焦点是斯普林希尔、工厂和员工；事实上，有超过2300名员工志愿担任此次活动的工作人员。

土星可以被形象地描述为一个内心年轻、诚实可靠、和善亲切、脚踏实地的人，他关注对方（不管是客户、病人还是顾客）的需求，并像朋友一样尊重和关怀对方。此外，此人精明强干而且可靠，是一个值得尊重和信任的人。土星工程小组组长说，土星公司是一个"有思想、友善"，而且"不会令你失望、不会令人自卑"的人。[10] 拟人化的土星不会有外国口音，也不会用居高临下的口吻与你谈话，而是带着敬意和友善与你交谈。将土星比作一个人的做法，有助于更深刻、更清晰地理解其品牌－顾客关系。

按照土星零售商的说法，土星公司的品牌－顾客关系还有另一个方面，就是客户对土星品牌的自豪感，因为土星汽车以美国汽车的身份击败了日本公司，土星员工对工作尽职尽责，而客户本身也为选择了美国汽车而自豪。这与许多新用户以产品为中心的那种自豪感完全不同。土星客户之所以购买和使用土星汽车，不只是为了享受汽车的功能特性，还由于他们的价值观和个性。这种自豪感之所以存在，原因之一是工厂坐落在田纳西州的斯普林希尔，另一个原因是美国员工对土星极高的忠诚度。具有讽刺意味的是，土星从未使用过雪佛兰的"美国心跳"或奥兹莫比尔奥偌拉的"美国梦"之类的广告语。如果土星用了这类口号，客户的自豪感可能不会如此强烈，因为很难再让土星用户发现并传播这种自豪感了。

土星与那些品牌（如苹果、哈雷和大众甲壳虫）有不少共同点，它们与客户形成了忠诚而密切的关系。这些品牌都是在与更强大的竞争者的竞争中处于劣势的一方，同时又都拥有巨大的、具有个性的用户群，这些用户还常常劝说他们的亲朋好友购买这一系列品牌的产品。

零售商战略

零售商机构既依赖于土星的企业文化和品牌识别，同时也为之做出了自己的贡献。特别是零售商为顾客所提供的与众不同的购买体验，明显地反映出土星与顾客的关系。零售商还组织顾客参加各种活动，通过这些活动，真实地反映出土星公司不只是对销售量感兴趣。

汽车用户已经习惯了进入展厅后就立即被迎面冲过来的销售员包围，销售员会不厌其烦地劝顾客现场试驾，试驾还没结束，就又迫不及待地要顾客购车。最典型的说辞是："如果我只收你 × 美元，你今天会买吗？"访谈小组、经销商团队以及简单的思维逻辑明确无误地表明：顾客非常反感这样的销售模式。

因此，土星决定选择一种全新的销售模式。当顾客进入零售展示厅时，不会有销售员涌上来。在土星的零售展示厅，那些领固定薪水的销售顾问只是在大厅内自由走动，随时为前来参观的顾客提供答疑服务。这些顾问经过良好的培训，不仅能回答顾客的问题，还能详尽地解释轿车和公司的设计理念，并对产品的特色了如指掌。更为重要的是，讨价还价的行为是绝对禁止的。零售价格能让零售商获得一个理想的利润（每辆汽车约 1400 美元），无论顾客是否购买，零售价格都不会有任何浮动。

要杜绝销售时的讨价还价行为，一个重要的因素就是市场零售网络。在早期的产品开发阶段，土星零售小组成员就指出，相邻区域的零售商竞争者有充分的理由竞相降价。他们的建议在当时看起来似乎有些自私，但如今已被证明是非常出色的营销策略，即寻找能够负责大区域市场的零售商，并具备在本区域内开设 6 家经销店的实力。于是，相邻区域零售商之间的价格竞争（低利润率的主要成因）几乎被完全杜绝了。市场零售网络是土星最持久的一项优势，但竞争者受到以前经销协议的限制，几乎不可能复制这一网络。

除了市场范围概念外，土星的月薪制销售顾问的低压力工作系统是基于整个组织的。这一系统主要构成要素包括来自非汽车行业的销售顾问，根据客户满意度而非个人销售业绩而定的薪酬激励机制，以尊敬和关怀客户为核心的企业文化，以及与其他部门之间的结构性联系。与之相反的是，在福特、雪佛兰和丰田，整个组织的目标就是通过这个系统来销售汽车。如果仅仅是单纯地模仿土星销售系统，而不对它们的组织结构进行改进，肯定难以成功。改变组织结构是一个企业最难实现的目标。

诺德斯特龙（Nordstrom）公司的故事是动摇许多主要市场中零售环境的事例之一。许多高档百货公司都曾试图通过模仿"诺德斯特龙经营风格"来改变零售环境。然而，它们很少能成功，原因在于其自身（特别是那些已适应了另一种零售方式的员工）根本无法适应这一变化。如果土星的竞争者试图模仿土星的零售方式，它们也会遇到类似的问题。

土星零售商担任品牌建设者

在支持土星品牌形象方面，土星零售商发挥了关键作用。他们不仅使消费者获得了身心愉悦的购物体验，避免了以往那种紧张、压力、胁迫的购车体验，同时还明显地传递了土星公司不只是汽车生产商和销售商的事实。

土星零售商举办了一系列加强客户关系的活动。土星零售商定期组织烧烤、冰激凌聚会和郊游等活动。一家土星零售商为单身的土星用户组织了土星单身聚会。许多未参与斯普林希尔活动的用户参加了当地的"回家"活动。一家底特律的零售商成立了100 000英里⊖俱乐部——行驶里程超过100 000英里

⊖ 1英里 = 0.3048米。

的土星用户均可成为这个俱乐部的会员，获得一份礼品套餐和正式的会员资格证书。

土星零售商在当地慈善活动中表现得异常积极——因为慈善活动与土星的客户服务理念非常契合。这些活动特别引人关注，因为其活动范围和持续性都堪称完美。

例如，纽约地区12家土星零售商建立了12个大型的土星"儿童乐园"，每个都是可以容纳150名儿童的运动场。运动场的造价大约是3.5万美元，有许多志愿者热情加入。这一活动由纽约公园和新泽西州州长以及其他官员发起，已成为企业与公共部门合作的最佳典范。

哥伦比亚的土星经销商与当地动物园保持着良好的关系：邀请土星用户免费参加一年一度的"土星动物园日"派对（每年都会吸引5000多人前来参加）、邀请3万名儿童来游览动物园的"土星游览会"、赞助动物园筹资等，同时，广告和零售现场多处都可看到动物园的动物（甚至有老虎进入展示厅）。

与众不同的公司，与众不同的汽车

广告语可以表达一个品牌的精髓，成为品牌资产的重要组成部分。如果一个品牌的内涵具有多重含义，那么广告语就像一条漂亮的丝带，能为品牌增添特别的色彩。例如，阿维斯（Avis）著名的广告语是"不是最好，所以更加努力"，清晰地建立起品牌在竞争中的定位，并体现了阿维斯品牌战略的无限活力。这一口号既是对员工的激励，也是面向顾客的宣传，它明确了公司的价值观和企业文化，而且还为组织和传递特定的品牌特征与活力提供了保护伞，否则，这些特征和活动只能是支离破碎、面目全非的片段。

"与众不同的公司，与众不同的汽车"这句口号具备同样的功能，成为土星品牌资产的重要组成部分。它还表明土星汽车与其他汽车不同，土星是能与进口的日本汽车相媲美的世界一流产品。"与众不同的公司"的定位体现了土星在公司经营和客户关系方面的独特方式。然而，汽车的"与众不同"是与独特的公司密不可分的，前一句广告语为后一句提供了依据。如果土星直接宣称自己的汽车是世界一流的汽车，那么它很可能难以实现预期的顾客感知。

这句广告语说出了品牌的核心价值观，使土星能够将一系列具体特点和品牌活动一一介绍给用户，没有丝毫的错位。广告读者可能很难明白这家公司与它生产的汽车为何与众不同，但是这种"与众不同"的印象已经深深扎进读者心中。这句口号还将员工、供应商和零售商有力地团结在一起。作为企业文化的一个重要组成部分，它帮助员工树立起这样一种观念："这是前所未有的，我们是非比寻常的。"

整合传播

在建立和保持品牌资产的过程中，一个实际问题便是如何进行有效的传播，并能在不同的媒体上保持长期的一致性。一直以来，汽车行业的特色都是面目雷同、以产品为核心的"底特律广告"，将价格吸引力作为诱饵，背离企业战略的经销商广告以及多种传播组织的介入。而这一举措的结果，往往是顾客从不同渠道获得的信息无效或者不一致。

土星采取了一种非常与众不同的方式。土星选择了一家西海岸广告代理商——哈尔·赖利（Hal Riney）公司作为"传播伙伴"。为保证信息能够在不同媒体上保持长期一致性，土星要求赖利公司参加土星所有的传播活动，包括制作宣传手册、零售商广告和零售展示厅设计。赖利公司对策划这类大规模的宣传活动有相当丰富的经验：它曾经为某葡萄酒冷却机代言者弗兰克和艾德设计真人版广告形象；为金殿赌场饭店设计品牌标志；为施特罗啤酒公司（Stroh Brewery）做包装设计；为阿拉摩租车（Alamo Ren-A-Car）公司制作了一部 7 分钟的娱乐电影，以供顾客在派对等待时观看。

一开始，赖利公司制作了一部 26 分钟长、名为《斯普林希尔的春天》的纪录片，讲述由土星团队成员介绍自己加入土星公司时的兴奋心情和巨大挑战。这部纪录片体现了员工对土星的情感和感受。这部纪录片面向员工、供货商、新闻媒体，并最终作为商业广告片向公众放映。

赖利公司的工作是展示土星公司为全面传播所做的努力，此举正是为了保证零售商的工作与公司战略保持一致。土星的系列广告则由大幅的汽车照片、足够的空白以及诙谐的广告语组成，与土星汽车和产品特征保持完全一致。其中一则广告中有一个问句："天啊！如果我们都变得像二手汽车一样，这世界将会是什么样？"赖利公司要避免零售商将二手车价格或展示厅位置示意图放在广告页空白处。

曾经有段时期，土星的品牌知名度和顾客兴趣降到谷底，这时，一批零售商决定向顾客提供免费赠品，以此来提高店内的客流量。赖利公司认为，这种促销活动将会影响土星公司在品牌资产上的巨额投资所带来的收益，特别是那些还不熟悉土星理念的顾客。在零售商的坚持下，赖利公司设计了一项能够增加品牌资产价值的促销活动，获奖者可以参观斯普林希尔的工厂，并且可以亲自参与汽车的制造过程。这个促销活动的关注点是斯普林希尔镇与它那些尽心尽责的员工，而不仅仅是吸引顾客走进展示厅。

创造品牌资产

表 2-1 概括了土星品牌资产的创造过程。该表显示了品牌资产的 5 个维度（第 1 章的 4 个概念加上零售系统），同时显示了每个维度的主要驱动因素。需要注意的是，驱动因素大约涉及 18 个不同的决策和计划，表中所列的并非全部。

表 2-1 土星品牌资产驱动因素与挑战

品牌资产的主要驱动因素	品牌资产的维度	保持品牌资产的挑战
• 广告 • 零售展示 • 公开宣传 • 口碑传播	品牌知名度	• 当新闻价值降低、出现竞争局面时,仍旧保持品牌知名度
• 广告 • 广告语/产品定位 • 斯普林希尔工厂 • 零售体验 • 整合传播 • 建立在品牌资产上的客户关系	品牌联想 • 尽职尽责的员工 • 积极的顾客 • 斯普林希尔工厂 • 与众不同的公司/汽车 • 零售体验 • 喜爱/朋友 • 与本田思域同级别的美国汽车 • 尊重用户	• 面对产品宣传方面的压力,需将土星"与众不同"的信息传递给不熟悉该品牌的潜在顾客
• 产品设计 • 生产承诺 • 全新的组织/企业文化 • 与员工同心同德 • 与顾客同心同德 • 广告语/品牌定位 • 无条件退款保证	感知质量	• 面对竞争品牌,如何在成功的兴奋之后继续保持产品质量
• 与顾客保持朋友般的关系	品牌忠诚	• 保持长期牢固的客户关系
• 零售体验 • 对美国企业身份的自豪感 • 市场范围概念 • 企业文化	零售系统	• 面临销售滑坡和模仿品牌的出现,保持零售模式不变

土星获得的成果并不是由某个主要的驱动因素带来的。很明显,是各种因素的组合与协同创造了土星的品牌资产。但是,起至关重要作用的只有4个战略因素:设计并制造高品质汽车的能力,以客户关系为基础的品牌识别,将广告重点放在公司、员工及顾客身上(而非汽车产品本身)的决策,以及零售体验(建立在土星文化和市场范围概念基础之上)。在汽车品牌管理中,后3个因素发挥了非同寻常的作用。

土星与通用汽车共同面临的挑战

在土星从创建品牌转向保持品牌实力和活力的过程中,许多问题浮出水面。土星能否保持这一品牌形象?通用汽车能从土星的成功经验中学到什么?就像一只自不量力却最终追上了汽车的小狗:土星接下来该怎么做?通用汽车和土星汽车面临着许多共同的问题与困难。

品牌维系

通用汽车面临的第一个问题就是如何管理这个矛盾重重的企业。从某种程度上讲,相对于维持公司的继续运转并保持品牌文化的强大,创建土星品牌本身会更加容易一些。在制定和推行一项新战略时,兴奋感能够产生巨大的动力和动机。但当竞争者开始争相模仿或者疑似模仿其客户关系的模式,如模仿销售员月薪制的时候,又该如何做出反应呢?当土星已无法优先获得通用汽车公司的资源时,又该怎么办?当竞争者开始跟自己死磕且在产品质量上已稳胜一筹时,又该如何应对?当逆境出现时,如何调整企业的行为准则、沟通价值以及企业所看重的行为特质和榜样,将是一次关乎生死存亡的巨大挑战。

表 2-1 还总结了土星面临的一些主要经营问题。一个重要的挑战是在品牌成熟过程中如何保持品牌知名度和品牌联想。在品牌导入期,广告本身就具有戏剧性,很容易引起顾客的兴趣,特别是当广告是为了宣传公司而非品牌的时候。广告宣传、口碑传播以及广告信息的趣味性,对品牌的建立不无裨益。随着土星品牌的逐渐成熟,它可能会在鱼目混珠的市场竞争中失去昔日的光彩。管理层需要花费很大力气确保品牌的新鲜感、趣味性和关注度。

持续不断地将土星"与众不同的公司"的信息传递出去,将是一项重要的任务。不幸的是,在品牌导入期,广告一直缺乏体现公司精神和公司使命的鲜明视觉形象。不管是万宝路的乡村、美泰克（Maytag）的孤独的维修人员、米其林的热情洋溢的员工，还是苹果时髦独特的标志，在这类萦绕于用户脑海中的品牌形象中，始终没有土星品牌的影子（土星的品牌标志和名称灵感来自土星火箭，无法像上述品牌一样树立品牌形象）。由于缺乏这样的视觉形象，土星必须将其品牌理念直接传递给市场——特别是那些没有接触过或忘记土星早期广告的新顾客。

保持品牌感知质量可能是土星面临的一项最重要的任务。参观工厂的兴奋感会逐渐减退，团队理念会遭遇同其他地方一样的压力。不管是在长期的成功经营中，还是在低迷期和倒退期，保持这样的信念都绝非易事。另外，质量信号（如测量顾客初次购买时对汽车和经销商的满意度的君迪顾客满意度指数）需要公司的长期关注。大量的竞争者都瞄准了土星那些高不可攀的君迪顾客满意度指数，尽管设想该指数能够一直高高在上不太现实，但高数值仍然是重要的质量线索。

土星面临的另一个挑战是如何培养让人感到自豪、美丽非凡的品牌特征，进一步提升土星现有的品牌忠诚度。任天堂、哈雷、苹果和充满传奇色彩的大众甲壳虫，通过保持鲜明的品牌个性，提供组织参与感，在很长一段时间内保持了较高的品牌忠诚度。一些土星零售商为土星汽车用户组织了很多团体活动，还为这些用户提供了其他一些参与活动的方式，但是，土星的忠诚度仍主要依赖于产品和企业与众不同的理念。要维持这一现状，同时又要找到有效的表达方式，虽然困难重重但又非常关键。

土星的零售经验与一种必将受到挑战的强大文化不无关系。强大的文化只有在持续的成功和强化的条件下，才能发挥最大的作用。当一个企业不可避免地进入低潮期时，保持这一强大文化的工作难度也会随之加大。同时，还有许多竞争者在模仿土星的经销模式，部分模仿者可能还是同时也经销其他品牌的土星零售商，他们都拥有土星经销模式的第一手资料。即使失败的模仿者也会混淆土星的品牌定位,使品牌脱颖而出的难度越来越大。

土星与通用汽车的关系

另一个问题涉及通用汽车与土星的关系。通用汽车需要通过快速更新设计、扩张生产能力(最初定在 30 万辆),最为重要的是,需要通过增加中型轿车,与本田雅阁和福特金牛座竞争来支持土星吗?这样的投资将花费数十亿美元(土星最初的工厂和轿车预计耗资 50 亿美元),而通用汽车的其他很多地方也需要资源。[11]

从多方面来看,这些决策好像轻而易举。无论如何,土星成为通用汽车挑战本田、丰田和日产的有力武器,取得了空前的成功。调查结果显示,70% 以上的土星用户原本是不打算购买通用汽车的,超过一半的土星用户原本是进口汽车的用户。[12] 在长期的发展中,土星建立的实力能够通过适当的管理和投资保持下来。因此,显而易见的路线便是支持胜利者,并与它共进退。

但是,对通用汽车来说,这一选择并不轻松。土星自己的盈利步伐也相当缓慢——一方面是由于汽车行业本身的利润就不高,另一方面是由于汽车产量仍显不足,还有一个原因,是经验曲线达到的高度还远远不够。虽然土星早在 1993 年就已实现盈利,但其全部投资所产生的回报还远不能令人满意。由于相对盈利能力不足,土星很难在通用汽车内部与其他品牌竞争资源和新产品。事实上,1993 年,通用汽车大幅削减了广告预算,削减了增加经销商数量的计划(土星当时仅有 285 家经销商,仅占美国市场的 60%),并推迟了提供翻新服务和增加乘客安全气囊的计划,土星的销售额受到了很大的考验。

通用汽车还必须考虑雪佛兰的定位问题。长期以来,雪佛兰一直被定位为通用汽车的入门级汽车。20 世纪 90 年代初,雪佛兰的销售量急剧下降，急需推出新产品，因此对通用汽车此时仍大量给土星投资的做法非常不满。雪佛兰管理层自然认为，土星应该采用雪佛兰品牌。虽然立场更为客观的旁观者一致认为土星的销售奇迹根本不会在这种模式下实现，但雪佛兰在土星品牌身上投下了不小的阴影——因为土星必须健康地存活下来，尤其是要在中型轿车市场中占有一席之地。

通用汽车的另一个战略可能是将土星颇具开拓性的做法运用于通用汽车的其他部门，与其"在通用汽车公司内部传递知识、技术和经验"的使命保持一致。事实上，奥兹莫比尔的战略是实现"土星化"——通过品牌形象中心，对奥兹莫比尔员工及其3000家主要由土星员工组成的经销商进行为期一周的培训。这个培训课程包括建立团队和顾客互动课程（在奥偌拉（Aurora）汽车开始销售之前，经销商都必须参加这两个课程），整个课程旨在建立土星的顾客导向文化和团队氛围。"奥兹莫比尔简单定价法"是零售商不许讨价还价和不拿回扣的做法，这一定价法仅限于最受欢迎的几款车型，它们吸收了土星最出色的设计。

然而，将土星的成功模式移植到奥兹莫比尔和通用汽车其他部门并非易事，因为这种成功模式是建立在整个企业机构，而不是一两个计划上的。其他部门面对着长期以来建立的系统、强硬的对抗团体、已经建立的经销商结构和文化以及内部对土星成功所表现出的怨恨，要想通过学习土星的成功模式进行变革会非常困难。

将通用汽车名用于土星汽车

通用汽车作为背书品牌，可能会对土星品牌造成损害，妨碍它建立运营成功所要求的品牌感知质量和品牌识别。出于这个原因，从一开始就避免将土星与通用汽车联系起来是明智的。同样，奥偌拉汽车广告中也从未出现奥兹莫比尔的品牌标志，因此，奥偌拉可以轻松地建立起自己的品牌识别，而丝毫不受奥兹莫比尔的拖累。

但是，土星迟早会将自己的品牌资产借给通用汽车，成为帮助母品牌新生的有力武器。这就要求有两个必备条件：首先，作为独特的品牌和企业，土星必须自己站稳脚跟，这样，才能将通用汽车作为品牌背书者对土星产生的负面影响降到最低；其次，其他部门需要切实达到土星的质量水平和客户关系水平。随着通用汽车质量的提高和土星品牌的牢固建立，这一天很快就会到来。

土星故事的评价

土星的成功生动地展示了通用汽车旗下一个普通小型轿车品牌如何创造了与哈雷、大众甲壳虫和福特野马一样的品牌魅力与品牌忠诚度。这个故事告诉我们很多道理。首先，土星品牌的多个关键元素（如零售购买体验）与顾客产生了共鸣；同时，它与其他竞争品牌存在着巨大差异，毫无疑问，土星实现了差异化。其次，土星的品牌形象在公司内部形成，由公司员工、企业文化、价值观、组织机构和运行系统创造。这些牢固的根基使竞争者难以模仿。最后，土星品牌的成功并不是源于某项公关活动或营销策略，而是土星数十个策略和活动协同产生的整体效应。因此，对任何一个元素在最后结果中所起的作用进行定量评价，都显得非常不现实。

这也不仅仅是通用汽车如何在逆境中创造了一个强势品牌的故事，而是关于如何在成功中继续前行的案例——这的确有些不同寻常。在最初的一举成功之后，土星该如何保持其品牌形象，特别是在与通用汽车竞争资源的情况下。通用汽车又该如何管理土星与其他部门的战略组合？这些棘手的问题仍有待解答。

思考题

1. 在土星品牌的建立过程中，你认为哪些元素起着关键作用（如果没有这些元素，土星是否就不可能成功）？在土星的决策中，哪一个最为重要？
2. 为你所在企业的一个重点品牌建立起一个驱动因素-挑战模型（见表2-1）。挑选其中的若干个挑战，设计一个应对计划。

BUILDING STRONG BRANDS

第 3 章

品牌识别系统[1]

顾客必须认识到你有所代表。

——霍华德·舒尔茨　星巴克

当我在钢琴前面坐下时,他们在大笑——但当我开始弹奏……

——约翰·卡普尔斯　国际函授学校

品牌识别

一个人的形象为其提供了前进方向、目标和存在的意义。考虑一下，下面这些问题有多重要：我的核心价值是什么？我代表什么？我希望别人怎么看我？我希望体现出何种人格特质？我生命中有哪些重要关系？

同样，品牌识别也为品牌提供了方向、目标和存在的意义。它是品牌战略愿景的核心内容，而且驱动着品牌联想，品牌联想是品牌资产的4个主要维度之一，是品牌的核心与灵魂。雀巢使用"品牌宪法"（brand constitution）一词显示品牌识别的重要性和对品牌的尊崇。那么品牌识别到底是什么呢？

> 品牌识别（brand identity）是品牌战略制定者渴望创造并保持的一系列独特联想。这些联想意味着品牌代表的事物，表达了组织成员对消费者的承诺。

> 品牌识别通过创建包含功能利益、情感利益和自我表达利益的价值主张，帮助在品牌与消费者间建立联系。

> 品牌识别由4个方面、12个要素组成，作为产品的品牌（产品范围、产品属性、质量/价值、用途、使用者、原产国）、作为组织的品牌（组织属性、本地品牌还是全球品牌）、作为个体的品牌（品牌个性、品牌-顾客关系），以及作为符号的品牌（视觉形象、比喻和品牌传承）。

> 品牌识别结构包括核心识别和延伸识别。核心识别处于品牌中心，是永恒不变的精髓，品牌进入新市场，推出新产品，它仍会保持不变。延伸识别包括品牌识别元素，它们组成互相联系、富有意义的集合，实现一定的特征和竞争力。

本章的目的是详尽阐述品牌识别及相关概念的定义，例如由品牌识别派生出的价值主张和信誉。本章的主题是拓展品牌概念的价值。狭窄、战术的视角经常会妨碍战略制定者创建一个具有潜力的强势品牌。为了获得最大的品牌能量，品牌识别的范围应该是宽广而非狭隘的，推动力应该是战略而非战术的，品牌创建既要关注组织外部也应关注组织内部。

品牌识别陷阱

对于四类常见的品牌识别陷阱（见图3-1）的审视说明了拓展品牌概念的价值，也使得我们能够深刻洞察品牌识别到底是什么。这四种陷阱代表了极为狭隘的战术的品牌识别建设方法，它们可能导致品牌战略失效或功能紊乱。在分析品牌识别陷阱之后，我们将建立一种更广义的品牌识别概念，探讨它的范围和结构，并检验由此派生出的价值主张和信誉概念。

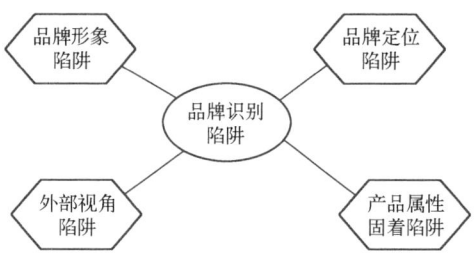

图 3-1　品牌识别陷阱

品牌形象陷阱

对品牌形象（消费者和其他人如何感知品牌）的了解给品牌识别建设提供了有用甚或必要的背景信息。但是在品牌形象陷阱中，由于缺乏耐心、资源或是专业素质，品牌形象就被当成了品牌识别，而不是需要考虑其中一个方面。

当品牌形象明显是负面信息或不合时宜时，一般不会出现品牌形象陷阱。当消费者过去的经验或需求变动使得品牌形象稍有不健全时，把品牌形象当成品牌识别的陈述通常就不会遭到质疑。

品牌识别陷阱会导致一个潜在问题，就是让消费者来决断你是什么。简而言之，是一种过度的顾客导向，就像动画片中，一名市场调研员走进一座快要完成的西斯廷教堂说："米开朗基罗，我认为它看上去不错，但是焦点小组认为要加一些紫红色。"[2] 创造品牌识别并不只是要了解顾客想要什么，品牌识别一定还要反映品牌的灵魂和愿景，以及它希望实现的目标。

品牌形象常常是被动的、面向过去的，而品牌识别应该是主动的、面向未来的，应该反映品牌渴望拥有的联想。品牌形象倾向于战术层面，而品牌识别应该是战略性的，反映能够产生巨大优势的经营战略。品牌识别还应该反映品牌持久的品质，即使在品牌形象中这些品质可能并不突出。就像其他任何一种形象一样，品牌识别体现的是长久不变的基本特征。

品牌识别之于品牌战略，就像"战略意图"之于经营战略。战略意图包含了对获胜和真正创新的痴迷、现有战略扩展和前瞻、能动性的视角，这与接受甚至反映过去战略是迥然不同的。类似地，品牌识别也不应接受现有的感知，而应积极考虑创造变革。

品牌定位陷阱

品牌定位（brand position）是品牌识别和价值主张的一部分，定位通常向目标受众积极地进行传播以显示其相对于竞争品牌的优势。

因此，品牌定位主导着当前的传播计划，而且同更为宽泛的品牌识别结构区别开来。品牌识别的某些元素（如饭店的清洁度）并不一定会被积极地传递给顾客，而其他元素（如产品类别联想）也会随着品牌的成熟而逐渐模糊。因此，在以下 3 个相关结构之间存在着明显差别。

品牌形象	品牌识别	品牌定位
当前品牌如何被感知	战略制定者希望品牌如何被感知	品牌识别和价值主张的一部分，通常向目标受众积极传播

受到为传播计划人员提供目标这一实际需要的激励，对于品牌识别的探索往往会变成对品牌定位的探索，这时就会发生品牌定位陷阱。这种情况下目标就变成了广告口号，而非品牌识别。

这一陷阱会阻碍系统的品牌识别的形成，因为战略制定者不停地剔除那些他们认为不值得传播的方面。聚焦于产品属性的趋势越来越明显，从而没有精力考虑品牌个性、组织联想或是品牌标志，因为这些内容对创造一条 3 个字的广告语没有帮助。

此外，一条精练的广告语不太可能为品牌建设活动提供很多指导。品牌定位通常缺乏足够的韵味和深度，无法指导品牌建设活动，比如赞助哪类事件、哪个包装更好、哪种店面陈列能够支持品牌等。对于品牌到底代表什么，需要有更为丰富、更为复杂的理解。

外部视角陷阱

从许多品牌战略制定者的角度来看，品牌识别能促使顾客出于自身对品牌的感知而购买产品或服务，在美国和欧洲国家这种观点尤其明显。这种导向完全是外部性的。

如果企业没有意识到品牌识别能够帮组织理解其基本价值和目标，就会陷入外部视角的陷阱。因为一个有效的形象部分是基于规范性的行为，持续地阐释品牌的力量、价值和愿景。这一努力能够给内部人员提供一个交流渠道，助其认识品牌是什么。如果雇员不理解、不认同品牌愿景，就很难期望他们能让愿景得以实现。

在大多数组织中，雇员一旦被要求回答以下问题就会犯难，"你们的品牌代表什么"极为典型的反馈是"获得10%的销售增长"（或利润增长），这让人有些沮丧。在拥有强势品牌的公司里，那些动力十足、备受鼓舞的员工能够更快、更有理有据地回答这个问题。土星的主管、工厂工人、零售商和供应商都明白土星代表了世界一流的汽车，会像对待尊贵的朋友一样对待顾客。花王公司的员工都明白花王品牌代表了创新和领导地位。员工的这些答案来自强大的品牌识别。

产品属性固着陷阱

产品属性固着陷阱是最为常见的陷阱，如果陷于其中，对于品牌的战略战术管理就会仅仅聚焦于产品的属性。产品属性固着陷阱基于一个错误的假设，即那些产品属性是消费者决策和竞争动态的唯一相关基础，这种陷阱导出的战略通常不是最理想的，有时还会犯破坏性的错误。

品牌不仅仅是产品

如果不清楚产品和品牌的区别，就会陷入产品属性固着陷阱。以霍巴特（Hobart）为例，这是一个在工业级食品加工设备（如搅拌器、切片器、洗碗机、冰箱）行业中占据主导地位的优秀品牌。霍巴特将其品牌识别和战略植根于产品属性，比如高质量、耐用、可靠和高价格。事实上，这一品牌也传达了购买和使用最佳产品的感觉。认为自己水平最高的面包师或厨师都希望拥有一流的厨房设备。购买霍巴特就是对自己和他人表达价值观的一种方式。

理解霍巴特不仅仅是产品，对于定价、市场细分和传播战略具有重要的启示意义。其一就是霍巴特不必也不应该参与价格敏感市场的竞争。霍巴特的目标应该是找到那些对最佳产品感兴趣的顾客，然后开发传播素材，将霍巴特与最佳联系起来。

图 3-2 总结了产品和品牌的区别。产品的特征包括范围（佳洁士制造口腔卫生产品）、属性（沃尔沃意味着安全）、质量/价值（卡夫制作高品质食品）和用途（斯巴鲁（Subaru）是为雪地驾驶而生产的）。品牌不仅包含这些产品特征，同时还包括以下一些要素。

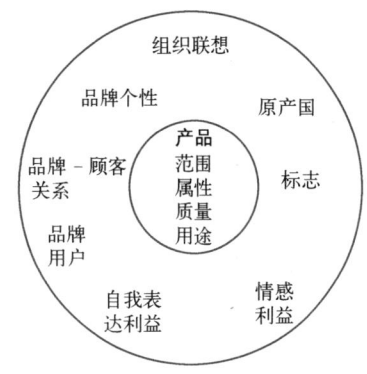

图 3-2　品牌不只是产品

- 品牌用户（Charlie 的用户是女性）。
- 原产国（奥迪采用德国工艺）。
- 组织联想（3M 是一家具有创新性的公司）。
- 品牌个性（Bath and Body Works 是一个拥有能量与活力的零售品牌）。
- 标志（四轮马车代表了富国银行）。
- 品牌–顾客关系（捷威（Gateway）是一位朋友）。
- 情感利益（土星的用户因驾驶美国汽车感到骄傲）。
- 自我表达利益（霍巴特的用户只用最好的）。

产品属性研究

产品属性固着陷阱部分是由于依赖产品属性研究而引起的。这种研究还比较受欢迎，原因如下。

- 这种调查通常很有效，因为属性对购买决策和使用体验都非常重要。
- 这种调查相对比较容易，因为顾客更易于谈论属性，而不是无形利益（这种要求可能被认为是不可理喻的）。
- 这种调查能够让管理人员确信顾客采用合乎逻辑的模式评估品牌，这意味着他们的决策更易于预测和理解。

当企业拥有大量数据时，可能就会感觉测量消费者需求的工作已经做得很彻底了，而实际上这一研究局限于一系列的产品属性。即使这些信息有权重，并且包含竞争者定位，也不太可能是完整的，有可能阻碍品牌实现其最大的潜力。在高科技产品、工业产品和耐用品领域，这一问题尤其严重，因为这些领域的经理人特别偏爱理性的消费者模型。

基于产品属性的形象的局限

把产品属性作为品牌识别的基础会有很严重的局限。这些局限通常包括以下几个方面。

难以差异化。产品属性对顾客是非常重要的，但如果所有品牌在同一方面都表现得非常充分，那么品牌就无法实现差异化。如宝洁公司决定将吉福（Jif）花生酱定位于"新鲜"这一个维度，因为消费者认为这是花生酱最重要的产品属性，并且吉福拥有一项制造工艺（加入惰性气体）能使产品实现超凡的新鲜度，但这一定位却遭到失败。调查显示顾客认为所有品牌在这方面都一样，吉福不能使顾客相信其他品牌的花生酱不够新鲜。

同样地，在酒店行业中，"干净"总是被列为消费者最看重的属性之一。因此，希尔顿酒店很自然地把干净作为其形象的一部分。但是，因为所有的酒店都认为干净应该是其形象的一方面，因此它就不能作为一个差异点。

易于模仿。基于属性的利益点相对来说容易模仿。而依赖某关键属性优异表现的品牌最终会因此被击败，即使该品牌持续提升产品也难逃厄运，因为这些属性就是竞争对手的固定靶子。用硅谷品牌大师吉斯·麦肯纳（Regis Mckenna）的话来说，如果将焦点放在某种产品属性上，你最终会被超越（即竞争者推出了技术更卓越的产品）。最终不仅难以实现差异化，甚至会出现更糟的后果，即在相关的产品属性上的定位走向衰弱。想想雀巢 Taster's Choice 咖啡，它通过在口味这一关键因素上的卓越表现，超越了冷冻烘干咖啡的开创者麦馨（Maxim）。

假设消费者是理性的。产品属性研究以及相应的战略通常假设顾客遵循理性的决策模型。这一理性模型认为顾客会收集有关产品属性的信息，对之进行评估并找到相对重要的属性，然后做出推理判断。而事实是顾客在大多数环境下都会有误解、困惑、不耐烦，他们也不会（或没能力）收集该类产品的客观信息并进行处理。并且，很多顾客对产品功能利益的关注比不上他们对风格、地位象征、保证和其他非功能利益的关注。

例如，对卡车的属性调查表明，耐用性、安全性、选择配置和动力是最重要的属性。但是款式、舒适程度和驾驶乐趣更能影响消费者的购买决策，而且这些消费者通常不承认或不愿承认这些才是他们最看重的因素。当然，要挖掘这些隐藏的动机存在其他更为间接的研究方法（详见《管理品牌资产》第6章），但理性模式的基本问题仍然是存在的。

限制品牌延伸战略。强大的产品属性联想尽管可能成为品牌优势的源泉，但也可能会限制品牌的延伸战略。亨氏（Heinz）意味着慢慢流淌的浓番茄酱，这种联想很可能会对其品牌延伸产生限制，而卡迪娜（Contadina）与意大利的联想则更具有灵活性。建立在无形联想或品牌个性之上的形象能让品牌拥有更多的战略空间。

降低战略灵活性。最后，产品属性联想降低了一个品牌对变化的市场环境做出反应的能力。如果品牌与某种单一的品牌属性联系在一起，当该属性带来的利益降低时，该品牌进行调整适应的能力就会受到限制。从这方面来看，当康之选利用"健康饮食"的形象进入减肥市场时，慧俐轻体对专业化体重控制的强调限制了其反应的能力。

拓宽品牌概念

以上4种品牌识别陷阱显示了品牌识别如何变得受局限和无效。尤其是品牌的焦点过多地局限于产品属性、当前品牌形象、品牌定位和品牌影响顾客的外部作用。建立强势品牌识别的关键在于拓宽品牌的概念，将其他维度和视角考虑进来。

图 3-3 的模型为品牌识别规划提供了更广阔的视野，有助于战略制定者避免品牌识别陷阱。这一模型的核心是品牌识别系统，在模型中，品牌识别向顾客传递价值主张，或为其他品牌提供信誉保证。这一系统的最终目标是建立牢固的品牌-顾客关系。

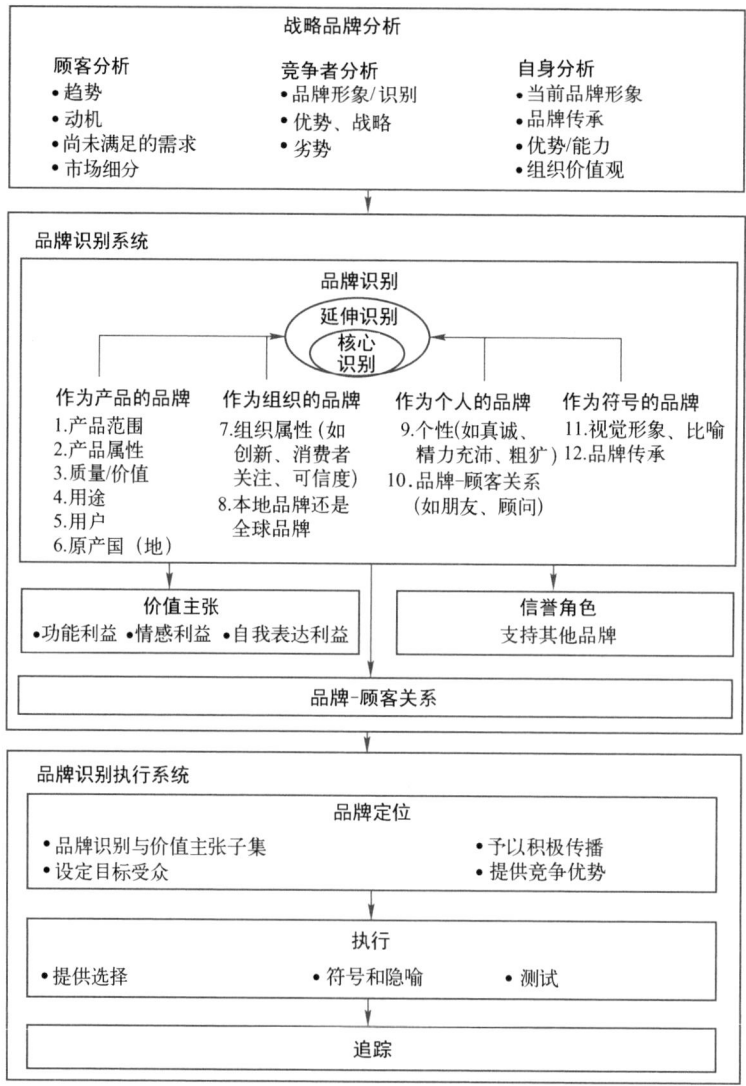

图 3-3　品牌识别规划模型

正如模型所示，品牌识别并不完全从作为产品的品牌角度提出。其他 3 个角度（作为组织的品牌、作为个人的品牌和作为符号的品牌）能够加强对品牌差异化的理解，并为差异化建立基础。

图 3-3 还纳入了另外两个主要内容：战略品牌分析和品牌识别执行系统。这两部分内容将在第 6 章中详细阐述。战略品牌分析包括对顾客、竞争者和自身的分析，从而为计划模型提供必要的信息来源。执行系统包括品牌定位（从品牌识别和价值主张中提炼的传播目标）、执行和追踪子系统。

跳出陷阱

本章的基本观点实际上也是本书的基本观点，就是认为品牌识别的概念通常太狭隘。更为完整的品牌识别的观点将帮助战略制定者考虑以下问题，并在此基础上跳出陷阱。

- 作为产品的品牌要包括用户形象和原产国（地）。
- 基于多种视角建立品牌识别，除了作为产品的品牌这一视角外，还有作为组织的品牌、作为个人的品牌和作为符号的品牌这几个视角。
- 价值主张除了包括功能利益外，还要包括情感利益和自我表达利益。
- 品牌除了提供价值主张外，还能提供可信度。
- 品牌识别兼具的内部和外部角色。
- 比品牌定位（积极传播目标）或核心形象更为宽泛的品牌特征。

建立认知框架

战略制定者的一个目标应该是建立认知框架，供顾客和其他人在思考与评估品牌及其竞争者时使用。[3] 例如，富国银行利用四轮马车，万宝路利用万宝路乡村，土星强调土星员工团队的价值观，这些东西创设了情景，帮助顾客理解品牌所代表的事物。考察品牌识别系统的一种方式是询问顾客在回忆品牌、处理和评估相关信息时采用何种认知框架。

四种品牌识别视角

正如图 3-3 所示,为了确保品牌识别有内涵、有深度,企业应当从 4 种角度考虑品牌:①产品,②组织,③个人,④符号。每种视角都大不相同,它们的目标是帮助战略制定者思考不同的品牌元素和模式,从而使得品牌识别清晰、丰富并具有独特性,而且详细的品牌识别将有助于执行环节中的决策。

并不是每个品牌识别的形成都需要应用所有视角甚或其中的一些视角。对有些品牌而言,只有一种视角是可行或合适的。但每个品牌都应该考虑到所有这些视角,并将那些有助于在消费者心目中清楚表达品牌识别的视角应用于实际。

下面将阐述作为产品的品牌这一视角。第 4 章和第 5 章将详细阐述作为组织的品牌视角和作为个人的品牌视角。当然,本章也会概述一下这两个视角。随后,我们将会分析作为符号的品牌。然后我们将转向识别结构、价值主张、信誉角色、品牌-顾客关系。最后是品牌在不同的产品和市场上拥有多种识别的案例。

作为产品的品牌:产品相关的联想

尽管战略制定者应该避开产品属性固着陷阱,但是产品相关的联想却几乎总是品牌识别的一个重要部分,因为这些联想与品牌选择决策和使用体验有着直接联系。

产品范围:与产品类别相关的联想

品牌识别的核心元素通常是其产品驱动力,它会影响组织希望实现并且可行的联想类型。品牌将与哪种产品或哪些产品建立联想呢?对哈根达斯而言,答案是冰激凌;对 Visa 而言是信用卡;对别克而言是汽车；对康柏而言则是电脑。与产品类别牢固的联系意味着当顾客想到这种产品时，就会想起这个品牌。而领导品牌（如肉酱中的 A-1、纸巾中的舒洁和创可贴中的邦迪）通常是顾客记起的唯一品牌。

将品牌与产品类别建立联系并不是为了在品牌被提起时，能够让人想起该产品类别。当提到赫兹（Hertz）时，人们的反应是"租赁汽车"，与人们需要租赁汽车时提起赫兹是不可相提并论的。艾德熊（A&W）这一传统的啤酒品牌成功地延伸至了香草饮料，并没有影响人们提到啤酒时想起艾德熊。不论人们提起摩托车还是汽车，本田都是人们会想到的一个品牌名称。

当产品类别范围扩大时，会产生一个关键的品牌识别问题。对大多数人而言，惠普一直与领先的电脑打印机（即喷墨打印机和激光打印机）相联系。当打印机、扫描仪、传真机和复印机的区别日渐模糊时，与打印机的牢固联系就从原来的关键资产变成了一个需要积极管理的问题。惠普需要调整打印机的形象，从而使之能应用到更为广泛的产品类别上。因此，惠普现在有了扫描仪（ScanJet）、传真机（FaxJet），甚至集传真机、复印机和打印机于一身的机器（OfficeJet）。对于品牌延伸更为完整的探讨，详见第 9 章综合利用品牌的论述（还有《管理品牌资产》一书的第 9 章）。

产品相关的属性

与购买或使用直接相关的属性能够为消费者提供功能利益，有时还有情感利益。产品相关的属性能够通过提供额外（如特色或服务）或更优的事物创造一种价值主张。

能提供更好产品的品牌包括以下这些：力科（Norelco）通过上升切剪系统提供最服帖的剃须感受；7-11 连锁店能够提供比杂货店更便利的服务；万豪酒店加快结账速度；麦当劳无与匹敌的在全球各地提供相同品质产品的能力。能提供额外内容的品牌有科尔曼（Coleman）肉食，其牛肉没有抗生素和生长激素；还有维珍航空公司，该公司为商务舱乘客提供免费的豪华轿车接送服务。但是正如上文所说，问题在于产品属性有可能成为形象建设的焦点，而排除了其他可以为品牌增加价值和独特性的视角。

质量／价值

质量是与产品相关的属性之一，这一因素太重要了，应该单独加以考虑。品牌是梅赛德斯、别克还是福特？是内曼·马库斯（Neiman Marcus）、梅西百货，还是凯马特？在每个竞争领域，感知质量要么决定了入场费（你需要满足最低质量标准才能生存下来），要么决定了竞争关键（拥有最高质量的品牌才能获胜）。许多品牌将质量作为一种核心识别元素。例如，吉列很大程度上定位为"男人可以得到的最好剃须刀"，而吉列"好消息"（Good News）是最好的可更换刀片系列。星巴克的品牌识别很大程度建立在真诚、持续地提供全球最佳咖啡的声望之上。

使用场景的联想

一些品牌成功地拥有了特殊用途或应用，并强迫竞争者的举动限制于此。例如，佳得乐（Gatorade）拥有的使用情景是运动员期望保持高水平的发挥。尽管漂白粉可以用在很多东西的清洁、消毒上，但高乐氏漂白粉与布匹漂白紧紧联系在一起。奇妙酱是一种多功能沙拉调味酱，但其强项在于和三明治制作紧紧联系在一起。星巴克通过友善的雇员提供了一个亲切、高端的休闲场所。

用户联想

根据用户类型定位品牌是另一种方法。例如，埃迪·鲍尔（Eddie Bauer）公司为拥有户外生活习惯的人提供流行时尚；嘉宝（Gerber）专注于婴儿；慧俪轻体与那些关注体重控制和营养的人相联系；喜悦（Friskies）是为好动的猫准备的食物。牢固的用户类型定位可以表现出价值主张和品牌个性。这个维度以及它与品牌个性的关系将在第5章做进一步探讨。

与国家或地区相关联

还有一种战略选择就是把品牌与一个国家或地区联系起来,这个国家或地区可以增加品牌的可信度。例如,香奈儿被认为是永恒的法国品牌,斯沃琪(Swatch)是瑞士的,贝克啤酒和梅赛德斯是德国的,红牌伏特加是俄罗斯的,而莫尔森(Molson)冰啤来自加拿大("冰的原产地")。与此类似,香槟意味着法国,布鲁明戴尔(Bloomingdale)意味着纽约。在上述每种情况中,品牌与国家或地区的相关联想表示该品牌能够提供更高质量的产品,因为这一国家或地区一直以来生产的该类产品都是质量最佳的。

很多研究都曾经探究过原产国效应。其中一项研究发现,这种效应的深浅程度因产品类别不同而各异。例如在人们心目中,日本电子产品比日本食品级别高,法国时尚比法国电子产品的评价高。[4] 原产国也可以赋予产品不同类别的属性。有研究者在比较美国消费群对汽车和电视机的评价后发现,人们认为美国产品服务较好,日本产品在声望方面得分一般(尽管在其他方面处于领导地位),德国产品声望很高,但是经济性较差。[5]

作为组织的品牌

把品牌看作组织的视角更多地聚焦于组织的属性,而不是产品或者服务的属性。诸如创新、对质量的追求、对环境的关注等组织属性是由雇员、文化、价值观和企业计划所创造的。土星品牌就是此类形象的绝佳例子,它把土星价值观(建造世界一流的经济型轿车)、规划(包括零售商体系)和雇员(很明显认同该价值观的群体)有机地结合在一起。

在一些情况下,品牌的某些方面可以被看作产品属性,而在其他情况下又可以看作组织属性。例如,质量或创新如果是基于某一特定产品的设计或者特点,就是产品相关的属性。如果是基于组织文化、价值观和规划(并因此超越了特定产品模型的语境),那就是组织相关的属性。在某些情况中,两种视角兼而有之。

与产品属性相比，组织属性更持久，对竞争性宣言的抵抗力更强。第一，仿制一个产品要比复制一个具有独特雇员、价值观和规划的组织容易得多。第二，组织属性可以应用于一系列的产品类别，而来自单一产品类别的竞争者很难与之抗衡。第三，因为创新能力等组织属性很难评估和传播，竞争者也很难证明他们已经跨越了任何一个感知的沟壑。要表明自己的打印机的打印速度比竞争者的产品快相对容易，而表明自己的组织更有创新能力比较困难。

组织属性有助于价值主张。以消费者为中心、关注环境、追求技术或是本土化等联想能够引发钦佩、尊重或是喜欢，继而形成情感或者自我表达的利益。它们可以给予品牌的产品宣言增加可信度，正如 3M 的创新形象毫无疑问地促进了 3M 的即时贴产品的销售。

第 4 章将会对作为组织的品牌进行详细讨论，并且会对什么是组织属性以及它们如何支持品牌进行特别考察。

作为个人的品牌：品牌个性

把品牌看作人的视角指示了另一种品牌识别，它比建立在产品属性之上的品牌识别更丰富、更有趣。一个品牌就像一个人，可以被认为是高层次的、有能力的、令人印象深刻的、值得信赖的、有趣的、积极的、幽默的、休闲的、严肃的、年轻的或是聪明的。例如，土星的个性就如同一位可信赖的、脚踏实地的朋友。

品牌个性可以通过多种途径使得品牌更具知名度。第一，它有助于创造自我表达利益，为顾客提供表达个性的工具。例如，苹果的用户可能会认为自己是休闲的、反对公司氛围的、富有创造性的。

第二，正如人的个性会影响人际关系，品牌个性也奠定了顾客与品牌之间关系的基础。土星与顾客的友好关系促进了其品牌识别和规划的执行。与此类似，戴尔电脑可能是帮助解决棘手问题的专家；李维斯

（Levi's）是健壮的户外同伴；梅赛德斯－奔驰是高层次、受人敬仰的人；完美文书是能力十足、拥有爱心的专家；贺曼（Hallmark）㊀是一位热情的、情绪化的亲人。

第三，品牌个性还有助于传递产品属性，从而有助于表达功能利益。例如，米其林工人坚强、精干的个性表明米其林轮胎同样也很牢固、弹力十足。第 5 章将会更详细地探讨品牌个性，包括不同类型的品牌个性，它们如何将品牌和顾客联系起来以及如何创造这些个性。

作为符号的品牌

一个强有力的符号可以帮助品牌识别获得凝聚力和层次，并使品牌更容易得到认知和回忆。它的出现是品牌发展的关键因素，而它的缺位将是一个巨大的障碍。将符号提升到品牌识别的地位，就反映了其潜在的能量。

任何代表品牌的事物都可以成为符号，包括麦当劳的麦当劳叔叔之家计划，或土星的不讨价还价的定价策略。图 3-3 强调了 3 种类型的符号：视觉形象、比喻和品牌传承。

与视觉形象相关的符号容易记忆、力量强大。想想泛美集团的金字塔、耐克的对钩标志、麦当劳的金色拱门、柯达的黄色、可口可乐的经典易拉罐或瓶子、梅赛德斯－奔驰的标志以及桂格（Quaker）的燕麦人。以上每种具有强大视觉冲击力的视觉形象都能体现各自品牌识别的实质，因为该符号与品牌识别元素之间的联系由来已久。只需一瞥，品牌就会进入脑海。

相比而言，土星品牌就存在缺陷，因为它缺乏特定的视觉形象。没有任何一位员工（如比尔·盖茨之于微软）、用户（如沙奎尔·奥尼尔之于锐步），或者产品设计（如福特的金牛座或大众的甲壳虫）可以代表土星。土星也没有让斯普林希尔工厂的画面扮演如田纳西州的林奇堡为杰

㊀ 贺曼业务多元化，包括贺卡、文具、服装、寝具、化妆品、电脑软件、电视频道等。——译者注

克·丹尼威士忌扮演的角色。土星的标志是在其汽车形象还不广为人熟知的时代设计的,现在很难说是一项资产。

如果符号设计中使用了比喻,而其中的符号或符号特征能够代表某种功能、情感或自我表达利益,它们将更加富有意义。例如英国保诚(Prudential)集团的岩石就象征着力量;好事达(Allstate)的"善良之手"标志象征着可靠、贴心的服务;品食乐小面团柔软的肚皮代表着新鲜;迈克尔·乔丹的弹跳能力代表耐克的性能;劲量(Energizer)的兔宝宝代表电池的长寿命。

强有力的标志可以作为品牌战略的基础。德国品牌战略制定者克罗伯·里尔(Kroeber Riel)经常以下面的提问开始对品牌识别的分析:"你希望你的品牌5年内在人们心目中形成什么样的视觉形象?"最终的形象将会推动所有事物的发展,某些情况下甚至决定产品和品牌名称。在为一位客户的厨具产品线所做的规划中,克罗伯·里尔使用了"黑色钢铁"这一形象作为产品设计、包装和传播的基础。

生动形象、意义深刻的历史传承有时也能代表品牌的精髓。美国海军陆战队凭借其丰富、精彩的品牌传承,做出了"少数派、自豪者、海军陆战队"(The few, the proud, the Marines)这一口号。美国国家铁路客运公司(Amtrak)将乘客体验与一流的铁路旅行联系起来,用广告语提醒顾客"总有一些关于火车的神奇故事"。星巴克咖啡则与西雅图派克市场的第一家咖啡店联系在一起。

品牌识别结构

正如图3-4所示,品牌识别由核心识别和延伸识别组成,而且识别元素通常围绕核心识别元

图3-4 品牌识别结构

素组织成持久的意义模式。因此，理解核心识别、延伸识别以及联想意义非常重要。

核心识别

核心识别代表着品牌永恒的精髓，如同剥去洋葱外皮或者洋蓟叶片后的中心。下面是对一些品牌核心识别的阐述。

- 米其林——为懂得轮胎的驾驶者提供技术先进的轮胎。
- 强生——值得信赖的高品质非处方药。
- 乐柏美——价值和创新，以及实用家庭塑料产品的传统。
- 土星——世界一流的品质；尊重顾客，以对待朋友的方式对待顾客（见图 3-5）。
- 黑天鹅绒——柔软顺滑，价格略高于普通品牌（见图 3-8）。

核心识别既是中心意义，也是品牌成功的关键，即使品牌进入新的市场和产品领域，它所包含的联想也会保持不变。例如，黑天鹅绒进入新国家时，它依然还是价值品牌（相对于低价品牌或是高端品牌而言），依然传达着"柔软顺滑"的产品信息。而黑天鹅绒其他的识别元素则属于非核心的，这些元素会在图 3-8 中说明。

强势品牌的核心识别比延伸识别更加抵制变化。象牙皂（Ivory）"纯度99.44%"和"浮于水上"的广告语反映了它持续一百多年不变的形象。品牌定位或者传播战略可能改变，延伸识别也会改变，但是核心识别更加持久。

最后，核心识别可以从对以下这些审视性难题的回答中推导而来。

- 品牌的灵魂是什么？
- 驱动品牌的基本信仰和价值观是什么？

- 品牌背后的组织有哪些竞争力？
- 品牌背后的组织代表着什么？

一位品牌战略专家曾说过，如果你正确地把握了组织的价值观和文化，品牌识别自然会水落石出。对很多品牌而言，组织价值观和品牌核心识别之间具有密切的关联。

核心识别包含的元素应该使品牌既独特又有价值，也因此有助于品牌的价值主张和品牌信誉。有时候，一句广告语就能至少传递部分的核心识别。

- "我们是第二，所以更努力"表明安飞士致力于为客户提供最佳的服务。
- "不懈追求完美"表明雷克萨斯在工艺、操控、舒适和功能等各方面的质量标准都是最高的。
- "只溶在口，不溶在手"体现M&M's糖果提供了口味与便利的独特组合。

但对一句单独的广告语而言，即使是核心识别也通常显得过于多样化。例如，土星的形象既有质量的元素（世界一流的汽车），也有情感元素（尊重顾客，以对待朋友的方式对待顾客），其广告语"与众不同的公司，与众不同的汽车"为这两个核心识别元素提供了保护，但是无论从哪方面来看，单独这句广告语都没有把握住土星的核心识别。

延伸识别

延伸识别包括那些提供质感和完整性的元素。它使得画面丰富充实，用细节详细阐释品牌代表什么。品牌营销计划中已经或应该成为视觉联想的重要元素也可以包括在内。对土星来说，延伸识别包括了产品本身、没有压力的零售体验、不讨价还价的定价、"与众不同的公司"的广告语和品牌个性。以上每种元素都驱动着整个品牌识别，但是没有哪种元素像核心识别一样构成品牌的基础。

核心识别通常不具备足够的细节来演绎品牌识别的所有功能。而品牌识别应该帮助企业决定哪项策略或传播是有效的，哪项可能造成损害或偏离目标。但即使是深思熟虑、目标准确的核心识别对这项任务而言也可能太过模糊、不够完整。

例如，一家保险公司的核心识别是传递"心灵的平静"，它能够与目标细分市场产生共鸣，也能代表企业以及企业提供的服务。但在开发传播目标和执行方案时，该企业发现以下三种传播战略都能够描述心灵的平静：实力（可用于描述保诚或富通（Fortis）），退休或应急计划（救火员基金），个人的照顾与关心（好事达、州立农业保险公司（State Farm））。对于竞争者认知图、目标市场需求和企业传统的分析都指向最后一种战略，但是只有在延伸识别中加入了个性元素，即一位关心你的朋友，而非强壮的保护者或成功的计划者，才能帮助企业明确品牌的方向。

品牌个性通常不是核心识别的组成部分，但是作为延伸识别的一部分，它绝对是增加细节和完整性的正确工具。延伸识别给战略制定者提供了指导，使他们能够充实细节、完善画面。

有一个合理的假设，即在一个产品类别中，更宽广的延伸识别意味着更强大的品牌，它更容易识记、更有趣，和你的生活联系更紧密。就像描述一个人，如果他既无趣又无知，与你的生活关系不大，那么只需要寥寥几个词就可以完成这项任务。如果一个人很有趣，你和他又有个人或者职业上的联系，那么对他的描述就比较复杂。当然，品牌识别相关元素的数量也取决于产品类别。例如，一个强势的糖果或酒类品牌就不太可能像美国银行之类的服务公司那么复杂，因为前者的产品属性可能更简单，也很可能不会涉及组织属性。

图 3-5 至图 3-8 通过解释土星、麦当劳、耐克和黑天鹅绒 4 个品牌的品牌识别来阐述上述概念。

核心识别
　　质量：世界一流的汽车
　　关系：尊重顾客，以对待朋友的方式对待顾客
延伸识别
　　产品范围：美国微型汽车
　　零售体验：无压力、信息充分、友善；不讨价还价
　　口号："与众不同的公司，与众不同的汽车"
　　个性：有思想且友善、脚踏实地且可靠，但同时年轻、幽默、充满活力；彻底的美国风格
　　专注投入的员工
　　忠诚的用户
　　斯普林希尔工厂：土星的美国式生产能力的象征
价值主张
　　功能利益：高品质经济型轿车；愉悦的购买体验；卓越、友善的服务支持
　　情感利益：为美国产轿车而自豪；与土星及其经销商的朋友关系
　　自我表达利益：拥有土星证明一个人节俭、脚踏实地、有趣且保持着年轻的心态
关系
　　顾客受到朋友一样的尊重和善待

图 3-5　土星品牌识别

　　麦当劳在 79 个国家经营着价值约 260 亿美元的业务，是最为成功的全球品牌之一。麦当劳的重心一直专注于价值，一部分原因在于顾客很注重价值，另一部分原因在于它需要与百事可乐的塔可钟（Taco Bell）餐厅进攻性的价值战相竞争。然而，这一金色拱门象征的品牌有着丰富的品牌识别，并为顾客提供了多种紧密联系。[6]
核心识别
　　价值提供：麦当劳提供由一定价格水平的产品、特别优惠以及购买体验构成的价值
　　食品质量：全世界所有麦当劳的食品都如出一辙——热气腾腾、味美可口
　　服务：快速、准确、友善和绝不争辩
　　清洁程度：在柜台前后的操作过程都保持清洁卫生
　　用户：家庭和儿童是重点，同时为众多顾客群服务
延伸识别
　　方便：麦当劳是最方便的快餐店——靠近人们居住、工作和聚会的地点；以高效、节约时间的服务为特色；出售易于食用的食品
　　产品范围：快餐、汉堡、儿童娱乐
　　子品牌：巨无霸、麦满分、欢乐餐、超值套餐以及其他
　　企业公民责任与义务：麦当劳叔叔儿童慈善会、麦当劳叔叔之家
　　品牌个性：家庭导向、纯美国式、纯洁、健康、开心、有趣
　　关系：包括了家庭/趣味联想，麦当劳也是快乐时光的一部分；麦当劳叔叔儿童慈善会使人产生尊敬、喜爱和仰慕的心理
　　标志：金色拱门
　　人物：麦当劳叔叔、麦当劳玩偶和玩具
价值主张
　　功能利益：提供美味汉堡、炸鸡和饮料；外加儿童乐园、奖品、赠品和游戏
　　情感利益：儿童——通过生日聚会、与麦当劳叔叔和其他人物的联系以及特殊的家庭时光而获得的乐趣
　　　　　　　成人——与麦当劳温情广告所强化的家庭活动和体验建立联系，从而获得温暖的心理感受

图 3-6　麦当劳品牌识别

耐克是运动与时尚界中引人注目的成功品牌。与许多强势品牌一样，它在不同细分市场拥有不同的形象，例如，健身细分市场（包括田径训练者、慢跑者和徒步旅行者）的形象就与网球、篮球等竞技体育细分市场的形象不同。实际上，耐克的形象会根据不同的子品牌有所修改，就如活力篮球鞋和 Court Challenge 网球鞋。然而，在大多数情况中耐克仍然拥有统一的形象，其元素如下所示。[7]

核心识别
 产品推动力：运动和健康
 用户类型：顶尖运动员，以及对健身和健康感兴趣的人
 表现：建立在卓越技术基础之上的表现出众的鞋
 提升生命力：通过运动增强人们的生命力

延伸识别
 品牌个性：令人兴奋、勇敢、冷静、创新和进取；健康、健身和追求卓越
 关系基础：追求最好的服装、鞋和其他相关事物的、具有男子气概的人
 子品牌：乔丹鞋和其他许多子品牌
 标志：对勾符号
 口号：想做就做（Just do it）
 组织联想：与运动员及其体育活动相关联，并给予支持；创新性
 代言人：顶尖运动员，包括迈克尔·乔丹、安德烈·阿加西、迪思·桑德斯、查尔斯·巴克利和约翰·麦肯罗
 传统：在俄勒冈州开发跑鞋

价值主张
 功能利益：能够提升成绩、提供舒适感的高科技运动鞋
 情感利益：运动表现出众的喜悦；投入、积极和健康的感觉
 自我表达利益：通过使用与一位明星运动员相联系的、有强烈个性的鞋实现自我表达

信誉
 制造表现出众且流行时尚的鞋、服饰

图 3-7　耐克品牌识别

黑天鹅绒是一个加拿大威士忌品牌。身穿黑天鹅绒长裙的黑天鹅绒夫人首次亮相于 20 世纪 70 年代早期的广告中，从此便成了这一品牌的关键象征（见第 7 章）。霍伊布莱因认为，该品牌在美国的市场份额从 1971 年的 3.6% 上升为 1980 年的 8.9%（此时市场容量翻倍到 2100 万箱），1993 年的 10.3%（此时市场容量下降到 1600 万箱），黑天鹅绒夫人是其增长的主要原因。黑天鹅绒在瑞典和匈牙利的市场占有率较高，并在其他许多国家也实现了迅猛的增长。

核心识别
 产品属性：柔软顺滑
 价格/品质：比大众化的价格稍高（不属于价格最高的品牌）

延伸识别
 产品范围：酒类品牌，并不只是一种加拿大威士忌
 本地/全球：进口品牌
 象征：身着黑天鹅绒长裙的黑天鹅绒夫人，以及使用黑色标签的酒瓶
 个性：高档、优雅，但同时友善、易亲近
 口味：没有苏格兰威士忌和其他酒类饮品的刺激口味
 用户：跨年龄段（并不限于上了年纪的女性）

价值主张
 功能利益：价格实惠、口感柔软顺滑
 情感利益：感觉放松、满意和耽于口腹之乐
 自我表达利益：使用高格调的品牌

图 3-8　黑天鹅绒品牌识别

有凝聚力、有意义的识别元素集合

核心识别与延伸识别将具有代表性的识别元素组织起来，共同代表品牌的本质。品牌识别元素也可以组织成几个有凝聚力、有意义的集合（或称思维导图）。这种组织过程通常围绕核心识别元素进行。强势有效的品牌会有几个有内聚力、可解释的识别元素集合。相比而言，弱势品牌的形象只建立在少数元素之上，并且这些元素也显得分散，甚至不协调。

由此看来，品牌识别结构的一个重要方面就是这些元素如何相互协调组合，是否存在有意义的模式？集合的识别元素之间是否一致？或者换个角度，这些元素是否看上去只是随机的联系，是否可能不一致？

先来考察一下麦当劳的例子。我们至少可以找出 3 个有凝聚力的集合，每一集合都得到一系列识别元素的支持。儿童、乐趣、家庭的联想与麦当劳叔叔、麦当劳生日聚会体验、麦当劳乐园游戏、欢乐餐、麦当劳玩偶和玩具相一致并得到这些元素的支持。麦当劳叔叔之家包括在一系列社会化联想中。最后还有一系列功能联想围绕着服务、价值和餐饮组织起来。金色拱门不仅代表着整个品牌识别，而且起着联系作用。

绘制思维导图是一项有助于发现元素之间关联的练习。我们可以用粗线条表示紧密的联系，用细线或者点表示较弱的联系。这样，核心形象的角色以及元素关联模式就会非常清晰，图 3-9 描述了麦当劳的例子。

富国银行可以有一个集合围绕银行而组织，包括的元素有自动取款机、高水平服务、可靠和金融实力。另一个集合可以围绕银行的四轮马车标志，将富国与旧西部、个人主义、勇气、对成功的专注和资金安全联系起来。四轮马车的符号代表了可靠与服务，也能与银行的联想联系。

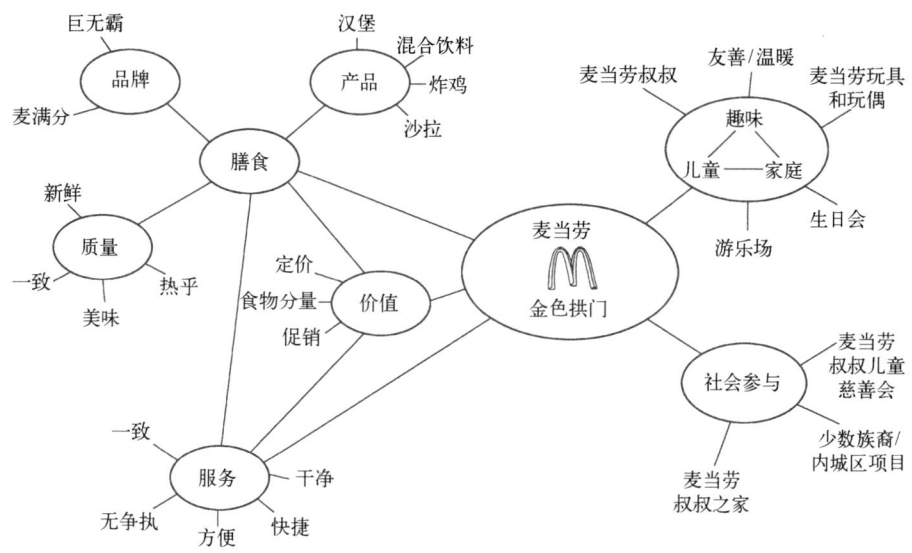

图 3-9 思维导图

由格式塔（Gestalt）心理学家创立的格式塔概念或完形概念（由马克斯·惠特海默在 1912 年提出）可以帮助证明联想意义模式的力量。格式塔学者强调人们不会由各种分离的属性来感知事物，而是会寻找一个整体的图形或模式。在图 3-10a 中，4 条分隔的直线在图 3-10b 中变成了旗帜，在图 3-10c 中又成了一个字母。后两组图形都具有意义，比随机安排的直线更容易理解及记忆。[8] 在格式塔心理学中，这一现象常由一句短语来概括，即"整体大于部分之和"，这句话对于品牌识别同样适用。

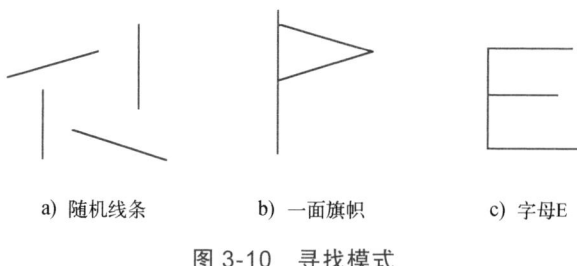

a) 随机线条　　b) 一面旗帜　　c) 字母E

图 3-10　寻找模式

提供价值主张

除非品牌的作用是通过提供信誉度来支持其他品牌,否则其品牌识别都需要为顾客提供价值主张。那么什么是价值主张?[9]

价值主张是陈述、表达品牌为顾客提供的功能利益、情感利益和自我表达利益等价值。有效的价值主张应该促成品牌－顾客关系的建立,并且驱动购买决策。

功能、情感与自我表达利益这些核心概念将在下面加以阐述。

功能利益

价值主张最明显、最普遍的基础就是功能利益,功能利益的基础是能够为顾客提供有用的产品。这种利益与产品或服务为顾客提供的功能直接相关。对于激光打印机,功能利益可能是速度、分辨率、品质、纸张容量或短暂停机时间。下面还有其他一些例子。

- 沃尔沃因其重量和设计而安全、耐用。
- 桂格燕麦提供热乎的营养早餐麦片。
- 宝马汽车操控优秀,即使在冰面上。
- 好奇纸尿裤舒适、贴合,缝隙少。
- 佳得乐饮料帮助你在运动中补充水分。
- 7-11连锁店意味着便利。
- 可口可乐提供新鲜的好口味。
- 诺德斯特龙传递顾客服务。

功能利益与顾客决策和使用体验直接相关,尤其是那些基于产品属性的利益。如果一个品牌能够占据一项关键的功能利益,它就能主宰整个产品类别。例如，佳洁士依靠美国口腔医学会认可支持的预防蛀牙的承诺，在牙膏市场独领风骚数十年。其竞争者不得不定位于次要的维度，如清新口气、增白牙齿。

品牌面临的挑战是选择一项功能利益，使其打动消费者，支持比竞争者更强的品牌定位。后者不仅牵涉创造一项产品或服务，更涉及向顾客传达这种能力。传播从来就不是一项次要工作，有时候还非常困难。

功能利益的局限

有关产品属性固着陷阱的探讨就曾指出，产品属性和功能利益存在着局限。它们常常做不到差异化，容易被模仿，假设决策者是理性的，就会减少战略灵活性，妨碍品牌延伸。克服这些局限的一种方法也曾探讨过，就是把品牌识别的视角扩展到产品属性之外，把品牌当作组织、个人和符号进行考虑。另一种方法就是扩展价值主张的范围，不仅包括功能利益，还包括情感利益和自我表达利益。

情感利益

如果购买或使用某品牌能够让顾客产生一种积极的情绪，这一品牌就提供了情感利益。最强势的品牌识别通常都包括情感利益。顾客可以体验到以下情感。

- 沃尔沃的安全。
- 驾驶宝马或观看 MTV 频道节目的兴奋。
- 饮用可口可乐的能量与活力。
- 使用玉兰油控制衰老过程。
- 在诺德斯特龙店中受到的重视。
- 购买或阅读贺曼贺卡时的温暖。
- 穿着李维斯时的强壮与粗犷。

依云（Evian）只不过是水，并没有足够吸引人的功能利益。然而在依云的广告中（见图3-11），品牌被赋予巨大的情感利益。通过"又一天，又一次感受健康的机会"的广告语和视觉形象，依云不仅把自己与成功（该品牌常用的使用场景）联系起来，而且与成功带来的满足感联系起来。

图3-11 表现情感利益的广告

资料来源：Reproduced with permission.

情感利益丰富并加深了品牌拥有与使用时的体验。如果阳光少女（Sun-Maid）没有激发顾客的回忆，它只不过是一件商品，它那红色的包装让很多用户想起了在厨房里帮助妈妈的快乐时光（对那些希望自己曾经有过这种体验的人来说则是理想的童年），这样就产生了独特的使用体验，它包含着情感，最后产生一个强势品牌。

要探究什么是情感利益，何种情感利益可以与一个品牌相关联，研究的重点需要聚集到情感方面。当顾客购买或使用品牌时，他们的感觉如何？当功能利益实现时，会生发什么样的情感？大多数功能利益都会有一种或一系列相应的感觉。

融合功能利益与情感利益

强势的品牌既有功能利益也有情感利益。斯图尔特·阿格雷斯（Stuart Agres）所做的研究也支持这一判断。[10] 一项有关洗发香波的实验研究表明，给功能利益（你的头发浓密坚韧）增加情感利益（你看上去很棒）会提高吸引力。后续的一项研究发现，47支包含情感利益的广告比121支只诉求功能利益的广告在有效性方面得分高得多（使用标准化广告实验室程序）。

圣·詹姆斯集团的斯科特·陶格在一篇创新论文中论述了功能利益与情感利益的融合。例如，桂格燕麦片可以把热乎营养的早餐这一功能利益和伴随早餐而生的情感利益结合起来，从而创造一个融合的"滋养"的品牌形象。与此类似，Rice-A-Roni提出的"旧金山的款待"的口号把增加米饭风味这项功能利益与旧金山给人的兴奋与浪漫感结合了起来。

自我表达利益

著名消费者行为专家罗素·贝克曾写道："我们就是我们所拥有的事物，这可能是消费行为中最基本最有力的事实。"[11] 贝克的意思是品牌和产品能够成为一个人自我概念的表达符号。因为品牌给人们提供了传播自我形象的方式，因此具有了自我表达利益。

当然，每个人都扮演着多种角色，就像一个女人可能是妻子、母亲、作家、网球运动员、音乐发烧友和徒步旅行者。对于每个角色，这个人都会拥有相关的自我概念，也需要表达这种自我概念。购买、使用品牌就是满足这种自我表达需求的一种方式，比如，一个人可能把自己定义为以下任何一种形象。

- 通过拥有金鸡滑雪板显示富有冒险精神和勇敢个性。

- 通过从 GAP 买衣服而显得时尚。
- 通过使用拉尔夫·劳伦香水而显得深沉。
- 通过驾驶林肯轿车显示成功和权力显赫。
- 通过在凯马特购物显示节俭和谦逊。
- 通过使用微软办公软件显得非常有能力。
- 通过为孩子提供桂格热麦片展示细心照料孩子的父母形象。

耐克给自己的品牌赋予了强大的自我表达利益,图 3-12 中的广告展示了"想做就做"的理念。作为耐克的用户,你会通过发挥自己最大的潜能来表达自我。

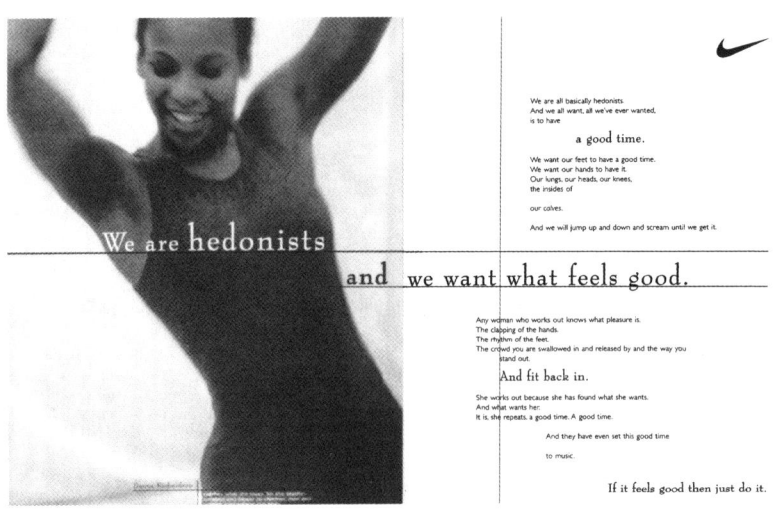

图 3-12　一则耐克的广告

资料来源:Reprinted with permission of NIKE, Inc.

当一个品牌提供了自我表达利益,品牌与顾客的关系就更易于得到提升。举例说明,你可以考虑使用玉兰油(它让顾客感到自己优雅、成熟、神秘,从而提升自我概念)与使用采婷或凡士林有什么不同,后两者都没有提供自我表达利益。

自我表达利益与情感利益

情感利益与自我表达利益的关系有时非常密切，比如穿着李维斯牛仔产生的强壮感觉，与通过它们来表达自己健康强壮的一面仅有细微的差别。但是两种角度的差别非常重要。比如通过驾驶林肯轿车来证明成功是有意义的，而感觉自己很重要的这一情感过于微弱，不值一提。因此，单独考虑自我表达利益很有必要。

总的看来，相对于情感利益，自我表达利益将重点放在以下方面。

- 自我而非情感。
- 公共背景或产品（如葡萄酒与轿车）而非私人背景或产品（如书籍和电视节目）。
- 抱负与未来而非对过去的回忆。
- 持久的（与个人性格相关的事物）而非短暂的。
- 使用产品的行为本身（穿着围裙强调自己是一名优秀的厨师）而非使用产品的结果（展示精心准备的大餐时感到骄傲和满足）。

第 5 章将会详细讨论品牌的自我表达利益，及其心理学与消费者行为研究背景，并研究自我表达模式。该讨论还归纳了现实的自我概念（人们实际上如何认知自己）和理想的自我概念（人们希望如何被别人感知）之间的差异。

价格的作用

品牌的价格也与品牌提供的利益有关（见图 3-13），如果产品或服务的价格相对其利益而言太高，将会削弱其价值主张，因为品牌不只是靠价格来评估的。如果一个品牌让消费者感觉价格过高，即使它的利益很清晰、很有意义，也不会产生良好的市场回报。

价格的构成确实很复杂，较高的价格会削弱价值主张，但同时可以意味着高质量。价格作为品牌识别的一部分，可以定义竞争地位，即表明该品牌是属于高端（宝马 700 或诺德斯特龙百货）、中端（丰田佳美或梅西百货），还是低端（本田思域或凯马特折扣百货），在一个品牌的竞争系统中，相对高价代表高质量或高端定位，相对低价代表低质量或较低的价值定位。

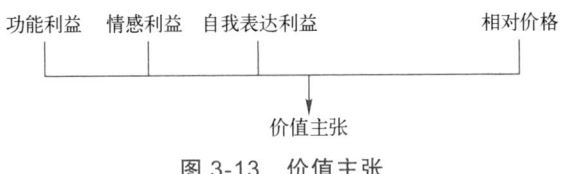

图 3-13　价值主张

事实上，问题在于价值主张是由利益驱动还是由价格驱动。形象创造和管理的目标通常集中于利益而非价格。但如果价格是品牌识别的重要部分，那么品牌就会面临挑战，即保证其利益是基于其他元素而不是价格。要实现这一目标，方法之一就是明确指出尽管该品牌可与同类品牌相提并论或优于其他品牌，它的价格却相对较低（例如，奥兹莫比尔的奥佶拉的品质可与高档进口汽车相媲美，价位却更低），那么消费者对价格的评估就会在竞争序列的背景下进行。

信誉角色

品牌并不总是需要驱动购买决策，有时它扮演着背书人的角色。例如，耐克、雪佛兰、家乐氏和索尼分别为耐克乔丹气垫鞋、雪佛兰卢米娜、家乐氏玉米片和索尼随身听扮演着背书人的角色。在上述情况下，担保品牌的主要作用是为子品牌提供信誉，而不是提供价值主张。第 4 章将探讨组织属性的功能，如通过创新和信赖提供信誉。第 8 章则会介绍各种不同的品牌角色，包括担保角色。

底线：品牌－顾客关系

品牌－顾客关系可以建立在价值主张之上，例如，一位顾客忠诚于美泰克这一品牌，可能是因为它以合理的价格提供了可靠的功能利益和安全可信的情感利益。品牌－顾客关系可能从品牌识别中直接产生，尤其是价值主张无法有效地体现这一关系时。例如，土星的功能、情感和自我表达利益就没能很好地反映其品牌－顾客关系（尊重顾客，以对待朋友的方式对待顾客）。

很多品牌－顾客关系是在品牌被视为一个组织或一个人，而非一个产品时形成的。例如组织联想（比如对消费者和环境的关心）可以转化为尊重或喜爱，进而构成了关系的基础。像品食乐面团宝宝那样可爱的个性也可以成为关系的基础。品牌与顾客之间的关系可能基于一系列积极的情绪（如崇拜、有趣和同属一个社团），这些情绪不能依靠价值主张准确地予以概念化表达。第 4 章和第 5 章将会详细介绍这些视角。

有时候品牌－顾客关系可能非常牢固。就像斯图·伦纳德（Stew Leonard）家庭奶制品杂货店的例子那样，这家商店位于康涅狄格，发展得生机勃勃。出于一种特别的感情，商店的一位顾客竟然将斯图·伦纳德的购物袋放进了自己的灵柩。这位女士和这家商店之间的关系是这家商店是她生命的重要组成部分，她希望死后这种关系仍然能继续。

处理多种品牌识别

在有些情况下，品牌识别的说服力和普遍适应性很强，可以应用在所有市场中。例如，英国航空公司希望其"全球最受青睐航线"的广告语能够在全世界通用。可口可乐也曾在所有细分市场和国家长期使用同一种核心识别。如果一种识别能够在所有市场通行，则会产生规模经济效应，并且避免矛盾。但是在大多数情况下，品牌识别需要根据不同的市场和产品环境进行调整。

例如，惠普需要调整其品牌识别以适应不同的市场，因为其市场包括购买测试设备和工作站的工程师，购买微型电脑和激光打印机的商业人士，以及购买Omnibook笔记本电脑的消费者；李维斯的形象需要针对欧洲和日本市场（李维斯在日本被视为"他们"，而不是"我们"，高档但不实用）进行调整；耐克也需要修改其形象，以区分运动和健身两块业务。

万豪酒店旗下的万怡（Courtyard）依靠万豪品牌的核心识别，形成始终一致、可靠和友好的联想。对商务旅行者而言，万怡品牌增加了由"商务旅行者为商务旅行者设计"口号体现的识别元素。对休闲旅行者而言，万怡提供了一系列围绕价值主题产生的联想。对两个不同的细分市场，万怡定义了一系列有关酒店的属性以管理客户预期。

如果需要有多种识别，那企业目标就应该是拥有一系列共同的联想（见图3-14），其中一部分属于核心识别。每个市场的识别将会有所调整，但与共同的识别元素保持一致。因此，李维斯可能开发适于大多数国家的都市流行的核心用户形象，但在美国，金矿工人的传统和粗犷的品牌个性会更加突出；在欧洲，品牌个性会更偏高端，蓝领色彩会减少。

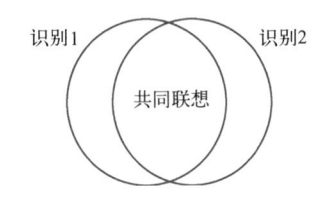

图3-14　多种识别

不相重叠的联想应该避免不一致。保持一致性的方法之一是使用同一种识别，但在不同市场强调不同的元素：在一个市场，品牌个性处于前列，而在另一个市场，则更强调产品属性。如果的确需要有实质性差别，目标应该是在不削弱影响力或效果的前提下尽可能保持一致。

理解品牌识别

　　理解和管理品牌识别是建立强势品牌并创造品牌资产的关键。本章概括性地介绍了品牌识别，或换句话说，就是品牌代表什么。品牌识别由 12 种元素组成，这 12 种元素围绕 4 个视角形成群组：作为产品的品牌、作为组织的品牌、作为个人的品牌以及作为符号的品牌。品牌识别结构包括了核心识别和延伸识别，以及一个互相联系、有意义的识别元素集合系统。

　　下面三章将详细阐述品牌识别的概念。第 4 章将论述组织属性，及它们在提供信誉和价值主张方面的作用；第 5 章将讨论品牌个性；第 6 章将介绍图 3-1 的平衡：品牌定位、执行或传播计划、效果跟踪，以及在实践中启动整个过程的战略品牌分析。

思考题

1. 从产品、组织和个人的角度思考你的关键品牌。从每个角度看，哪些元素可以用作品牌识别的一部分？分别考虑 12 种品牌识别指标：产品范围、产品属性、质量/价值、用途、使用者、原产国（地）、组织属性、本地品牌还是全球品牌、品牌个性、品牌－顾客关系、视觉形象或比喻以及品牌传承。
2. 对每个品牌来说，品牌识别意味着什么？确定核心识别和延伸识别。什么是识别元素群？发现了什么模式？这些元素群如何与品牌相联系？如何互相联系？
3. 对每个品牌而言，关键的功能利益是什么？什么是情感利益？什么是自我表达利益？与顾客的关系是什么？

BUILDING STRONG BRANDS

第 4 章

组织联想

随着技术水平越来越趋向于同质化，单个产品的评估对消费者的影响越来越小……企业品牌将会是未来品牌建设唯一能够成功的领域。

——斯蒂芬·金　英国智威汤逊公司

企业必须认清一个事实，它们不仅代表货架上的产品，也代表着特定的行为。

——罗伯特·哈斯　李维斯公司

美体小铺的故事[1]

1976年，美体小铺在英格兰的布莱顿诞生了，这是一家零售护肤、护发产品的国际化厂商，是创始人安妮塔·罗迪克（Anita Roddick）女士的第一家商店。它的出现彻底打破了化妆品品牌的经营规则。那时，大多数化妆品品牌识别都依靠炫目的包装和广告轰炸，要么诉诸迷人的用户形象，要么诉诸强大的功能利益、情感利益或自我表达利益。美体小铺的推广方式与上述做法形成鲜明对比，它不夸耀、真实质朴，表现出一种全新的价值观，这种价值观把它和竞争者明显区分开来，并且，"取财有道"的经营哲学成为这一品牌持续区别于其他品牌的根源。

美体小铺独特的产品开发方式是有历史原因的。世界各地的人们使用天然产品护理发肤已有几个世纪，为什么不能把握其中的原理，提纯升华，为更多人所用呢？于是美体小铺就延续这一思路，开发了诸如蜜糖燕麦面膜、小黄瓜洁面乳、海藻桦木香波、可可脂香体乳等产品。

原料产自工业化程度较低的国家是美体小铺独特产品理念的基础，同时美体小铺也为这些国家提供了必要的工作机会和资源，以提高其居民的生活水平。例如，巴西坚果护发素和雨林沐浴珠是用亚马孙雨林中印第安人加工的巴西坚果油制成的。在尼泊尔，美体小铺使用凤眼兰来造纸。美体小铺的"交易，非援助"原则帮助那些经济困窘的社区改善了生计，这些社区大多数都在大家所熟知的第三世界，而美体小铺称之为"主要世界"。

美体小铺为"主要世界"所做的不仅限于交易。1989年，美体小铺收集到了100万个签名，为"停止焚烧"亚马孙雨林请愿，因为当时当地为发展而放火烧出大片空地。美体小铺的理念不仅仅是销售化妆品，更是创造一个国际化的社区。

随着美体小铺及其产品的发展进化，反浮华、反浪费、采用天然原料的经营哲学仍然非常清晰。产品开发拒绝使用动物进行测试（见图4-1）。包装简单实用（以带有简单标签的可循环使用的塑料瓶为特征），让人想起20世纪60年代大众生产的平凡质朴的甲壳虫汽车。美体小铺中给人们介绍公司产品和事业的仍然是朴实真诚的销售员、说明书和新颖的产品手册。

图4-1　美体小铺

资料来源：Reprinted with permission of The Body Shop.

美体小铺最显著的特点或许是它对于改进社会和环境的追求。这家公司散发着对社会公众事业的热情，并且说到做到，有一系列明晰的、有意义的举措，如反对动物测试、帮助经济困难社区、挽救雨林行动、推动循环使用等。美体小铺还倡导拯救濒危物种（儿童肥皂与沐浴用品上的濒危动物目的就在于提高消费者对此问题的认识），参与开发替代能源（目标是用风力满足自己的能源需求）。美体小铺的公司章程提醒雇员"使命和价值观与我们的产品和利润同样重要""美体小铺是有灵魂的，不要失去它"。

美体小铺的形象不仅影响着消费者，还影响着雇员。创始人安妮塔·罗迪克认为，雇员和消费者一样，都面临着"宣传"，他们需要目标和意义，这种意义比简单的企业利润更加崇高、更有吸引力。美体小铺的企业使命就提供了这个。在这里，雇员被认为是大家庭的组成部分，他们通过培训课程与内部信息了解产品和环境，并且积极地教育他人，参与示范。

这种独特、专注的态度建立了一种真正的差异点，激发了消费者的忠诚与支持。美体小铺的消费者对周围的世界更加关心，也积极寻求更多参与。加入美体小铺的行列就是参与方式之一，并且，这么做也是在表达他们自身的态度。在商店中购物、与销售员交流、使用可循环容器以及支持环保的立场都是在建立与企业的联系。这种联系起源于一个共识，即商业不仅仅是赚钱、创造体面工作、销售优质产品，还应该有助于解决社会主要问题。解决问题的方式不仅是捐赠，还应该动用资源唤起对这些问题的关注。事实上，安妮塔·罗迪克的目标是让消费者感到"兴奋和热情"。

美体小铺是一个很好的例子，说明品牌识别如何主要依靠组织联想而确立，尤其当涉及组织的价值观和战略时。很多日本企业的品牌识别主要也是依靠组织联想建立的。

日本品牌建设的故事[2]

整体而言，日本公司对于品牌战略的观点与其他国家迥然不同。首先，它们对于自己的形象非常在意，甚至到了痴迷的境地。其次，它们经常把公司名应用于种类繁多的产品上，使得公司品牌最终成了一个系统品牌（range brand，对涉及多个产品品类的品牌的统称）。再次，它们不仅关注品牌识别对于消费者和潜在消费群的外在影响，还关注品牌识别对于雇员和潜在雇员的内部影响力。

形象迷恋

日本的企业异乎寻常地在意人们对它们的看法，并且不同公司对品牌识别各个维度的关注高度相似。它们把创新、成功和社会责任感放在首位（即成为优秀的企业公民，关注环境）。对质量的重视程度其次，因为它们认为质量不能成为区隔点，所有企业都理应提供高质量的产品或服务。

创新。对很多日本公司来说，享有创新的声誉对新产品的可信度至关重要。其目标当然是希望市场，即分销链和消费者认为，这家公司推向市场的任何新产品都具备富有价值的优势。这种感知也能使企业产生一种兴奋感和成就感，并提升它的声誉。日本公司认为，日本消费者崇拜那些技术先进、富有想象力，并且能够主动提升技术水平的企业。

例如，1986年的朝日啤酒公司被认为是一家陈旧的、常年被冷落的啤酒制造商，在市场上的排名仅在第3位，并且正在向第4位滑落。但是，1987年朝日干啤的推出让品牌份额从不到9%（停滞了数十年的位置）跃升到高于20%，并且大部分来自行业领导者麒麟。朝日干啤完全改变了公司的形象，成为一位年轻、有激情、创新的行业领导者。这一新形象不仅影响了产品的市场份额，而且强化了品牌忠诚度。朝日干啤抵御了很多模仿者的进攻，部分原因就是日本消费者对成功创新者予以褒奖，他们购买"真正的干啤"。

很多日本企业小心谨慎地避免仿制产品，担心阻碍消费者对企业创新力的感知。例如，花王公司努力确保任何新产品都包含领先技术，都能够支持企业的创新形象。花王甚至把公司名应用于一系列技术领先的软盘上，尽管这一高科技产品距离花王的传统领域——肥皂和护肤很远，但是市场销售非常成功。花王这一名称的公信力（还有这一名字代表的成功大公司）支撑了新产品的成功，而产品的特性也有助于巩固花王的创新者形象。

如今，日本企业敏于仿制但拙于创新的旧形象无疑已经时过境迁了。事实上，日本企业倾心于发展核心竞争力，引领创新。它们的研发机构（可以与贝尔实验室或者施乐智囊团相提并论）比美国企业的研发机构更乐于曝光，其目标除了支持实际的创新工作外，还要传达一种可信的锐意创新的信号，佳能就依此成立了研发及创新中心。

成功与领导。日本公司认为，消费者希望与著名的成功企业做交易，不仅是由于对其产品质量放心，还因为他们希望同成功公司的声望建立联系。日本人总想同最佳联系起来。在日本，有大量品牌案例说明，只需要用公司品牌给产品做背书，就能在测试市场上表现优秀，因为大公司的声望和信誉就是在市场上取得成功必不可少的因素。

优秀公民。日本企业热衷于证明它们是优秀公民，它们对环保反应积极，支持艺术和其他公民计划和事业。它们认为保持"绿色"是不够的，还必须确信其他人知晓并理解自己公司的价值观。例如，日立公司曾在《财富》杂志刊发8张四色的插页，解释它在环保方面的举措。这一系列传播确立了日立在环保问题上的姿态，也让外界洞悉了该公司的价值观和规划。而对于那些令消费者尊重，并与消费者具有共同价值观的企业，消费者更容易感到心理上的亲近。

扩展思考的维度。日本企业非常积极地使企业组织变得人性化。它们会聚焦于一些与产品和服务相去甚远的问题与价值观。例如，1992年，马自达在《时代》杂志投放了10页的插页，刊登了12位评论家和摄影者对生活的意义的个人观点。

什么样的企业才能抛出如此根源性的哲学命题，引发他人（评论家和读者）积极参与呢？也许马自达希望消费者能够提供答案：这家企业不仅制造和销售车辆，而且具有广泛的兴趣和关切，这家企业的领导人具有人文情怀。马自达或许已经感觉到，这一细分市场中的消费者会因为兴趣、信仰和自我形象的相似而尊敬、仰慕一家企业，并与之建立联系。当然，要量化这种影响是比较困难的。

关系营销。在美国商界，关系营销是一个热门话题。美国企业认为关系的建立需要离消费者更近，理解他们的痛点并做相应规划。日本企业只是着眼于组织的价值观，而非规范说明和行动计划，但或许它们更能理解客户关系的本质，这真有些让人啼笑皆非。

内部焦点

在日本，品牌建设主要着力于现在和未来的雇员。对消费者的影响几乎被看作一种红利，因此肯定不是唯一的利益。日本企业认为，雇员认同企业的价值观、目的、过去的成功和未来的目标，并以为公司服务感到自豪是至关重要的。有自豪感的员工才能更积极有效、更有动力地信从公司的行为和文化，而这是日本式管理风格的核心。因此，日本的企业广告是否成功主要取决于其对内的影响力。相比而言，美国和欧洲的雇员很少会被当成企业广告的重要受众。

激发策略与组织变革。在日本，企业经常会导入企业识别（corporate identity，CI）项目，目的是在广泛的跨部门雇员中就企业识别取得共识。这一过程不仅会形成雇员信从的企业识别，而且提供了一个中介，激发内部的变革与更新。例如，1985年朝日啤酒内部就企业识别和愿景进行了广泛的小组讨论，达成了新的共识，继而成就了朝日干啤和其他切实可行的计划。建设新朝日的一个明显信号就是决定改变企业原有的标识，太阳正在升起的标识在当时已经用了一个多世纪了。

无处不在的企业品牌

在日本，企业名称的应用无处不在。三菱这一个名称就用在了成千上万个品牌上。在不同的情境中，母品牌的名称意味着千差万别的事物，弹性很大。但是，在每个子品牌背后，有一个共同的核心，就是一家成功的大型企业，无论它参与哪个产品和市场的竞争，都有能力成为领导者。

索尼、本田、佳能、三菱和东芝还通过投资增加名字曝光率来强化这一信息。在全球大多数一线城市，这些企业的名称都在很醒目的地方。还有一个很有说服力的例子，东芝的一个巨大霓虹灯标牌俯视着一个拥挤的泰国村庄。日本大企业积极担任奥运会等事件的赞助商，也让它们的名称成为环境的组成部分。

三得利制造威士忌，它的名字也出现在啤酒甚至软饮料上。三得利通过努力使得自己的名字远离了快餐店这一产业链（这类店提供美式汉堡、比萨和炸鸡）。此外，三得利还有艺术博物馆，在东京有一家优雅的、著名的音乐厅，它还举办过一系列声誉卓著的活动。通过这些举措，三得利这一名字在日本变得很有分量，而名字背后的驱动因素远远不止它的产品。

企业品牌家族的持久性

日本企业及其产品结构能实现真正持久稳定，它们很少买卖企业，消费者知道其经营领域不太会发生大的变化，因此，日本企业更容易投资去建设企业品牌。反观美国公司，比如通用磨坊和施乐，只对投资组合中的产品和品牌群做短期投入。它们时刻想着买卖公司，这就会改变企业形象，因此很难判断是否应该投资去建设企业品牌。

作为组织的品牌

面对日趋恶化的市场环境，几乎所有类别的品牌都在奋力找到自己的差异点。面对日益勒紧的腰带，消费者和零售商都盯着价格。那些激进或绝望的竞争者和不甘心让出市场地位的反击者又强化了价格的重要性。产品创新要么很快遭到仿制，要么只能吸引很小的利基市场。在这种情况下，如何让品牌做到差异化，保持优势？

有一种答案，就是使品牌识别部分根植于品牌背后的组织。这样做是有基本前提的,即任何产品或服务都需要组织来提供,组织拥有价值系统、文化、人员、规划、资产或者技能。这些组织特征为差异化、价值主张和客户关系奠定了基础。土星汽车公司和美体小铺的案例就是很好的说明。

价值观与文化

尊重顾客,把他们当朋友是土星的企业价值观,这就给顾客关系奠定了基调。大多数消费者都能感受到这种价值观,并形成相应的态度和感知。土星的另一个企业特征是承诺生产世界一流的经济型轿车,这个承诺很明确,也能影响消费者对于汽车的感知。无独有偶,美体小铺关注社会事业,如雨林、动物测试、包装循环利用以及第三世界的经济发展,也能够赢得消费者的钦佩与尊重。

员工

消费者会通过人际交往或广告与土星和美体小铺的员工相遇,会看到他们对于企业价值观和文化的实践。这会给企业增加可信度,这种可信度仅仅依靠宣扬产品属性和企业行动计划是做不到的。

项目活动

美体小铺积极举办吸引眼球的活动,这些举措充实了其价值观和文化,也给顾客提供了直接或间接参与的途径。土星曾有许多顾客参与的终端活动,也曾邀请用户到斯普林希尔参与夏季庆典,这些活动所反映的组织价值观和文化的重要性要远超销售汽车。

资产与技能

美体小铺利用第三世界的资源作为原材料,因此它对这些国家问题的关注和参与就更加合理。土星为了提供"与众不同的汽车",在斯普林希尔从无到有地建起了工厂。土星还有一套独特的终端操作流程,清晰地反映了与顾客成为朋友的经营哲学。

组织与产品属性的比较

"把品牌看作组织"的视角会产生组织联想,这些联想可以丰富品牌,并成为品牌识别的组成部分。例如,土星可以被看作一家致力于世界级高质量的组织。从质量感知的角度看,这一观点不同于土星汽车是高级产品的视角,它反映的是组织的价值观、计划、资产和技能,其隐含的意思是组织对于质量的专注,这种价值取向将会产生并支持产品质量的主张,却是另一种不同的焦点。因此,品牌既可拥有关于属性、用户、符号、使用场景、国家或地区、品牌个性等方面的联想,同样也可以拥有组织的联想。

公司品牌

索尼、通用电气或西门子之类的公司品牌不一定必须把组织联想作为其品牌识别的重要元素。产品品牌的视角就可以支配其品牌识别。例如,索尼意味着品质优良的消费电子产品,通用电气的喷气发动机意味着高效引擎。

但通常而言,组织联想对公司品牌非常重要,原因有二。第一,公司品牌代表着一个拥有 CEO 和负责设计、生产与客户等各类人员的组织,其焦点会很自然地聚集于组织的价值观、雇员、项目和资产。

第二,几乎每个公司都经营着许多产品大类,而每一类产品都会有一系列的产品品牌。例如,西门子将其名称用在销往 100 个国家的 100 000 种产品上。创新性或高品质等组织联想就成为其所有产品的共同特性。建立组织联想产生了巨大的规模经济效应。然而风险也存在,如果一种知名产品表现糟糕,便可能影响整个公司的名誉。

由于成本由多种产品分摊,公司品牌应用于多种产品同样会在知名度建设方面产生规模经济与范围经济效应。此外,无论在哪里销售这些产品或为之播出广告,这一名称都会得到曝光机会。因此,多种产品会直接为品牌名称带来更高的曝光度。

组织联想无须反映一家公司

组织联想并不仅限于公司品牌。真正的问题是组织联想是不是品牌识别的重要部分。

事实上，最终依赖于组织联想的品牌有时不能使用公司品牌。神秘谷沙拉酱如果置于高乐氏品牌伞之下，将会大受其害，因为母公司产品与漂白相关，与食品大相径庭（神秘谷标签上标注的生产商是 HVR 公司）。同样，蕾歌丝丝袜也不能从其母公司塞拉里获得相关联想。但神秘谷和蕾歌丝仍然可以在其品牌识别中包含组织联想。正如第 2 章所述，土星在品牌定位时就强调了这样的联想，同时又拉开了与通用汽车的距离。

组织联想的显现程度差别很大。对许多品牌（如汰渍和 M&M's）来说，其重点是产品属性或用户形象，组织并不出现。这些品牌实质上是一种抽象的实体存在，而不是对一个组织的反映。对其他品牌（如土星和许多服务性质的公司），组织联想往往是核心识别的组成部分。

组织联想不同于产品联想，但会受到产品联想的影响，这一点将会在第 8 章进行探讨。有时产品的一些特质甚至也会起重要作用，例如，制造大屏幕电视机的企业会被认为比生产音响设备的企业更有创新性，更像高科技企业。

组织联想

大多数品牌识别的价值主张都与产品利益、使用场景或者消费群相关联。这些联想通常属于特定产品类别，包含着实实在在的属性，也常具有鲜明的视觉形象。与此相反，由组织价值观、文化、雇员、规划、资产和技能所驱动的联想与之具有本质的不同，它们更抽象、更主观，同产品类别的联系更松散，在建设并支持价值主张、消费者关系方面，它们可能发挥着有意义但意义不同的作用。

关心社会这样的联想有时只能与组织相联系。其他特性，如感知质量，可以被认为是提供功能利益（从卓越品质中获得的消费者利益）的产品属性（产品在设计时就融入了对质量的考虑），也可以被认为是组织属性（品牌背后的组织优先考虑质量和质量方案）。哪一种视角占上风取决于联想的源头。

管理者可以采用多种组织联想。为了促进理解这些联想发挥作用的方式，下面将探讨一些有代表性的、最普遍实用的联想。

- 社会或公众导向。
- 感知质量。
- 创新。
- 关注客户。
- 存在与成功。
- 本地化与全球化。

社会或公众导向

有些组织是"优秀企业公民"，并通过各种方式进行证明，如关心环境、赞助慈善活动、关注并参与社区活动，甚至包括对待员工的方式。如要建立社会或公众导向的联想，组织联想是必不可少的。举例说明，本杰里（Ben & Jerry's）是一家坐落在佛蒙特州的朴实无华、关心社会的冰激凌企业，该公司有以下规划和政策。

- 将 7.5% 的利润用于社会和环境事业。
- 设立一个叫"社区产品"的子公司，推出如"热带雨林碎片冰激凌"（利用巴西坚果制作）等产品，借此唤起人们对环境的关注，并为社会事业聚集资金。

- 高层管理人员的薪水最高不超过员工最低薪水的 7 倍（这一行动虽然在日本并不罕见，在美国却不同寻常，最终为了吸引外部 CEO 而放弃）。
- 在本杰里的分店建立选民登记站，并赠送甜筒冰激凌作为奖励。
- 设立了哈莱姆区特许经营店，雇用 12 名无家可归的员工，并将利润的 75% 捐给一家当地的收容所。

创始于 1978 年的本杰里，正以数十亿美元的销售额挑战另一家冰激凌巨人哈根达斯。当然，我们很难评估该公司的成功有多少应归功于卓越产品品质和营销，又有多少是由于消费者对其价值观和活动的认同，但毫无疑问，追求有意义的事业所花费的成本，完全可以因为宣传活动产生的知名度而得到补偿。（"热带雨林碎片冰激凌"的推出吸引了 40 家媒体出席其新闻发布会。）组织联想无疑增强了顾客忠诚度，虽然很难计算增强了多少。

李维斯公司因其对待员工的方式，对加利福尼亚大学及奥克兰运动家棒球队的支持而广受称赞。同样，土星零售商则因其对动物园、公共运动场和当地其他慈善事业的投入而获得尊重。毫无疑问，总会有一些顾客出于尊重和敬仰而与这些公司形成密切的关系。

变身"绿色"企业是另一种成为优秀公民的途径。这一特征可以通过使用环保材料和可回收包装来形成。然而根植于公司价值观的绿色形象却难以被模仿，并且更清晰、更可信。但是，很难了解绿色路线的具体内容，譬如关于什么是"绿色"包装，可能并不存在一种共识。此外，许多富有成效的绿色活动（如减少工厂有毒物质排放）也并不为公众所知。因此，企业面临的挑战便是如何从可能数额巨大的投资中创造品牌价值。

回报

如上文所说，问题在于善行能否获得良好的市场回报。做一位"优秀公民"肯定会使顾客对公司产生尊重、敬仰和喜爱的感觉，从而有助于在顾客和品牌之间建立联系。法国里昂一年一度的麦克欢庆日都会举办联欢活动，吸引 10 万多人参加，同时为派驻柬埔寨和泰国难民营的医疗队筹集资金。在麦当劳特许经营所有者和资助者看来，这一活动能使里昂市民对麦当劳产生一种特殊的情感。1994 年进行的一项针对近 2000 名美国成年人的调查也能够提供充分的证据，证明企业的善行会有回报，即使有些人会夸大这些行为对其性格的积极影响。[3]

- 在价格和质量相同的情况下挑选产品，78% 的被访者表示他们会购买对医疗研究、教育和类似活动做出贡献的公司的产品，而不选择什么都没做的公司。
- 2/3 的被访者表示，如果有一家企业支持他们认为有价值的事业，他们会转向该品牌。

在美国的另一项调查中，83% 的被访者表示他们倾向于购买对环境更安全的产品。[4] 还有一次调查显示，23% 的美国消费者表示，他们的购买决策是以公司的环境形象和行动方案为依据的。[5]

"事业"项目规划可以增加一个品牌的关注度和知名度。麦当劳叔叔之家（见图 4-2）为重病患儿的家庭提供像家一样的住所，这一活动对麦当劳的形象做出了贡献。每当麦当劳叔叔之家成为讨论话题时，焦点小组中消费者的积极性就会高涨。麦当劳叔叔之家不仅引发了称赞和尊敬，同时还激发了顾客的兴趣，很好地证明了社会性活动如何增加成熟品牌的生命力。

最后，在社会责任方面拥有良好记录的公司会在股票市场上获得回报。尽管从多项研究中得出的证据多种多样，但是存在一种共识，在这方面的良好声誉不会损害且在某些情况下有助于股票收益。还有一个事实更为明确，负面事件对于声誉良好的公司所造成的影响相对较轻。在这方面有一个经典的案例,泰诺投毒事件之后,无疑是强生集团的良好声誉帮助这家企业重新获得了消费者和投资者对它的信心。

图 4-2　麦当劳叔叔之家

资料来源:Reprinted with permission from McDonald's.

自有项目活动

为了利用对于社会责任的兴趣,我们必须将方案和行动转化为能够使公司组织脱颖而出的顾客感知。为达到这一目的,公司必须遵守品牌管理的基本原则。

- **有焦点**。恒美公司在全球范围内的公益活动主要集中在水这一领域,特别是水的供应及水污染问题。该公司积极参与世界性会议,并且帮助制定传播方案。还有一些公司关注教育、内城区(常有社会问题)、艺术项目、公园、艾滋病研究或自行车赛道和赛事。对某项问题的长期关注和参与既可以提升公司影响力,也可增加公司的知名度。
- **坚持不懈**。无论品牌活动形式如何,长期一致的努力一定会为公司带来累积效益。长期坚持从事某一慈善事业的品牌有可能收获较大的影响力和知名度。

- **将活动与品牌联结起来**。加强活动与品牌之间联系的方法之一是参加与公司业务相关的活动。正因如此,家具制造商赫曼米勒公司减少了其在木器加工方面产出的垃圾,并且鼓励发展管理规范、可持续发展的森林。加利福尼亚意外伤害保险公司为教师组织提供服务,选择了赞助教育项目。柯达为家长提供相机、胶卷和其他设备,以帮助他们收集小孩子的身份材料(在诱拐案发生的时候),该活动显示了柯达公司与照相机之间的天然联系,给交响乐团捐款的方法就没有这种优势。
- **品牌化**。拥有品牌项目活动可以取得最大的成效。利兹·克莱本(Liz Claiborn)为抵制针对妇女的暴力行为发起的运动称为"妇女任务"。康胜(Coors)公司为对抗乳腺癌所发起的项目被称为"高度优先",同时拥有自己的标志。毫无疑问,品牌化是明晰活动意义并强化其影响力的有力手段。

感知质量

几乎每一位消费者在选择产品时,感知质量都是一个很重要的考虑因素。质量信息可以通过直接展示或论证来传达,表明某一品牌产品的属性优于竞争者,也可以利用视觉质量线索间接地表示产品质量。还有一种方式,就是将质量作为一家公司的价值观、文化、人员和项目的一部分,这一点在第 2 章对土星汽车的讨论中曾经提到。

在利用组织联想进行质量宣传时,重点集中在公司,而不是产品上。这样,"通用汽车,彰显卓越"就是一个公司层面的举措,它遍及所有通用汽车品牌,并且反映组织对质量的专注。Mr.Goodwrench 和其他几个明显的全面质量项目也对此有所支持,这些项目提供了实质内容和较高可信度。

很多公司致力于提升质量,或是在它们从事的任何领域做到"最好"。例如，强生集团始终将质量与信任作为其核心识别，该公司在一年一度的《财富》杂志调查中，一直是最受欢迎的公司之一。雀巢集团将"做到最好"的广告词用于公司形象推广，这一口号来自人们更熟悉的"做最好的巧克力"这句广告语。[6]

零售品牌

许多零售连锁店，从超市到服装店再到汽车配件公司，都采用连锁店名或与连锁店紧密相关的品牌销售产品。由于这些商店品牌通常覆盖许多产品类别，它们的定位都与质量有关。这类品牌大都属于高性价比品牌，质量尚可，价格低廉。然而，商店品牌正逐渐成长为品质优良、定位高端的品牌。于是，这些品牌的价值主张通常根据产品类别中的最佳品牌确定。

这些零售品牌通常依靠包装信息和客户试用来打造品牌感知质量，提升品牌忠诚度。然而，组织联想也可以成为可信地、鲜明地传达品牌质量的好工具。组织联想是合理且明智的，毕竟零售链条是一种组织。另外，任何用以提升商店品牌的组织联想也有助于提升顾客对商店的忠诚度。

罗布劳（Loblaw），这家加拿大连锁超市巨头，运用组织联想创造了高档的"总裁之选"品牌。顾名思义，该品牌的名称表明其产品是罗布劳连锁超市总裁这位非常引人注目的人的选择，人们会认为连锁店不会用"总裁之选"这么好的名字命名一种不值得的产品。总裁自身所传达出的组织信息及组织对产品质量的承诺，为"总裁之选"系列产品创造了一个好的质量定位。总裁还亲力亲为，通过多种渠道与顾客建立联系，如在超市现身并且为顾客创建食谱。

英国的乐购（Tesco）连锁超市是另一个运用组织联想来创造质量定位的例子。乐购拍了一系列广告：一开始，英国喜剧演员达德利·摩尔作为买家，负责寻找一个优质鸡肉的来源地。他一会儿在波尔多的森林里追逐放养的"溜达鸡"，一会儿又在苏格兰因偷猎鲑鱼被逮捕，一会儿又在智利被体形硕大、打扮得像鸡一样的怪人追赶。在这些过程中，穆尔跌跌撞撞地走进了意大利葡萄、苏格兰鲑鱼以及智利赤霞珠的产地，其搞笑的表演暗示着组织的意愿是：尽可能地为乐购获得最多的品牌溢价。

创新

如前所述，创新是日本企业的关键品牌联想。对于西方企业来说，创新也很重要，特别是对那些在技术和创新对顾客很重要的产品市场上竞争的企业来说更是如此。例如，生产牙具的欧乐B公司、生产剃须刀的吉列公司、生产通信器材的AT&T、生产微处理器的英特尔公司以及生产汽车的雷克萨斯公司，均把它们的竞争战略根植于最好的技术。乐柏美多年被《财富》杂志评为"最受尊敬的企业之一"，正是通过创新增强了品牌价值。创新是通用磨坊的三大基石之一，也是3M公司发展的推动力（见图4-3）。正是创新推动了思高透明胶带、即时贴以及漆面保护膜的出现，也正是创新使3M公司从投产开始不到4年时间就开发了25%以上的产品。

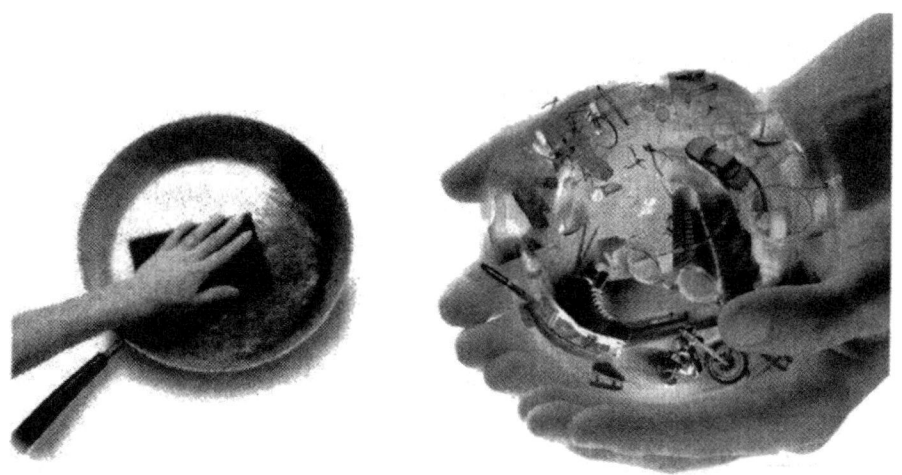

不使用3M公司的磨料处理过的产品，你连一天都生活不下去！

图4-3　作为公司动力的创新

资料来源：Reprinted with permission of 3M.

在任何给定的时刻都难以拥有最好的产品或服务。即使还没有人超越你，但总有人会做到的。（引用里吉斯·麦肯纳的一句箴言。）总会有一些细分市场无法进行传播，或者无法成功说服。对于创新等无形的维度进行投入，会为企业在市场上赢得更长久的优势。例如，许多人购买惠普公司的产品，是因为惠普是一家具有领先技术声誉的公司，即使该公司的一些产品存在问题，可能并不是最先进的。

如果企业在创新方面具有良好的声誉，也可以为新产品主张提供信誉保证，特别是当这样的主张让客户感到与众不同时。由于创新型的企业一直以来都支持有意义的产品主张，这样的企业在公布产品主张时不大会引起人们的怀疑，这对企业是有利的。

许多企业，特别是那些历史悠久、"传统丰富"的企业巨头，如通用电气、柯达、AT&T 或者可口可乐，都面临着被视为有些老套、令人厌烦这类问题。创新是让企业看起来更加现代、更加时髦的工具。当产品拥有最先进的特点和功能时，制造产品的企业也就被视为更符合潮流。

关注客户

许多组织，从诺德斯特龙到雷克萨斯，总是奉行顾客至上的核心理念。如果一家企业可以令人信服地传达这种理念，那么客户不仅会信赖其所提供的产品和服务，而且会感受到企业对他们的关爱。你会很容易喜欢那些喜欢你的人。

一些企业已经将友好观念作为公司品牌识别的一个确定因素。捷威电脑上有一个标语：我们是您的朋友。这样的标语将该公司与那些专注于价格和产品特性的竞争者区分开来。朋友的比喻是非常有力的，因为它暗示着该品牌的产品会传递给顾客他们想得到的东西：真诚、关爱、依赖和尊重。在下一章里，我们将对品牌如人这一比喻做出探讨，并会进一步讨论品牌和顾客之间所具有的"友好关系"这一概念。

CEO 的角色

一些组织很幸运，拥有有魅力的领导——可能是企业的CEO，他既可以代表又可以有效地展现组织的沟通能力。在英国美体小铺美容化妆品公司，安妮塔·罗迪克就扮演着这样的角色。这样的一个人物可以使公司的公告更具新闻价值，以较低的成本获得较高的曝光度。例如，当微软公司为一款新产品举行发布会时，如果能邀请到比尔·盖茨到场讲话或者在全国性的新闻节目中出现，就会达到这样的效果。

将企业的创始人或领导人推向公众的视野从而使企业个性化，有助于企业和客户建立良好的关系。山姆·沃尔顿，沃尔玛这位非常引人注目的领导人，被人们视为一位非常有魅力甚至是可爱的人。实际上，就代表沃尔玛来讲，无论在企业内部还是外部，山姆·沃尔顿的精神一直都是一个很重要的因素，即使在山姆·沃尔顿过世后也是如此。

存在与成功

品牌体现着组织的知名度和风采，可以在人们头脑中形成一个有关企业规模、企业实体和企业能力的形象。回想一下我们在第 1 章里探讨过的简单的品牌认知的力量——它甚至会影响口味测试。与那些拥有资源来支持其产品、历史悠久的组织打交道确实让人放心，特别是在高技术产品市场上。

通过销量或者销售增长所体现出来的看得见的成功，也为消费者提供了让他们放心的信息：其他的消费者选择了这个品牌的产品。这一"数字中的欣慰"论据正应了那句老话（现在似乎有些不合时宜）："你不会因购买了 IBM 的产品而被解雇。"特别是在日本，成功的经历会给组织带来声望、信誉，意味着组织必定擅长其所涉足的领域。

组织的实体形象也会影响劝导效果。在一项调查研究中，戈德伯格和哈特维克为一家进军加拿大市场的啤酒企业设计了传播用语，从而影响了企业的声誉。[7] 在描述该企业时，他们对该企业的悠久历史、销售规模、雇用员工的数量以及企业所参与的公共活动做了介绍，但没有介绍有关产品的专业知识。另外，在调查中将该企业描述成具有悠久历史的、规模较大的企业，将其他企业描述为历史较短的、规模较小的企业。然后，播放了另一个市场的一则广告，广告描绘了一场口味比较测试——测试结果显示：一些实验小组的结果比较极端（认为新产品优于其他100种产品），而另一些小组则不同。接下来受访者被要求评价广告的主张和产品。研究显示：那些成立时间较短的小企业的极端的主张会招致怀疑，而那些规模较大、历史悠久的企业的产品主张会被人们接受。

对于那些想展示风采并且提升实体形象的组织来讲，赛事赞助是一种独特的方式。正如在第 1 章里所提到的，完美文书公司在成为一个欧洲顶级自行车团队的赞助商之前，只是一家默默无闻的、凑合经营的软件公司。通过这次赞助，完美文书公司不仅得到了曝光（因为电视台对该领头车队的广泛报道），而且因参赛团队的知名度和信誉而大受裨益。能量棒（PowerBar）公司也有类似的成功经历，该公司曾赞助了自行车赛以及铁人赛事。

本地化与全球化

一个品牌通常需要做一个基本的形象选择：该品牌是具有全球声望和信誉的全球性品牌，还是尽力与本地市场相联系的本地化品牌？在许多市场上，不同的品牌选择不同的战略。

本地化

本地化品牌战略是本土公司的一种战略选择，比如，孤星啤酒（Lone

Star），利用了特定的市场比较认同得克萨斯印记的事实。因此，购买与饮用孤星啤酒被当成一种表达自豪和喜爱的方式，并且孤星公司采用具有当地特色的传播设计，这样可以增强客户对得克萨斯的认同感。

对于本土竞争者来说，几乎总是存在一个利基市场。南方贝尔（BellSouth）公司、太平洋电信（Pacific Telesis）公司以及美国西部（U. S. West）公司都是地区性的电信公司，它们与AT&T和Cellular One公司进行竞争。这些公司所选择的差异化策略是强调它们的地区传统，从而希望与客户建立一种紧密联系。一家试图建立高端的私人品牌以抗衡国际品牌的连锁超市非常适合采用本地化策略。它可以参与当地的联合之路的节日促销活动或者将留存收益的一定百分比捐献给学校，用于购置电脑，通过这样的方式表明它与客户之间存在紧密联系，对当地社区保持一定的忠诚（与其他的竞争者不同）。

但走本地化路线的企业并不仅限于当地的企业。在欧洲，许多成功的美国品牌已经为当地文化所接受，不被视为外来品牌了。例如，尽管假日酒店（Holiday Inn）是美国知名的企业，但是该公司在欧洲的许多酒店看起来都像当地的，被当地人认可，特别是在德国。亨氏尽管是一个具有德国名字的美国品牌，但是被英国人视为他们自己的品牌。通用汽车公司的欧宝（Opel）品牌也是非常当地化的，特别是在德国，更是如此。

本地化方式不必太过明显。土星品牌所传达的信息中具有很多美国元素，但客户需要自己去体会。不像雪佛兰那样，在标签上注明了"美国的心跳"，使得本地化意图清晰可见。最成功的本地品牌不必非要告诉所有人它是本地的，人们只需要观察拥有品牌的企业的态度、行为或是它所强调的重点就可以了。

本地化策略提供了一条与客户建立联系的通道。在特殊的情况下，它可能暗示品牌是当地文化的一部分，并且与那些不大关注或者理解本地文化的投机者（来自大城市或者国外）相抗衡。至少来自7个国家的报告指出，对品牌的评估是具有祖国偏向效应的。比如，通常来讲，在美国对品牌进行评估时，"美国制造"能发挥一定的效用。[8] 有研究者认为，自豪感/爱国主义和产品性能都是产生这种偏向的原因。[9]

倘若国际竞争者的营销方案对当地的文化并不关心，或者不能与之产生共鸣（甚至会有冒犯），那么实行本地化就特别有效。一次认真的本地化努力也可能让企业更好地理解当地的需要和态度，而这又会推动产品的进一步提升，引出更有效的品牌识别建设举措。

全球化

另一种品牌识别选择当然就是全球化策略了。从范围上来讲，像百威和麒麟是国家级的，雀巢、柯达、福特、AT&T 以及日产是真正的全球性品牌——这样的事实为用户规模较大、使命感较强的品牌提供了声望和保证。即使像洗涤剂这样的产品，由一些主要的公司出品（比如花王集团），也要比做孤立品牌好（也就是与系列品牌或者公司的品牌没有联系）。

全球性品牌传递出有关历史、投资于品牌的资源以及对品牌未来的承诺的相关信息。一家全球性的企业被视为技术先进的，不仅能够投入大量的资金进行研发，而且能够在不同国家的竞争市场上处于领先地位。例如，AT&T 就被视为处在电信技术的第一线，因为其在美国国内市场和全球市场上都具有很强的竞争力。

全球性的品牌也因为其产品在不同市场上的竞争成功而具有相当的威信。例如，三得利公司在日本市场上推广产品时，慎重地将蜜多丽（Midori，一种蜜瓜酒）定位为一个国际品牌，公司正确地预测到产品出自日本将会阻碍产品推广。全球性品牌通常是成熟市场上的领头羊，另外，它可以发展出国际化的个性，这些特性对有些产品种类非常重要。

下面我们将考察组织联想的内部和外部影响，以此介绍组织联想是如何发挥作用、创造价值的。

组织联想如何发挥作用

品牌如组织的观点在图 4-4 中进行了总结。该观点利用组织的知名度、文化/价值、员工、组织设计和资产/技能来识别可能成为品牌识别重要组成部分的组织联想。对品牌来讲，最终的利益是提供以下这些要素。

- 基于组织联想的价值主张或客户关系。
- 对关联品牌的信任。
- 使组织文化和蕴藏于组织内部的价值得以阐释与进一步丰富的工具。

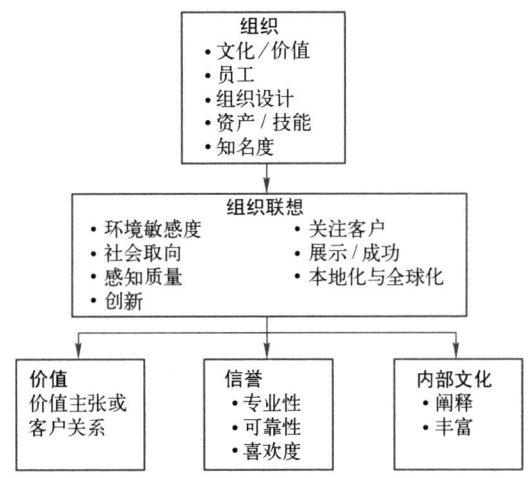

图 4-4　组织联想如何提供价值

提供价值主张或客户关系

由土星、美体小铺、花王以及其他企业所创造的组织联想可以直接有助于企业的价值主张，因为组织联想是客户所珍视的，特别是组织联想可以带来功能利益。在产品质量文化上有良好声誉的组织可以两种形式来提供价值：一是交付高质量产品；二是保证对客户不满意的使用体验进行良好处理。对客户的关注可以向客户保证产品将会得到支持，完美文书公司就是很好的例子。

组织联想也可以带来情感利益。例如，尊重和敬佩感会因为组织的项目与价值观而建立起来。购买土星汽车的体验会带来一种放松、舒适的感觉，并且许多土星汽车车主也因为购买美国汽车而感到自豪。麦当劳对慈善事业的参与会激发人们对它的喜爱与尊重。

组织联想还可以提供自我表达利益。将自己（可能是通过一次贷款）与当地交响乐晚会的主赞助银行联系起来，可以增强一个人热爱艺术的自我意识；与沃尔玛的价值意识文化相联系，可以支持人们节俭和务实的自我意识；光顾美体小铺是一种支持社会公益事业的表达方式。

价值主张的大多数利益都可以为良好的客户关系提供基础。另外，关系联想，如友谊的感觉（有可能与关注客户的文化相联系）在土星或者其他品牌上都有所体现。在第5章"品牌个性"里，我们将会再次讨论。

提供信誉

组织联想发挥作用有一种关键方式，特别是就企业品牌而言，就是作为背书者为关联品牌提供信誉。[10] 企业品牌通常可以为产品品牌进行背书，这样的产品品牌是企业一系列品牌战略的组成部分，就像福特的金牛座品牌、耐克的空中飞人品牌、金宝汤的健康系列品牌、雪佛兰FastPay以及通用磨坊的谷类早餐产品品牌。每一种品牌都会对其关联品牌带来不同的联想（见表4-1）。产品品牌的天然作用就是让人们产生品牌如产品的联想。而企业品牌的天然作用是提供组织联想，这种联想能够增加产品主张的可信度。企业品牌就如同插在军队前沿阵地上的旗帜，给军队以力量，但是还得依赖军队本身去参加战斗。第8章将会更详细地探讨这些不同品牌所发挥的作用。

表 4-1　企业品牌和产品品牌的相关功能

	企业品牌	产品品牌
品牌名称	福特	金牛座
联想类型	组织联想	功能利益
联想举例	"第一要务是质量"	设计良好
联想的主要功能	增加信誉	提供价值主张

可信的组织：专业、可靠、受人喜爱

心理学中有关态度的研究表明，当人们感知到发言人是一位专家，值得信任并且受人喜欢时，他的可信度与说服力会得到增强。在评估组织的主张是否可信时也有同样的特点。组织在多大程度上被视为专家或者是值得信赖的？受人喜爱的程度如何？

人们通常认为专业性的组织在生产和销售产品方面非常擅长。佳能公司大量的研发投入显示了该公司的技术专长，这使得新款相机的发布更具可信性。福特公司交付高质量汽车为其新产品发布提供了同样的可靠性。

当一家可靠的组织说明其产品性能时，人们会相信其所说是真实的。在与客户进行沟通或打交道时，可靠的组织会被视为是诚实的、可信赖的，对客户的需求是敏感的。人们之所以信任惠普和李维斯等企业，是因为这些企业对社会问题所提的政策以及它们的员工"正在做正确的事情"。对组织的信任感会转化为对组织产品性能的信任，因此信任通常会成为企业品牌核心识别的一部分（如强生），并为组织与其客户之间的联系提供强大的基础。

一家企业会因为对社区的贡献而赢得尊敬从而促使人们喜欢它，一家组织会因为其所参与的活动而被认为个性有趣。例如，斯沃琪在法兰克福一家银行大楼里悬挂了一块巨型手表并且赞助另类竞赛，通过这种方式，缔造了一个人们无法不喜欢的组织（在目标市场上）。人们对大都会人寿保险的感觉部分来自作为其吉祥物的《花生》漫画中的史努比。你很少会反对你喜欢的人说的话，或者与之争论。因此，当一个品牌就如同你喜欢的人时,也存在同样趋势。一个你喜欢的品牌传递的信息,很容易被接受,而你不喜欢的品牌所提的主张会受到怀疑。

组织联想对信誉的影响:一些证据

凯文·凯勒和我曾做过一次实验,研究企业形象对企业品牌延伸(即不在现有公司产品范围之内的新产品)的客户接受程度的影响。[11] 我们指定了 4 种不同的公司形象(即创新的、环保的、关注社区问题的和中立的),企业的名称都是比较中性的(如铭鼎公司),产品系列为焙烤食品、个人护理产品、乳制品和处方药品。

一个主要的发现:由于创新的公司形象对品牌延伸会产生非常大的影响,因此它是一种很强大的品牌资产。创新是唯一有助于公司品牌延伸和企业属性评估的公司形象的维度。这意味着一个创新的公司形象会给品牌的进一步拓展提供通行证。一个创新的公司形象也会对可感知的质量延伸施加最大的影响,这一点在几个产品品牌延伸的战略定位上都有所体现。

而且,创新的公司形象对公司信誉还有巨大的正面影响,能让公司显得更加专业(在设计和制造产品方面),更有吸引力(惹人喜爱、有威望),并且更值得信赖。因此,受访者似乎对企业的创新感觉更感兴趣,而不是单单尊重企业的创新能力。

与创新形象所起的作用相比,环保的形象以及关注社区问题的形象对品牌延伸的客户接受程度影响较小。这两种形象都从吸引力和可靠性两个方面增强了公司的信誉。另外,环保的形象对公司的感知技术能力和品牌延伸的感知质量影响甚微。然而,正是由于公司对环境问题的关注,使顾客认为该公司具有一定的创新能力。

内部影响

员工要坚信公司的价值观和规划,这无疑是非常重要的。多年以来，不论是当前的商业实践，还是有关员工积极性的社会科学研究，都支持这一基本假定。目前人们普遍认可的团队或者集体合作、权力下放或者扁平化组织，都要求具有清晰的组织价值观和目标，以及在动机的激励下去实现组织价值和目标的员工。

包含组织联想的品牌识别更有可能展示组织的基本目标、价值观和战略。因此，在向员工、零售商以及其他必须相信组织目标和价值观并实施组织战略的人阐明这些要素时，组织联想可以扮演关键的角色。具有组织联想的品牌识别更有可能对一些基本问题提供内部指导，这样的问题如下所示。

- 组织的使命是什么？为什么公司会存在？它的立场是什么？除制造产品和获得利润外，有没有其他需要关注和参与的事情？
- 组织价值观和组织文化是什么？重要的是什么？环境敏感度、拥有最好的质量、创新、关注客户、获得成功或与本地有密切的联系，这些因素的相对重要性如何？组织实际擅长的事情是什么？
- 未来的愿景是什么？那时组织的价值观、文化和目标又是什么？

什么时候运用组织联想

主动运用组织联想会增加组织成本和组织运营的复杂性。组织联想不能增加价值，不能成功地将资源和关注从那些强大的产品品牌转移到自己这里，这是最糟糕的一种可能性。什么时候才应该使用组织联想呢？当品牌所属的组织拥有员工、文化、规划和具有实质意义的价值观时，组织联想就会发挥强大的作用，这时将需要做下列事情。

- 创造一种价值主张，这样的价值主张对客户以及品牌的产品差异化是有意义的。
- 通过组织联想所产生的感觉促进与顾客的关系。

- 通过为一系列产品提供形象保护伞来扶植这些产品。
- 向组织的员工灌输一种使命感和意义感来激励他们。

当上述条件得到满足时，组织品牌就会成为增强公司业务的源头，并且它也应当具有这样的功能。

组织联想是一种可持续的优势

与特定的生产线相比，组织通常更长久、更复杂。因此，对竞争者来说，组织之间的竞争要比特定属性的品牌竞争更困难，后者可能很容易就被超越。因此，组织联想可能是企业保持持续竞争优势的一个主要来源。

思考题

1. 组织的灵魂是什么？组织的价值观是什么？未来它们会如何？
2. 是否存在能够创造价值主张、增强客户关系或者企业信誉的组织联想？考虑社会责任、感知质量（作为一个组织的特征）、创新、顾客关注、成功/领导力以及全球化和本地化策略。
3. 如何恰当地发展组织联想，它们将如何为公司创造价值？

BUILDING STRONG BRANDS

第 5 章

品牌个性[1]

打动你头脑的品牌，你会为它而改变，打动你心灵的品牌，你会为它而奉献。

——斯科特·多哥　品牌战略家

你看到还有其他哪个品牌的名字被人们文在身上吗？

——鲍勃·达仁　加利福尼亚州奥克兰市哈雷-戴维森产品经销商

哈雷－戴维森的故事

衡量品牌忠诚度有一个指标，就是看有多大比例的客户将品牌标志的图像文在他们的身体上。用这个指标计算，哈雷－戴维森（简称哈雷）是世界上客户忠诚度最高的品牌。事实上，在美国，一度最流行的文身图案就是哈雷－戴维森的品牌标志。

许多哈雷车主，即使自己没有文身，他们也将哈雷－戴维森视为他们生活和身份的一个很重要的部分。他们当中有超过25万人是哈雷车主俱乐部（H.O.G）约800个分会的会员。哈雷车主俱乐部的会员每两个月会收到一份会刊，并且每周或者每个月都可以参加俱乐部安排的聚会，还有由经销商组织的摩托车出行活动。"哈雷女士"分会针对的是哈雷车主中10%的女性车主。

除了一系列主要的全美俱乐部联合活动外，每年大约有42个州的俱乐部会联合起来举行其他活动。如在代托纳海滩举办的春季自行车周、在南达科他州的斯德哲斯举办的夏季摩托车盛会，都会吸引成千上万的人到场。1993年6月，2万多名哈雷车主俱乐部的会员（加上8万名喜爱哈雷－戴维森车的人）聚集在威斯康星州的密尔沃基召开了公司成立90周年的庆祝大会。

哈雷－戴维森不仅仅是一辆摩托车，它是一种体验、一种态度、一种生活方式，也是一种表达自我的工具。在美国广袤大地的一条开阔公路上，一辆摩托车单独立在那里，哈雷这一视觉印象，明确地表达出其车主不羁的个性和个人自由。另一个视觉画面是沿着盘山公路正在加速的一辆强大的机器（摩托车）。还有其他的广告画面，休闲俱乐部的务实的车友分享了他们的理念、价值和经历。一位车友将骑车描绘成"一种独特的体验……飞驰在风中，无拘无束……完全不同的体验……特殊的经历……转弯处的倾斜快感……喜欢这种快速和自由的感觉"。[2] 这里的主题就是哈雷体验不分年龄，是长期、永恒的，即使你不是青年，也照样能体验哈雷－戴维森。

两位俄勒冈州的研究人员（他们购买了哈雷车并且作为参与观察者对车主体验进行了考察）已经揭示了哈雷车主拥有的 3 大核心价值。[3] 首要的核心价值是个人自由，包括摆脱限制的自由（不用乘坐小汽车出行或者待在家里），以及摆脱主流价值和社会等级束缚的自由。哈雷的雄鹰标志就是自由的一大象征。其他的方面还包括：车主的服装和其他装备都带有西部牛仔英雄的韵味。图 5-1 的这幅广告图体现了哈雷－戴维森这方面的精髓。

图 5-1　典型的哈雷－戴维森式广告

资料来源：Harley-Davidson. Photo by Jon Mason.

第二大价值是爱国主义和哈雷－戴维森的美国元素。哈雷－戴维森明显代表的是美国人，是一个击退日本竞争者的品牌。在哈雷－戴维森的集会上到处都是美国国旗和支持美国的条幅。更有甚者，一些哈雷－戴维森车友热衷于打压其他品牌的摩托车（他们称日本摩托车是稻谷碾米机），并且有些人似乎感觉与遵守法律相比，骑哈雷－戴维森摩托是爱国主义更强有力的表现。

第三大价值就是男子汉气概，部分原因是受 20 世纪 50 年代《飞车党》这部电影里的狂野的车友形象的刺激，该影片中的车友由著名演员马龙·白兰度扮演。[4] 影片中充斥着男子汉气概的表达，包括流行的哈雷 T 恤，"真正的男人穿黑色衣服"的标语。哈雷－戴维森摩托车是同类产品中最大、最重、声音最响的，因此它也是公路上最具男子汉气概的摩托车。在哈雷－戴维森的集会上，很多人都穿着黑色的皮衣、笨重的靴子，带着武器以及其他具有男子汉气概的饰物，通常，代表男子汉形象的还有浓密的胡子、长发、牛仔靴，当然还有文身。

哈雷－戴维森在男子汉气概、美国人以及西部民间英雄联想的基础上坚持其一贯的品牌个性，它也通过应用自由价值成功地丰富了其用户的形象。现代的哈雷用户可能仅仅是一个可敬的、喜欢骑车到处去旅游的户外爱好者。在近年来的广告中，哈雷－戴维森的车主出现在开阔的大道上以及偏远地区的小屋前，车主过的是人们梦想中那种悠闲、惬意的生活。哈雷－戴维森的格言——"生而为骑，驾驭为生"吸引了许多从事平凡工作、想要增强自身男子汉气概的潜在买家。

哈雷－戴维森有一点比较独特，就是公司的员工和经销商都参与到客户及其体验中。哈雷车主俱乐部的活动全部都是由哈雷的高管、员工或者经销商们主办或支持的，他们也会成为活动参与者。例如，1993年，哈雷的管理者们（从首席执行官到总工程师以下的人员）都参与了从美国的各个城市骑行到密尔沃基集会地的活动。这种参与的结果是，哈雷车主俱乐部的会员与哈雷－戴维森组织建立了一种密切的个人联系，并且哈雷的员工以比较亲密的方式认识了他们的客户，掌握了第一手的哈雷体验信息，包括摩托发出的声音有什么特点、摩托车怎样被改装以及俱乐部的会员有什么建议。集会上安排的座谈会为会员交流自己的思想提供了很好的机会。

日本摩托车的车主对生活和他们的摩托车一般会有与此完全不同的看法。他们倾向于谈论摩托车的性能而不是骑行的体验。实际上，就工程技术而言，日本摩托车是个奇迹。这些摩托车噪声小、驾驶平稳，比哈雷摩托车速度快，并且还有数字仪表、后置扬声器、倒车挡、风扇甚至还有空调这些装置。日本摩托车的车主看不上哈雷摩托车那不合时宜的设计以及嘈杂、嘶哑的吼声。然而，对于哈雷－戴维森的车主来说，他们摩托车的声音、触感以及外观只不过是他们体验的一部分而已。即使哈雷摩托车的震动受到诟病，对于哈雷的车迷来讲也是优点。日本摩托车的车主关注的是功能利益，而哈雷－戴维森的车主注重的是情感利益和自我表达利益。

哈雷－戴维森是一家运营极好的公司。它每年销售10万辆摩托车（制造多少就能销售多少）。令人惊奇的是，仅在10年之前，在日本企业的强大竞争攻势下，该公司还处于生死关头，当时日本公司正以较低的成本提供更优质的产品。当时人们都担心美国不会再有一家正规的摩托车制造商了。然而，哈雷－戴维森通过一系列扎实的质量改进计划以及强势的品牌增进活动杀了个回马枪。

哈雷－戴维森的客户也可以通过穿哈雷的服装来表达自我。1993年，作为哈雷－戴维森附属业务的哈雷摩托车服装分部的销售额超过了2亿美元，它们销售的产品包括夹克、靴子、手套以及其他附属品（诸如泳衣以及丝绸内衣之类的特许商品）。

哈雷－戴维森品牌个性的概念（一个具有男子汉气概的，热爱美国的，寻求自由的，希望突破那些禁锢的、正统的着装和行为的人）为解释哈雷现象提供了有益的隐喻。骑哈雷摩托车的体验或者穿哈雷服装所引发的联想，对一些人来说都是表达他们自己个性的一种方式。它可以带给人们自由、独立和力量感，这些感觉就是情感利益。对于其他人来讲，与一个具有强烈个性的组织和产品建立某种联系是令人满意的、值得的，这也是把自己与一个具有同样价值观和生活理念的团体关联起来。

品牌个性

品牌个性（brand personality）可以被定义为与给定品牌相联系的人格特质的组合。[5] 因此，它包括了性别、年龄、社会经济地位这些特点以及传统意义上的人性特征（如温暖、关怀和感伤等）。

例如，与男性化的品牌万宝路相比，维珍妮（Virginia Slims）更显女性化。苹果比较年轻，而IBM则被认为年纪稍长（部分原因是IBM的历史更悠久一些）。After Eight薄荷巧克力是上流阶层，而Butterfinger巧克力就代表蓝领阶级。盖尔斯（Guess）被视为是精致、高雅的，而威格（Wrangler）品牌是比较粗犷奔放的○。耐克被视为是运动的，而LA Gear○品牌更新潮。相比发现卡（Discover Card）的低调而言，美国运通则有些自命不凡。

品牌个性就如同人的个性，既独特又持久。例如，一项研究指出可口可乐被认为是真实、可靠的，而百事可乐是年轻、意气风发、令人兴奋的，胡椒博士（Dr. Pepper）则是突破常规、独特、有趣的。[6] 另外，尽管有时候会有所增加或者改变，但这3个品牌形成并保持各自的个性已经很长时间了。

品牌个性具有相当多的表面效度（品牌战略家和研究者们对此很满意）。在定性和定量的研究中，受访者经常被问及他们关于品牌个性的感觉。他们很容易回答，并且他们的回答是可解释的，不同人的回答具有一致性。组别之间的差异（如用户和非用户）通常都是合理的，这种差异可以为人们提供有用的信息。例如，一个品牌的用户通常认为该品牌具有强烈的个性，而非用户可能不这么认为。欧乐B的用户认为该品牌是一个认真、称职的品牌，而非用户则认为它很一般。

○ 盖尔斯与威格都是服装品牌。——编者注
○ LA Gear 为运动鞋品牌。——编者注

另外，客户通常与品牌之间会有互动，就好像产品是人一样，特别是当品牌与衣服或者汽车这样有意义的产品相关时更是如此。即使他们不给自己的东西取一个昵称（像许多人对他们的车那样），我们也经常会听到人们以谈论人的口气来谈论他们的物品，"有时候，我让我的电脑休息会儿，它会感觉好一些"，或者"有时候我的车罢工了，我觉得它只是想刺激刺激我"。[7]

衡量品牌个性

用于描绘一个人的词汇同样可以用来描绘品牌个性。特别地，一个品牌可以用人口指标（年龄、性别、社会等级以及种族）、生活方式（活动、兴趣以及观念）或者人类个性特征（如外向、亲切和可靠性）来描述。

一项研究开发并测试了一套品牌个性量表（BPS），这是一套用来衡量和建构品牌个性的指标体系。[8]BPS 的开发涉及 1000 多名美国受访者，60 个知名的、具有鲜明个性的品牌以及 114 项个性特征指标。当所有样本按照年龄或性别进行细分并使用了品牌集合时，真诚（sincerity）、刺激（excitement）、能力（competence）、高雅（sophistication）和粗犷（ruggedness）这 5 种个性要素（称为 5 大个性要素）脱颖而出。这 5 种个性解释了几乎所有（比例高达 93%）品牌之间的差异。

为了更好地理解 5 大个性要素的广度和丰富度，图 5-2 扩展了 5 种个性的次级特质，更清晰地描述了这一体系。

如图 5-2 所示，5 大个性要素囊括了许多强势品牌的个性。金宝汤、贺曼和柯达的品牌个性主要体现在真诚维度上，而李维斯、万宝路和耐克的品牌个性主要体现在粗犷维度上。然而，就像人一样，一个品牌可能具有复杂的个性，包括了这5大个性特征的所有维度。例如，李维斯，在真诚维度的得分相对较高（位列样本品牌的前20%），在刺激、能力以及粗犷几个个性维度的得分也名列前茅。麦当劳在真诚与能力维度的得分都比较高。贺曼，可能是由于其问候卡片的多样性，不仅在真诚维度的得分极高，而且在刺激和能力两个维度的得分也最高。

```
真诚  代表品牌：金宝汤、贺曼、柯达
务实的：以家庭为重的、小镇的、大众的、蓝领阶层的、全美的
诚实的：真诚的、真实的、道德的、周到的、关爱的
有益的：新颖的、纯正的、永恒的、经典的、古老的
愉悦的：重感情的、友善的、温馨的、快乐的
刺激  代表品牌：保时捷、绝对、贝纳通
勇敢的：时髦的、刺激的、不寻常的、光鲜的、煽动性的
朝气蓬勃的：酷酷的、年轻的、活泼的、外向的、冒险的
富有想象力的：独特的、幽默的、意想不到的、艺术的、有趣的
最新的：独立的、当代的、创新的、进取的
能力  代表品牌：美国证券交易所、CNN、IBM
可信赖的：勤奋的、安全的、有效的、可信的、慎重的
聪明的：技术的、合作的、认真的
成功的：具有领导能力的、自信的、有影响力的
高雅  代表品牌：雷克萨斯、梅赛德斯、露华浓
上流阶层：有魅力的、好看的、自命不凡的、精致优雅的
迷人的：女性的、柔顺的、性感的、温和的
粗犷  代表品牌：李维斯、万宝路、耐克
户外的：具有男子气概的、西部的、积极的、运动的
强硬的：粗犷的、强壮的、直截了当的
```

图 5-2　品牌个性量表：5 大个性要素

5大个性要素被进一步分解为细致的切面，用以解释5大维度的性质和组成要素。在图5-2中，给出了15个切面的描述性陈述。这样真诚维度被分解为务实的、诚实的、有益的、愉悦的4个切面，而刺激的个性维度包含勇敢的、朝气蓬勃的、富有想象力的、最新的4个切面。同样地，一个品牌可能横跨几个个性切面。如贝纳通⊖在最新的以及勇

⊖ 贝纳通是世界上发展最快的服装生产厂家之一。——译者注

敢的两个切面上得分较高，而绝对⊖在最新的以及富有想象力的两个切面上得分较高。

　　这15个切面指标对品牌战略选择具有指导意义。一个品牌，在真诚维度方面得分较高的，有可能是因为在愉悦的（重感情的、友善的和温馨的）切面而非诚实的（真诚的、真实的和道德的）切面得分较高。或者具有较高能力维度的品牌可以将重点放在聪明的（技术的、合作的和认真的）切面而非成功的（具有领导能力的、自信的、有影响力的）切面。不同情况下，个性目标和战略运用都是非常不同的。

　　品牌个性量表也测量了人们对每一种品牌与同类品牌相比的态度差异程度。有趣的是，研究发现个性变量与态度变量显著相关，不同品牌的个性与人们的态度呈现出不同的关系。对苹果和美国运通来讲，刺激和能力个性维度会给它们带来正面的态度影响。粗犷维度对李维斯是正面的推动，对麦当劳正好相反，产生的是负面的态度影响。视梅赛德斯或者保时捷为高雅产品的受访者，更倾向于对这些品牌持积极的态度。然而，从总体来看，与积极态度联系最为紧密的个性特征是真诚因素（如真实的、真诚的、纯正的、新颖的）以及能力因素（如可信赖的、具有领导能力的）。

　　一些品牌已经将纯正性或真实性作为它们品牌的核心识别要素，真诚因素的强大作用可以部分解释出现这种转变的原因。通用汽车公司研究发现20世纪五六十年代雪佛兰品牌积累起了良好的信誉资产，因此提出的新广告主题是"纯正的雪佛兰轿车"。[9]Jockey内衣运用"纯正的Jockey"定位，凭借多年积累的声誉与那些自有品牌竞争者展开竞争。其他的例子包括运用"这一个，唯一的"广告语的丽莎集团的奇迹文胸（Wonderbra）品牌，以及运用"真正适合"广告语的Docker品

　　⊖　绝对是一种酒的品牌。——译者注

牌。转向"纯正的"这一个性特征存在一个驱动力,就是利用强大的品牌传统,并获得这种传统带来的保证和情感联系。像柯达和可口可乐这样的传承性品牌通常会运用真诚这个个性特征。

在汽车、运动器材、化妆品甚至咖啡等特定产品上,刺激是发挥作用的另一个个性特征。在 20 世纪 90 年代早期,福爵(Folgers)具有刺激的、聪明的个性,而麦斯威尔体现的是无特征的微弱个性,因此,大量的客户从麦斯威尔流失,转移到了福爵。

如何塑造品牌个性

人的个性会受到与他相关的几乎所有事物的影响,包括他的邻居、朋友、活动、服装以及互动的方式,品牌个性也是如此。有些因素无论是否与产品相关,都会影响品牌个性的感知。表 5-1 显示了品牌个性的影响因素。

表 5-1 品牌个性的推动力

与产品相关的特征	与产品不相关的特征
产品类别(银行)	用户形象(李维斯 501 牛仔裤)
组件(捷威电脑)	赞助(斯沃琪)
价格(蒂芙尼)	品牌符号(万宝路乡村)
属性(银子弹啤酒(Coors Light))	年龄(柯达)
	广告形式(诱惑)
	产地(奥迪)
	公司形象(美体小铺)
	CEO(微软的比尔·盖茨)
	名人代言(吉露)

与产品相关的特征是品牌个性的基础推动力,产品类别甚至会影响个性。例如,一家银行或者保险公司,容易被假设具有典型"银行家"

的个性（有能力、认真的、具有男子气概的、年长并且属于上流社会）。像耐克或者锐步这样的运动品牌，可能倾向于具有粗犷、喜欢户外活动、冒险以及年轻有活力的个性。一个组件或者一种性能都能影响品牌个性，黑色斑点的白框（容易使人联想起荷斯坦奶牛）给捷威电脑创造了一种淳朴的个性。

产品属性通常会影响品牌个性。如果一个品牌是"轻型"的（银子弹啤酒、慧俪轻体和德雷尔低卡冰激凌），这些品牌将被视为苗条的、运动的。像蒂芙尼这样的高价品牌可能被视为富有的、优雅的，并且可能是有一点势利的。正如我们将要讨论的那样，品牌个性也可能展示或者增强产品的某种属性。例如，慧俪轻体具有苗条、活泼的个性（代言人琳恩·雷德格雷夫所摆出的活泼姿势可能更增强了顾客对这一品牌个性的感知），顾客将会很容易记住并相信慧俪轻体产品拥有低热量、能控制体重的属性。

与产品不相关的特征也可以影响品牌个性，这样的特征包括广告形式、产地、公司形象、CEO的身份以及名人代言等。AT&T的"伸出手臂、拥抱世界、尽情联络"的广告语以及CK的诱惑式广告都有助于为品牌塑造强烈的个性。像奥迪这样的德国品牌可能具有一些德国人的特征（如简洁、严肃、努力），而美体小铺的公司形象可能是一位为寻求改变而积极努力的社会活动者。在CEO这个特征方面，可以参考嘉信理财，微软的比尔·盖茨也有利于品牌个性的打造，名人代言如比尔·科斯比为吉露果冻所拍的广告。另外还有4种与产品不相关的品牌个性推动力，它们是用户形象、赞助、年龄以及品牌标志，我们将马上进行探讨。

用户形象

用户形象可能是在现实中的用户（那些你看见的使用本品牌的用户）或理想化的用户（广告或者其他地方的那类用户）基础上形成的。用户形象能成为品牌个性的一个强大推力，部分原因是使用者就是一个活生生的人，这就可以减少概念化品牌个性的困难。例如，在用户形象的驱动下，查利具有了女性化、独立的品牌个性。梅赛德斯的上流阶层个性以及 CK 的性感、精致优雅的个性同样受用户形象的影响。

赞助

品牌所赞助的活动比如赛事等将会影响它的个性。例如，斯沃琪有选择地赞助了在布雷肯里奇的自由式滑雪世界杯赛、首届国际街舞锦标赛，赞助了安德鲁·洛根在伦敦举办的另类世界小姐选美大赛、巴黎的街头绘画比赛、在欧洲流动的"非自然历史博物馆"。哈根达斯在"致力于乐趣，致力于艺术"的主题下，通过赞助几场歌剧表演，塑造了著名的、高档的品牌个性。

年龄

一个品牌的历史有多长也会影响它的个性，因此，苹果和土星这样的后来者与 IBM 和雪佛兰等老品牌相比，总是倾向于具有年轻的个性。人们通常会认为主要或者主导品牌古板、老套，适合于年纪大的人。如何对品牌进行积极有效的管理以应对这样的压力，我们将在第 7 章详细讨论。

品牌符号

品牌符号会对品牌个性产生强大的影响，因为它是可控的，并且可能会引起非常强烈的联想。苹果被咬过的苹果标志、万宝路的牛仔、米其林的轮胎人、美泰克的修理工，都有助于塑造和强化它们品牌的个性。

在 20 世纪 80 年代早期，IBM 就遇到了形象问题，当时大家都认为 IBM 电脑是一家沉闷的公司生产的商务电脑。如果这是人们购买的第一台电脑，他们可能不会感到舒适。IBM 运用查理·卓别林的形象来为品牌个性减压，并且增强了对高级个人电脑用户关系的管理。一开始，卓别林的人物形象还比较有效，但不幸的是，运用于高级产品的时候，就不起作用了。因此，IBM 公司很长时间都深受形象问题的困扰。

同一时期，大都会保险公司也面临着同样的问题。它想拥有友好和关心他人的形象，而不是像人们所普遍认为的那样：人寿保险公司都不爱露面、官僚、冷漠。该公司的解决方法是，通过长期连续、大量的广告将《花生》漫画中的角色形象与公司品牌联系起来（见图 5-3）。这些角色形象弱化了那种固有的人寿保险公司的形象，从而使得大都会保险公司从竞争者中脱颖而出。

图 5-3　大都会保险公司广告

《花生》中的角色形象是大都会保险借用来的人物，就像是 Butterfinger 所借用的人物巴特·辛普森。其他一些有助于塑造品牌个性的卡通人物形象为该品牌本身所有，这些形象更容易与品牌联系起来。这些例子包括快乐绿巨人（Jolly Green Giant）、奇宝精灵（Keebler elves）以及金枪鱼查理（Charlie the Tuna）等。

卡通人物形象不像现实中的人，会带给人惊奇，不会让人产生不快的感觉，且他们没有年龄的限制，永远不会变老。如品食乐的面团宝宝，讨人喜欢并且能反映人们所需要的产品属性（如新鲜），这正是公司所希望的。另外，卡通人物可以根据需要不断做修改。例如，随着时间的推移，面团宝宝变得更加苗条、更加活泼、更加热情了。

面团宝宝这样的卡通人物形象有一个关键属性，它们可以在申明自己主张（比如，蛋糕对孩子的身体有益吗）的同时，不会刺激他人的抗辩。对于想争论的人来说，与一个虚构的、不能做出任何回应的人物辩论没有任何意义。另外，卡通人物太招人喜爱了，不大可能成为发牢骚或者迁怒的对象。

Butterfinger 的故事

1989 年，当雷诺兹 - 纳贝斯克（RJR Nabisco）将 Butterfinger 卖给雀巢公司时，它是一个表现不太好的糖棒品牌。尽管糖棒被视为一种过时的、没有个性的产品，但是它仍被许可使用巴特·辛普森这一卡通人物形象。雀巢公司运用巴特不拘小节、顽皮淘气的性格为其产品塑造了一种新的个性。

广告介绍了巴特与一个恶霸、一位校长以及霍默（巴特的父亲）之间的系列故事，这些人都试图碰巴特的 Butterfinger，但都没有成功。利用巴特·辛普森这一卡通人物进行的促销活动有力地强化了品牌个性和与巴特的联系。另外，赞助单板滑雪比赛和音乐旅行活动增强了糖块与 12 ~ 24 岁年龄段的青少年之间的联系。在这个增长乏力的品类中，Butterfinger 的超市销售额逆势上扬，1990 年的销量增长了 14%，1991 年增长了 36%，1992 年增长了 18.3%。

为什么要利用品牌个性

品牌个性的塑造可以给品牌战略制定者提供多种帮助，使他们更深刻地理解人们对品牌的感知和态度，有助于创造差异化的品牌识别，引导品牌的传播活动，并创造品牌资产。

增进理解

品牌个性的比喻可以帮助管理者更深入地理解消费者对品牌的感知和态度。请人们对品牌个性加以描述，可以确定消费者的感受及其与品牌的关系，能够提供比询问产品属性感知更多的信息。例如，一些人认为微软傲慢、强大，这就为人们洞察微软与其客户之间的关系本质提供了信息。

有助于形成差异化识别

从战略的角度讲，品牌个性作为产品或组织核心识别或者延伸识别的一部分，是有效差异化的基础，在品牌与产品属性相似的背景下尤其如此。事实上，它不仅能定义品牌自身，更能重塑产品类别的认知语境和用户体验。例如，利用四轮马车标志和对古老西部的联想，富国银行的品牌个性就基本定义了其品牌特征。相反，其竞争对手——第一州际银行的感知则建立在银行属性的基础上。广告机构如扬罗必凯广告公司和奥美广告（Ogilvy & Mather）公司在它们所做的品牌定位战略中，都会包括一个有关品牌个性的陈述。

当高端相机的制造商佳能制造出一款能在运动中使用的相机时，它需要为这款新产品的销售创造激情与能量。另外，它还需要将新款产品差异化，以与其他产品区别开来，不仅是与竞争对手的产品，还有自己的其他产品。解决的方法是用一个子品牌，名为叛逆（Rebel），这个子品牌具有显著的个性：独立（甚至有点野性、疯狂）、有力、多彩。著名网球选手安德烈·阿加西能较好地体现叛逆的个性,因此被选做该品牌的代言人(见图5-4)。

图 5-4　安德烈·阿加西代言佳能相机

指导传播活动

　　从营销手段角度来看,品牌个性概念及其相关表述还能向那些负责塑造品牌识别的人员生动且丰富地传递品牌识别的内涵。现实中,我们不仅需要制定广告策略,还需要制定有关包装、促销的策略,而这些都将取决于顾客与品牌之间个人联系的风格。如果只从属性联想方面对品牌加以说明,其指导意义极为有限。如宣称王子(Prince)网球拍具有高品质和超大的拍头则很难为传播活动提供太多指导，而将该品牌描述为一位苛求的专业人士传递的信息就丰富得多。品牌个性陈述能深入和广泛地表明品牌个性，使传播活动与目标更易保持一致。

创造品牌资产

品牌个性可以创造品牌资产，其途径如图 5-5 所示。我们会在接下来的章节中进行讨论。本章将以品牌个性及其"近亲"——用户形象的对比作为结束。

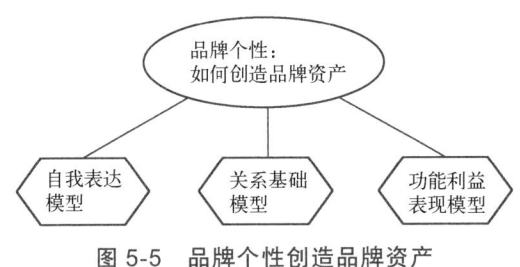

图 5-5　品牌个性创造品牌资产

自我表达模型

自我表达模型有一个前提，就是一些品牌已经成为特定客户群体表现部分自我身份的工具。这种自我身份可能是他们的实际身份，也有可能是他们所向往的理想身份。人们用不同的方式来表现他们实际的或者理想的身份，比如，工作选择、朋友、态度、观念、活动以及生活方式。人们喜欢、尊敬、讨论、购买品牌，并且将品牌当作自我表达的工具。

即使一个品牌不具备很强的个性，它也可以用于自我表达。一个人可以通过购买便宜品牌的产品表现自己的节俭，即使这个品牌的个性较弱。无论如何，为品牌赋予个性——即使是模糊的个性，通常也能更便于人们了解如何利用该品牌表达自我。如果该品牌拥有强烈的个性，如哈雷-戴维森，品牌个性就有可能在自我表达过程中发挥关键作用。

从19世纪的威廉·詹姆斯开始，社会科学家不仅考察了人们运用物品和财产满足功能性需求的方式，还考察了物品和财富为人们的生活提供意义与组织的方式。研究消费者行为的人类学家格兰特·麦克拉肯指出，品牌个性是文化内涵的一部分。[10] 他认为消费者寻找的是那些文化内涵与他们自身人格或期望人格一致的产品和服务——换句话说，他们运用这些品牌的内涵来塑造和维持他们的社会自我。

麦克拉肯还指出，文化内涵会随着时间而变化。在一项对啤酒消费的研究中，他发现对大学生而言，喝啤酒使人联想到男子汉气概与竞争，所以，拥有这些含义的品牌会受到青睐。然而，当一些人大学毕业有了新的表达男子汉气概的方式后，他们又会喜欢另一些品牌。例如，专业人士喜欢在更为庄重的氛围中喝啤酒，而欧洲啤酒（如贝克或乐堡）更与他们自制、上流社会的自我形象相匹配。

无论这个品牌是苹果、贝蒂·克罗克（Betty Crocker）⊖还是耐克，品牌的购买和使用都是表达个性与生活方式的工具。当一些人从事的活动或者使用的品牌与真实自我或理想自我不相符合时，他可能会感觉不适。与之相反，"与自我相符"的活动或品牌能给人们带来舒适和满意，并使他们感觉更充实。

如果把品牌视为人，许多人认为 Mac 电脑是友善、含蓄、随性的，且具有反叛性。苹果之所以形成这种个性，部分原因在于苹果电脑直观、易用，甚至可以问候用户，同时也源于其用户形象、用户群体的活动、标志（一个被咬了一口的苹果）和广告。Chiat-Day 广告公司 1984 年推广 Mac 电脑时制作的著名电视广告特别强调了其品牌个性：一位妇女砸碎了一台巨大的电视屏幕，屏幕上一位大哥模样的人，正在向一大

⊖ Betty Crocker，这是沃什伯恩·克罗斯比公司（通用磨坊的前身）创造的虚拟的女性角色。在中国，Betty Crocker 通常译作"贝蒂妙厨"。——译者注

群缺乏自我意志的听众讲话（代表传统智慧和IBM的世界）。对一些人来说，使用苹果电脑表达了非团体化和富有创造性的个性身份。

作为一个人，贝蒂·克罗克代表着传统、小城镇、全美国母亲的形象，她关心烹饪和家庭。贝蒂·克罗克的熟悉的面孔提供了强有力的视觉形象。对许多人来说，贝蒂·克罗克让他们想起了自己童年时母亲在厨房中烘烤食物的时光，或者他们曾经期望拥有的理想童年。因此，使用贝蒂·克罗克品牌表达了一些用户个性中关注家庭、母性和养育的一面。

耐克作为一个人，精力充沛、时尚潇洒、立志超越、关注健康。该品牌充满了抱负和雄心（穿着耐克代表了用户希望的自我形象，而非他们目前的自我形象），其个性受到迈克尔·乔丹、安德烈·阿加西和博·杰克逊等代言人和"想做就做"广告活动的影响。对一些人来说，穿耐克就是他们理想自我的个性宣言。

红牌伏特加与绝对伏特加

在高端伏特加市场上，红牌伏特加和绝对伏特加这两个品牌已对抗多年。尽管这两个品牌拥有颇多相似之处（如高品质、纯正和高端形象），但它们塑造了大不相同的品牌个性。

作为一个人，红牌伏特加，经验丰富、自信，在法律和银行业等传统领域非常成功。他是男性，驾驶雷克萨斯，无意跟随最新的潮流，认可高品质。

相反，绝对伏特加代表的人物形象更年轻、更时尚、更炫目。他也是男性，但更有可能去时尚酒吧，在广告和艺术界这样的创造性领域工作。

在每个案例中，品牌个性都是黏合剂，能够把品牌识别与传播活动结合到一起。

品牌怎样帮助表达个性

品牌可以通过多种方式帮助人们表达他们的个性,但这些方式在强度和过程上各不相同,下面将探讨这些方式。

源于品牌个性的感觉

正如人有许多感觉和情感,品牌个性同样有多种感觉和情感与之相连。一些品牌(如 MCI)显示出野心勃勃、富于进取,而另一些品牌(如柯达和金宝汤)显示热情厚道、富有同情心。使用这些品牌就可能产生相应的感觉和情感。例如,使用哈雷-戴维森或苹果时产生的感觉,是使用雅马哈或戴尔时不会出现的。这些感觉可以成为自我表达的一部分。一个热心的人在出现热诚的感觉时会非常满足;同样地,一个野心勃勃的人会寻求能够认可野心的环境。

一项研究表明,品牌个性能够改变使用体验。[11]受试者被要求想象他们处于两个场景,要么是爬山一整天后进行小憩,要么是与密友一起在夜间小型烧烤聚会上休闲。此时,为他们提供的啤酒是康胜或狮牌。在山峰的背景下,康胜(拥有户外、活跃和健康的个性)激发了温暖、友好和健康的感觉,但在烧烤聚会的背景下则无法引起这些感觉。而狮牌(拥有城市、社会化个性)产生的效果正好与之相反。

作为符号的品牌

即使某人身处人迹罕至的荒岛,品牌仍可以成为他个人的代言者。然而,品牌通常还有拥有巨大的社会影响力的潜力,特别是那些外显的或是"符号"性品牌。品牌的出现(甚或是对它的态度)可以将一个人与其他人区别开来,如果牵涉社会身份,表达的内容对个人而言就会非常重要。

因此,汽车、化妆品和服饰等产品均有助于表达个性,因为它们通常在社会化场景中使用,而且在这些场景中消费者参与度较高。人们通常会通过观察一个人的穿着和驾驶的汽车来评价与感知其社会身份。

品牌成为自我的一部分

当品牌成为自我延伸或整体的一部分时，就形成了最终的个性表达。试想全职摩托车手和他的哈雷车，人与车合为一体很难分离。对于一位经常使用苹果电脑的消费者而言，电脑就是他的一部分。对于每晚饮用帝王威士忌的夫妇而言，这种威士忌已经不再只是一种自我表达，而是他们生活方式、个性和存在方式的一部分。另一些人也许需要在慵懒的星期六下午穿上李维斯501牛仔裤，才能完全感觉到周末的来临。与某些人成为一个整体的潜力对品牌来说意味着巨大的机遇。

从消费者行为的角度看，拉塞尔·贝尔克（Russell Belk）指出事物可以超越所代表的范畴，成为自我的一部分。[12] 贝尔克将收藏品、礼物和传家宝作为有力的例证，表明产品如何成为"延伸自我"的一部分。他进一步指出，成为一个人延伸自我的品牌：①是一个人自我形象的核心；②可以与自我建立深刻的情感联系；③在某种程度上受到个人的"控制"。[13]

多重个性

20世纪50年代至60年代初，部分地受到动机研究（利用临床精神分析方法和理论的深度访谈）的推动，自我表达模型出现了。这一模型假定一个人的个性与他使用的产品类别或品牌相符。一系列研究将个人目前或理想的自我形象与所购产品的品牌个性联系起来，对此假设进行了实证研究。总体结论是虽然存在这种联系，但影响较弱，也不具有一致性。

对这些有点令人沮丧的发现，有许多方法论上的解释。有一个解释最具说服力，即假设一个人拥有单一个性或自我形象可能是错的。事实上，心理学家和社会学家承认多重个性体系的存在，一个人个性中的特定部分会在不同场景（如社交聚会、假期和工作）下和不同的社会角色

（如朋友、同事、老板或父母）中出现。[14] 例如，一位男会计师可能被同事认为是幽默、具有创造力和勤奋的；被高尔夫球友认为是松弛的和有气度的失败者；被他的孩子认为是心不在焉，但可靠、可依赖的老师；被朋友认为是一只真正的"派对动物"。每一时刻发挥主宰的个性取决于他正在扮演的角色和角色表现的环境。

多重个性中的每一种都需要表达，某些个性会比其他个性表达得更多。因此许多男性体内可能都会存在一点哈雷个性，而少部分人可能会拥有很多哈雷个性。一位男性被确切地描述为小心谨慎的律师，他穿着整洁、生活规律，他的理想自我可能也不会与此有太大差异。然而，想要表达他内心存在的那一点哈雷个性的欲望，有可能促使他购买哈雷服饰甚至一辆哈雷摩托车。

与此类似，假定大多数苹果用户都是纯粹的"苹果类型"也不现实。事实上，将苹果个性视作个人态度和生活方式的部分反映似乎更为合理。对一些人而言，购买和使用苹果电脑为他们个性中的这一部分提供了出口。IBM 和惠普等竞争品牌为不同的个性提供了宣泄渠道，因而一个人对电脑的选择部分取决于哪一品牌能够提供最强、最适合的表达价值。

为了验证人们使用品牌表达自我，并因情景而改变的假设，研究人员进行了一项实验室实验，请受访者说明他们在特定情况下对特定个性品牌的偏好。研究发现品牌偏好随着情景的变化而不同。例如，与家人共享晚餐的环境和与老板出席重要商务正餐的环境相比较，偏好显然存在差异。这种现象在那些自我要求高，对自己所在环境以及其他都很在意的人身上更为明显，他们也会相应地改变自己的行为。[15]

像人一样，品牌在不同的环境和角色下可以体现不同的个性。例如，苹果电脑在家可能意味着友好、有趣和松弛，但在工作环境下，这种个性可能被理解为外行甚至是萎靡不振。因此，人们对品牌的感觉可能随着环境的变化而变化。值得注意的是，苹果电脑拥有的强大的品牌个性在家庭和教学领域一直都非常成功，在商务环境中却举步维艰。

为了理解品牌个性，研究品牌的使用环境是很有帮助的。品牌是否会在不同的使用环境下改变个性？对不同环境中的品牌个性进行概括化的尝试，是否会掩盖强大品牌个性影响的潜力？

品牌个性与自我表达需求必须匹配

品牌个性要产生作用，就必须有足够的吸引力、重要性，能够打动品牌用户，让用户因为与品牌的联系而感觉更好，如驾驶雷克萨斯汽车时感到更高贵，饮用百事可乐时感觉更年轻，使用香奈儿香水时感觉更成熟，或者因为饮用米勒淡味啤酒而感觉更放松。如果品牌个性有所偏离，就不会产生这些效果。例如，一个具有可靠、卓越个性的品牌吸引不了需要表达自己青春活力的人。

对于汽车、服装等外显性的、使用程度高的产品，品牌个性的作用可能更大。如果品牌个性、使用场合与自我表达需求相吻合，那么任何品牌个性都可以促进身份表达。烤炉清洁剂可以被赋予坚强、进取、有干劲的个性，使用这种清洁剂就能起到自我表达的效果。奥斯卡梅尔在怀旧的背景中展示了一个小孩正在吃该品牌的热狗，指出所有人都有一些孩子气。任何人个性中童真的一面都可以通过吃奥斯卡梅尔热狗表达出来，特别是在背景合适的情况下更为明显。

关系基础模型

有些人可能从未想过要具有精干领导者的个性，但可能希望与这类人建立联系，尤其是当他们需要银行家或律师的时候。可信、可靠、保守的个性或许很乏味，但对于财务顾问、草坪服务甚至汽车都是有价值的特征，想想沃尔沃品牌的个性，不就是如此吗？品牌与人的关系（和人与人之间的关系类似）的概念提供了另一个视角，使我们能更好地理解品牌个性如何发挥作用。

为了解关系基础模型如何发挥作用，我们考虑一下与你有关系的人的个性类型，以及这些关系的本质。

- **务实的、以家庭为重的、纯正的、古老的**（真诚） 这种个性类型可以描述贺曼、柯达甚至可口可乐等品牌。品牌与人的关系可能类似与一位受欢迎的、受尊重的家庭成员的关系。

- **朝气蓬勃的、年轻的、最新的、外向的**（刺激） 在软饮料产品中，百事可乐比可口可乐更符合这类个性。特别是在周末晚会上，拥有一位有这类个性特色的朋友可能会是一种享受。

- **功成名就的、有影响力的、专业称职的**（能力） 也许可以将惠普、《华尔街日报》划到这一类中。想想与一个你所尊敬的、有成就的人，比如一位教师、牧师或者商业领袖之间的关系，也许这种关系正是一台商务电脑和它的用户之间应当具有的关系。

- **自命不凡的、财力雄厚的、高贵教养的**（高雅） 对于一些人来讲，属于这一类的有宝马、梅赛德斯或者雷克萨斯（豪华版），而马自达米埃塔或者大众高尔夫则正相反。品牌所建立的这种关系就如同与一位有影响力的老板或者一个富有的亲戚之间的关系。

- **运动的、户外的**（粗犷） 耐克（相对于 LA Gear 而言）、万宝路（相对于维珍妮而言）以及美国富国银行（相对于美国银行而言）都是这类的例子。当你想外出游玩时，自然会愿意与喜欢户外运动的朋友结伴。

两项要素会影响个人与品牌的关系。首先是拟人化的品牌与客户之间的关系，如同两个人之间的关系。其次就是品牌个性——也就是品牌所代表的那种类型的人。品牌个性会体现出对这种关系的深刻理解、感觉以及偏爱。因此，品牌和客户之间的关系也可以是基于功能利益的，就像两个人之间可能会建立一种纯粹的商业关系。

品牌如友

许多品牌都是在信任、依赖、理解和关爱的基础上与客户建立起一种重要联系的。就像是你的一位朋友，他尊敬你，给你带来舒适感，这样的朋友是你所喜欢的，你乐意与他共度美好时光。这样的关系正是我们在第2章中所讨论过的土星品牌获得成功的一项驱动力。事实上，通用食品公司将客户和品牌之间的关系定义为一种"喜欢"或者"友谊"的关系。完美文书，这家在客户服务方面口碑极好的软件公司，在友谊维度指标的得分很高。

朋友关系可能包含相差很大的品牌个性。一些朋友是风趣、不拘小节的，一些是严肃、令人肃然起敬的，一些是值得信赖、不做作的，还有一些朋友则会令你感到舒适。关注朋友关系而非品牌个性可能会使品牌识别的应用更加广泛、更加灵活。

亚依环球广告机构（Ayer Worldwide）的弗雷德·波斯纳曾经观察研究过生活在压力、疏远、杂乱环境内的人们的行为。[16] 他发现人们会发展逃避机制以及建立有意义的友谊来应对这样的环境。波斯纳认为品牌可以扮演这样的角色，因为品牌为客户提供了一种"梦寐以求的生活形态"和"可信赖的朋友"的联想。逃避的形式有两种：一种是提升社会地位的"渴望型"关系，另一种是通过向感兴趣的人提供某些技能或者某种主题的相关知识从而建立信任关系。波斯纳认为，不管是哪种形式的关系，都可以为实际的差异和竞争优势提供基础。他还进一步建议，所选择的关系应当成为品牌战略策划和执行的核心。

像土星一样，道奇霓虹（Dodge Neon）也想被顾客视为朋友，不过它与客户之间的朋友关系与土星有些差别。[17] 瞄准30岁以下的客户群体,道奇霓虹的品牌战略制定者使用了一种轻松的语调,这样的语调容易让人们想起大众甲壳虫的品牌个性。在其广告中,一辆白色的霓虹轿车直接进入观众的视线,车的上面有"Hi",就好像这辆轿车正在对观众打招呼(见图5-6)。相比之下,土星的客户关系在本质上要更严肃、更成人化。

图5-6 道奇霓虹

资料来源:Reproduced with permission of Chrysler Corporation.

品牌会告诉你什么

在考虑品牌个性时,人们自然会倾向于将品牌视为关系中的被动方,重点关注的是消费者对品牌的看法、态度以及行为;认为品牌自身的态度和感知隐藏于组织内部。然而,你与另一个人之间的关系不仅深受对方实际情况的影响,而且深受对方如何看待你的影响。同样,品牌-顾客关系的每一端都是积极的参与方,也就是说,品牌和顾客同样重要。

国际市场研究集团(Research International)的马克斯·布莱克森认为,要理解品牌-顾客关系,必须考虑品牌如何看待你。[18] 获得这一信息的一种方式是想一想,如果把品牌当作人,他会对你说什么。结果就不言自明了。布莱克森用医生-患者的例子解释了这一方法。如果有这样一位医生,所有的人都认为他专业精湛、关爱他人、能力出众并且风趣幽默——具备人们所喜欢的医生应当具备的所有特征。但是,如果这位医生感觉到你是一位无聊的忧郁症患者,结果会怎么样呢?仅仅基于医生个性以及外表来预测可能会导致负面关系是不大可能的。

布莱克森的方法被应用于对信用卡品牌的研究中。根据消费者对人格化品牌与他们之间的关系的看法,将他们分为两组。对第一组消费者来说（称其为尊重型），人格化的品牌被视为一位器宇轩昂、受过良好教育、足迹遍布全球的旅行者，并且通常在餐厅用餐。这样的消费者认为一张信用卡会给他们如下的支持。

- "我的工作就是帮助你获得他人的认可！"
- "你很有品位！"

第二组为"遭受恐吓"的消费者，他们与品牌的关系与第一组消费者截然不同。对于这一组的消费者来说，他们对品牌个性的观点与前一组相似，但是诠释方法全然不同。信用卡虽然是精致优雅的、优等的，但也是势利的、盛气凌人的。这一组消费者认为人格化的品牌可能会对他们做出如下的负面评论。

- "你准备好用我了吗？或者你会入不敷出吗？"
- "如果你不满意这些条件，另做选择吧。"
- "我声名远播，我想做什么就能做什么。"
- "如果我要办晚宴，我不会邀请你。"

这两类消费者群体对品牌个性的感知非常相似，特别是在考虑到人口统计和社会经济特征时更是如此。然而，信用卡对消费者所体现出来的两种截然不同的感知态度，反映出它们与品牌之间具有大相径庭的关系，而这又会导致不同水平的品牌所有权和使用权。

一个品牌可能会对客户做出什么样的评论，需要考虑具体情况，可能会有以下几种表现。

- **势利的高档品牌** 几乎所有声名显赫的品牌对目标市场上的某些顾客表现出势利，都会存在一定的风险。特别是那些在目标市场边缘或者刚刚进入目标市场的品牌，表现势利的风险更大。Grey Poupon 芥末酱的市场推广受到限制，部分原因就在于这种感知态度，在其广告中，该品牌强调自己是专供驾驶豪华轿车的人使用的。为了拓展市场以及提高使用率，该品牌已经在尝试弱化广告所传递的这种信息。

- **看轻顾客的性能品牌** 对于性能品牌来讲，用高人一等的姿态与顾客对话通常是危险的。回想一下大众的"驾驶乐趣"广告，广告中对德语 Fahrvergnügen（驾驶乐趣）一词的使用确实可以让一些顾客产生美好的联想（特别是对那些懂德语的人来说），但是这样的用语对那些不懂德语的、没有开大众车的人来说是一种冒犯。马爹利曾经使用过的一句广告语"我想你喝的是马爹利酒"——这句广告语冒犯了所有其他酒品牌的消费者。

- **炫耀的强势品牌** 一些品牌具有一定的市场势力，像20世纪90年代的微软和英特尔或者更早时期的IBM，由于被视为行业的标兵而具有实际的优势。这样的品牌在强化自己优势的时候，会被贴上自大的标签，人们认为它们会扼杀规模较小的、手无寸铁的竞争者。一个专题小组的受访者称如果把IBM比作交通工具，那么它就是一辆压路机，会把伤残人士的道也占了。

- **处于劣势地位的品牌** 倘若一个品牌几经努力却还是无法成为一个更有声望、更富竞争力的品牌，那么这就有可能暴露出该品牌处于劣势，因此，西尔斯努力将自己与时髦的零售商联系起来，想通过这样的方式摆脱受人怜悯的地位。但扬罗必凯公司为其打造的幽默广告帮助该公司避免了声势的下滑，广告中，一位女士到西尔斯百货买 DieHard 电池，但最终她买到了称心如意的衣服。

任何积极的品牌关系都需要管理。有时候添加一点幽默感或者增加一个符号都能起到不错的效果。在对某个香烟品牌所做的调查研究中，品牌个性的轮廓是一位高雅的浪漫主义者，时尚、爱好社交但同时年纪较大。但有另一个群体，其中的大多数人不会使用这个品牌，他们认为这个品牌是势利的。这部分人拒绝这个品牌，部分原因是他们觉得这个品牌不认可他们。为了解决这个问题，该品牌在保留其高档形象的同时，采取了一种温和的幽默方式，让人们感受到了对该品牌地位和声望的些许讽刺，通过这样的方式软化该品牌在一些客户心中的生硬形象。

品牌－顾客关系的细分

国际市场研究集团照例根据品牌关系对顾客进行细分。在第一阶段的研究中，通常通过电话访问的方式，调查了50～100位受访者。[19] 访问时，调查人员提出一系列没有固定答案的问题，包括词语联想、品牌个性、喜欢或不喜欢的品牌特征，以及基于品牌是一个真实的人，他会说些什么这样的假设设置的问题。

第一阶段的分析包括数据整理以及对现存关系的类型形成假设。第二阶段，根据假定的关系类型，将受访者分组。在此过程中，对关系类型进行了进一步的精练。然后，将品牌－顾客关系赋予参数，编码器根据参数将受访者进行相应的分类。关系类型的群体轮廓就呈现出来了。通常将这些类型分为喜欢、不喜欢以及中立三个群体。比如，对信用卡"不喜欢"的群体认为这个品牌是势利的，而"喜欢"的一组正好相反，认为品牌认可了他们。

品牌是积极的关系方

哈佛大学的苏珊·福尼尔（Susan Fournier），对品牌关系学说进行了广泛的研究，她指出品牌行为对塑造理想的品牌个性和品牌－顾客关系均具有独特的意义。[20] 受行为频率理论启发，她认为，对与特质相关的行为进行系统观测，能够得到揭示一个人个性的关键线索。[21] 在行为中，人的个性才能真正显露出来，简而言之，在行为中，人们会表现出真实的自我。

正如一个人的行为会影响其他人对自己个性的感知，品牌也是如此，品牌的行为会影响人们对其个性的感知。品牌行为与品牌个性特征的关系，如表 5-2 所示。

表 5-2　品牌行为与品牌个性特征

品牌行为	品牌个性特征
定位、产品形状、标志、广告等的频繁变动	任性的、变化无常的
频繁的优惠活动、频繁派发优惠券	廉价的、落后的
广泛的广告推广	外向的、受欢迎的
良好的客户服务，便利的包装等	平易近人的
一贯的性能、包装	熟悉的、舒适的
高昂的价格、独家分销、高端杂志的广告	势利的、精致优雅的
友好的广告、代言	友善的
参与文化活动，与美国公共广播公司合作	具有文化意识的

品牌行为和人们推测的品牌动机，除了影响品牌个性，还可能直接影响品牌 – 顾客关系。相互依存关系（没有这个产品你活不下去）会由于缺货而遭到破坏，品牌和顾客之间的关系会暂时断裂。倘若随着科技的进步，品牌重新进行了彻底定位，那么基于热情、平易近人的品牌个性而形成的友好关系也会发生改变。相反，某种仪式或者惯例的增强，会增进因为熟悉和舒适而形成的品牌关系。

因此，品牌个性不只是可操控的顾客感知，除此之外，品牌的态度和行为也很重要。尽管品牌识别和战略制定在幕后，但也应当被视为品牌关系的一部分。这样的观点能够促进品牌规划的制定，并进一步支持品牌识别。

品牌关系质量

品牌战略家的目标无疑是创造具有高度品牌忠诚度的客户群体。在关系学中，目标就是高的品牌关系质量（BRQ）。但是品牌关系质量的维度有哪些？如何衡量呢？

那些深入研究关系本质以及理想关系特征的心理学家对品牌关系质量的理解很深刻。苏珊·福尼尔将这些人的研究与有关领导品牌的成功研究相结合，构建了品牌关系质量的7个维度。[22] 这些维度与人们如何设想、测量以及管理品牌–顾客关系紧密相关，这7个维度如下所示。

（1）**行为的依赖性**。关系双方对彼此之间行为的相互依赖程度可以由相互影响的频率、重要性等指标来表示。

- 在我的生活中，这个品牌扮演重要的角色。
- 当我不用这个品牌时，我好像失去了什么东西。

（2）**个人的承诺**。关系双方对彼此忠诚。随着时间推移，关系双方都有提高或者维持关系质量的愿望，并且当关系质量受到损害时，会感到内疚。

- 我很忠于这个品牌。
- 我与这个品牌荣辱与共。

（3）**喜爱与激情**。关系方之间具有很强烈的情感纽带，而且不能忍受分离，这反映了关系方之间已有的爱与激情。在这样的关系中，客户对品牌有强烈的喜爱之情，替代品会让客户感到不舒服。

- 没有其他品牌能代替这个品牌在我心目中的位置。
- 如果找不到这个品牌，我会很伤心。

（4）**怀旧情结**。这样的关系部分是基于对以往美好时光的回忆。

- 这个品牌让我想起了过去曾经做过的事情或者我曾经去过的地方。

- 这个品牌总是让我想起曾经经历的特殊时光。

（5）**自我意识情结**。关系双方具有相同的兴趣、行为和观念。

- 这个品牌和我的自我形象相似。
- 这个品牌让我感受到了真实的自我。

（6）**亲密感**。关系双方对彼此有深入了解。通过了解品牌及其使用方式的细节，客户会产生亲切感。一对一的销售安排会加深双方的互相了解从而增强亲密感。

- 我很了解这个品牌。
- 我很了解这个品牌背后的公司。

（7）**关系方质量**。这个维度反映了一方如何评价另一方，包括客户如何评价品牌对自己的态度。

- 我认为这个品牌确实欣赏我。
- 这个品牌视我为重要的客户。

前3个维度可以被视为品牌忠诚度的变体，其余4个维度定性介绍了品牌-顾客关系的不同衡量指标，每个维度相关的两个陈述丰富了对测量指标的解释。

功能利益表现模型

在自我表达模型和关系基础模型中，品牌个性可能成为品牌战略以及品牌与顾客关系的基础。品牌个性也可以扮演更直接的角色，它体现和暗示着功能利益和品牌属性。当表现极佳时，它可能体现出推动品牌战略的价值主张，下面这些例子就是一些提示。

- 哈雷－戴维森粗犷、男子汉气概以及追寻自由的个性暗示该品牌的产品是强有力的、个性解放的工具。如果没有隐含在产品背后的个性，那么产品属性的可信性将会大大降低。
- 贺曼的品牌个性是真诚、温和、诚恳、成熟的。这样强大的个性有助于在顾客心目中留下贺曼在情感层面易于被接受的形象。
- 贝纳通新潮、有煽动力、富有想象力的个性影响了人们对贝纳通及其店面的感知。

符号

当存在创造和暗示品牌个性的视觉标志或形象时，品牌个性增强品牌属性的能力就会增强。我们可以看看下面的这些例子。

- 品食乐的面团宝宝是一位喜欢烘焙新鲜食品的快乐厨师。面团宝宝的小肚子和笑容反映出品食乐产品的"轻松与新鲜"。
- 米其林轮胎人充满激情的个性，暗示了该品牌轮胎是坚固耐用、强韧有力的（见图5-7）。

图 5-7　米其林轮胎人

注：米其林轮胎的广告语含义是"因为你的轮胎上承载了很多的东西"。

资料来源：Used with permission of Michelin North America. All rights reserved.

- 富国银行的四轮马车所反映的独立、粗犷的个性传递出该银行是负责任的组织。即使其竞争对手实际上具有更强的可信度以及更好的个性化服务，对该银行的这种感知也会持续存在。四轮马车的标志让富国银行在感知上赢得了竞争。
- 劲量的兔宝宝具有乐观、不懈的个性，它有无尽的能量，就像它所代表的电池使用的时间比其他电池长。

倘若品牌个性在顾客的心目中尚没有树立一种视觉形象，那么它表达功能利益或者产品属性的作用会大打折扣。例如，Pepto-Bismol 可以被人格化为一位温柔的妈妈，轻柔地照顾自己的孩子。通过这样熟悉的视觉形象更能刺激消费者的认同感，消费者会认为这样的胃药是温和且抚慰人心的。

国家或者地区联想

原产国或者原产地可以为品牌识别增加信誉。它也会塑造很强的个性，因为它不仅暗示了品牌的质量，还暗示了该品牌一个非常重要的差异点，这会使营销和沟通更有效。

- 啤酒品牌 Killian's Red 打造了一种很强烈的爱尔兰个性，这有利于促进销售并且让人们想起爱尔兰制造和销售精酿啤酒的传统。
- 杰克·丹尼威士忌凭借其田纳西州的地域背景，塑造了一种反映该州荒芜地区的生活节奏与文化品位的个性，如图 5-8 所示。这样的个性为品牌谋得了"确定的"地位，以及与客户建立联系的机会。例如，杰克·丹尼拥有一个乡绅俱乐部，该俱乐部的成员在田纳西州的边远地区都有土地，他们定期会收到有关土地财产的报告。

(广告语)在杰克·丹尼的家乡,周六是会友、畅谈和重游故地的大好时光。一些人绕道去香草农场寻找小口鲈鱼,一些人聚在一起野餐,还有一些人总是会聚在克拉克的店铺门前。他们在那里无所不谈,包括从前在田纳西州的小山上制作威士忌的古老方法。与朋友一起谈谈杰克·丹尼酒是度过秋日周末的惬意方式,我们相信,与朋友一起品尝尝该酒,是另一种惬意。

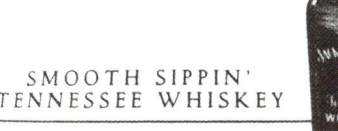

图 5-8 杰克·丹尼的边远地区形象

资料来源:Reproduced with permission of Jack Daniel Distillery.

民族和文化模式的力量

心理学家已经证实民族和文化的固有模式会影响人们的感知与评价。运用这一逻辑规律,Leclerc、施密特(Schmitt)和杜贝(Dube)证明了使用法语发音而非英语发音的名字会影响人们对香水、指甲油、玻璃器皿以及毛绒玩具等产品的态度和感知。[23] 他们认为法语所固有的审美敏感性、感官愉悦以及高贵模式是这一结果的幕后推动力。

需要记住的底线是：塑造一种暗示功能利益的个性，通常要比直接传达已有的功能利益容易。另外，攻击个性要比攻击功能利益困难。

品牌个性与用户形象

用户形象被定义为与典型的品牌用户相联系的一系列人的特征。[24] 在学术领域和实践领域的研究中有一种倾向，就是将品牌个性与用户形象等同，研究者通常通过提有关品牌用户形象的问题来衡量品牌个性。简单的假设是这两者是大体相同的，并且受访者会发现用户形象要比品牌个性更易于概念化。

对于一些品牌来讲，用户形象和品牌个性之间的差异确实微不足道。这些品牌中绝大多数的目标市场是特定的用户，并且培育良好的用户形象是品牌个性的基本推动力。例如，帝王威士忌就运用名人的不同侧面同时界定用户形象和品牌个性。耐克通过运动员代言品牌和子品牌，也塑造了非常相似的用户形象和品牌个性。

然而，对于许多品牌来讲，品牌个性和用户形象之间的显著差异对于品牌战略的实施可能会产生重要的影响。例如，李维斯的品牌个性大多受企业以往给矿工供货的历史、品牌属性（结实、耐用、简约）以及使用环境（西部牛仔）的影响。相反，李维斯 501 的使用者形象（大部分来自广告）散发着城市、时髦、现代的信息，既适合女性也适合男性。

利用用户形象紧跟时代步伐

李维斯的例子是一个很普遍的例子，在这类例子中，品牌的个性跟不上年轻、时髦的市场步伐。通过改变历史所塑造的品牌个性来应对这一问题比较困难，并且这样做通常也是有害的。在最佳的情况下，这样做会淡化或者破坏现在仍然有价值的品牌个性；在最坏的情况下，这样做会使品牌失去一个重要的市场。

运用用户形象这一工具可以在保留品牌个性的同时，又对目标市场做出回应。通过暗示或者强化品牌属性的方式，品牌个性仍然可以发挥一定的作用。当用户形象与品牌个性不一致时，这种不一致所导致的张力非常有趣，让人着迷。人们可能会认为最有趣的品牌会包含着不一致的因素，例如，玉兰油是实用但又奇特的，After Eight 薄荷巧克力精致高雅却也平易近人。

要制定与品牌个性有巨大差异的用户形象战略，需要处理几个问题。例如，用户形象逐渐主导品牌关系，会不会最终淡化历史悠久的品牌个性，以及与之相关的属性联想（比如李维斯品牌的耐用工作服）？在塑造用户形象的同时有没有可能增强品牌个性？在第 7 章探讨如何因时制宜地经营品牌时，我们将会再次讨论这些问题。

用户形象与参照组

品牌可以通过用户形象聚焦于特定的社会或者参照群体，并以此创造一种价值主张，为品牌关系奠定基础。品牌属于一个用户群体或者获得一个群体的认可和接纳，可能增强与消费者的情感联系。米勒淡味啤酒原创的"好口感，不胀肚"促销之所以成功，部分原因就在于活动把顾客囊括进了一个有吸引力但又平易近人的群体，这一群体由退役体育明星担任代言人。

当品牌个性与其用户形象不一致时，参照群体可以建立在其中一个或者两者之上。喜欢嘻哈文化的人喜欢添柏岚（Timberland）、Carhartt、Ben Davis、Dickies 等品牌的鞋和衣服。他们受品牌个性的吸引，这些品牌个性都与真诚、农耕、合算、简单而单纯的品质相联系。与此同时，新的用户形象被创造出来了，即典型的嘻哈艺术爱好者。对许多客户来说，驱动因素之一就是被这一形象所代表的群体所接受。

塑造用户形象

用户形象可以由实际用户所塑造，即由那些周围看得见的某一品牌的用户所塑造，当然，实际用户的形象可能是不合意的或者不易控制的。当Izod短吻鳄的标志超出了雅皮目标市场，或者当嘻哈爱好者开始穿蓝领的Ben Davis产品时，用户形象就偏离了其目标市场。一直以来，西尔斯都试图摆脱向美国中产阶级销售时装或配饰的低端用户形象，玉兰油喜欢强调其异国情调、上流以及年轻的品牌个性，并掩饰其实际用户年纪偏大、消费水平低的事实。

要淡化不合意的实际用户形象可采用一种方法，就是在品牌广告或其他促销活动中大力宣传理想的、典型的用户形象。当米勒淡味啤酒意识到三四十岁的专业运动员的用户形象已经限制了其发展时，它就开始尝试改变自己的用户形象，让他们更年轻。名人代言也可以塑造用户形象，例如，耐克公司请查尔斯·巴克利和斯科蒂·皮蓬代言，为耐克动力和飞人篮球鞋塑造了良好的用户形象。

品牌个性是可持续优势

总之，品牌个性可以在许多方面促进品牌的发展。首先，它为客户表达自己的身份提供了工具。当品牌具有强势个性时，自我表达也通常更为生动，因为这种个性会不断地显露出来。其次，品牌个性比喻有助于揭示客户和品牌之间的关系，就像人与人之间的关系那样。最后，品牌个性能有效体现和暗示功能利益与产品属性。

品牌个性持续的时间会很长，通常会成为产品差异化的一个重要来源。想想哈雷-戴维森、土星、贺曼、蒂芙尼、诱惑（CK 制造）、杰克·丹尼、联合航空或者梅赛德斯-奔驰这些品牌的个性。在同类产品中，上述每一品牌的个性都是与众不同的。它为形象开发、传播以及整个营销方案提供了一种有力的工具。另外，品牌个性是可持续的，因为个性很难复制（即使被复制，通常也是无效的）。

具有某种个性的品牌应当考虑强化其个性，并使其个性在品牌识别中成为一个着力点。没有个性的品牌通常是脆弱的，像静止的堡垒一样易受攻击。

思考题

1. 目前客户或其他相关团体是如何感知你的品牌个性的？在 5 大个性要素中，哪一个可以最贴切地描述你的品牌个性？15 个侧面中哪一个最贴切呢？品牌和顾客之间的本质关系是什么？与竞争对手相比，你的品牌个性和顾客关系有什么不同？
2. 在 5 大个性要素中，哪些是你想要塑造的目标品牌个性？15 个侧面中呢？它们对于品牌识别能起到什么样的作用？它们是核心识别的一部分吗？或者，在其他维度描述的品牌识别的结构和广度确定的情况下，它是拓展形象的一部分吗？
3. 品牌个性如何对品牌发挥有益作用？哪些模型在起作用——自我表达、关系基础或者功能利益表现模型？
4. 如何塑造品牌个性？未来如何管理品牌个性？
5. 你的品牌个性和使用者形象相同吗？如果存在差异，问题出在哪里？如果两者不同，随着时间的推移，有可能同时强化两者吗？

BUILDING STRONG BRANDS

第 6 章

形象的落地

绝对的优势是不大可能有的,你必须在关键的决策点妥善利用你所拥有的资源,创造出相对的优势。

——卡尔·冯·克劳塞维茨 《战争论》

你的品牌所传递出来的信息,其主要焦点必须是如何与众不同,而不是有多便宜。目标必须是销售品牌卓尔不群的品质。

——拉里·莱特 品牌战略家

第 6 章 形象的落地

前 3 章已经阐述了品牌识别、价值主张与品牌-顾客关系的概念，其目标是建立有层次、有内涵的品牌识别（即战略制定者希望品牌如何被人感知）。

现在，我们要通过开发三步骤品牌识别实施系统（见图 6-1），把焦

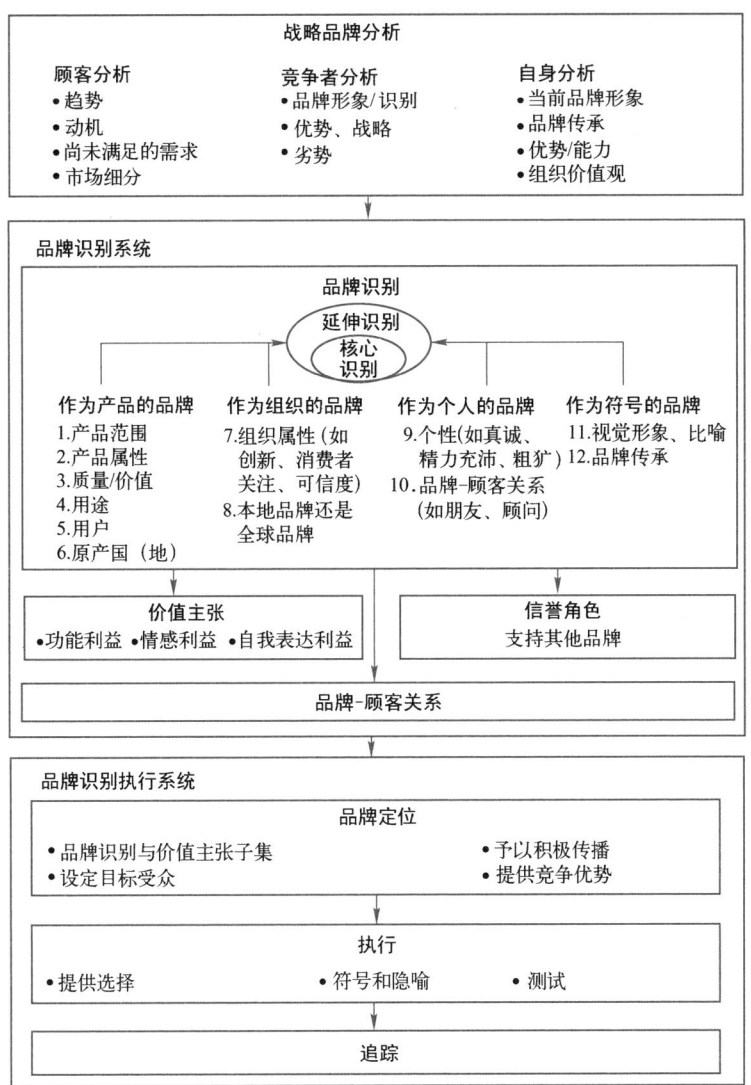

图 6-1 品牌识别规划模型

点转向形象与价值主张的落地。第一步是品牌定位陈述，它明确地解释形象中的哪一部分应该积极地进行传播。第二步是传播计划的执行，它包括了媒体选择或计划的实施。第三步是追踪阶段，即监测整个传播计划的执行效果。下面对这三个环节依次进行讨论。

然后，本章还将讨论品牌战略分析，这一环节支持着品牌识别系统的开发与实施。最后，本章将简要讨论品牌识别与定位的潜力。

品牌定位

当品牌识别与定位都确立之后，就应该付诸实施了。首先应该设定传播目标，确定实施计划，这些都要从品牌定位开始，它是传播计划的基石。品牌定位（brand position）的定义如下所示。

> 品牌定位是品牌识别与价值主张的组成部分，它展示了自身相对于竞争品牌的优势，需要向目标受众进行积极传播。

品牌定位的 4 个显著特征可以表述为"组成部分""目标受众""积极传播"和"展示优势"。

形象与价值主张的组成部分

有了品牌定位，品牌识别和价值主张就能得以广泛和深入的开发。品牌识别和价值主张并不需要清晰地表述哪些内容需要进行传播，因为品牌定位有这种作用。对有些品牌而言，品牌识别和价值主张会融合为一句陈述，并担当着品牌定位的角色（或许会有微调）。但在大多数情况下，前者比后者的内涵宽泛很多。

比如，对品牌识别至关重要的元素并不一定在积极的传播战略中发挥作用。对麦当劳而言，卫生无疑是其形象和文化的重要组成部分，但卫生不太可能是其品牌定位的一部分，因为它无法把麦当劳和其竞争对手区别开来。

品牌定位是形象和价值主张的子集，在不改变形象和价值主张的前提下，品牌定位可以改变。例如，土星在成立第一年时就将自己定位于世界一流的轿车。在随后的时间里，品牌定位焦点放在品牌识别的其他子集上：建立在友谊和尊重之上的顾客关系。其形象和价值主张并没有改变，改变的只是定位焦点和相应的传播方案。

应选择品牌识别中的哪些元素作为品牌定位呢？有3个地方需要关注：核心识别、形象着力点和价值主张。

关注核心识别

根据定义，核心识别体现了品牌的核心与永恒的本质，因此品牌最为独特、最有价值的方面通常都体现在核心识别中。此外，每一核心识别要素的周围都围绕着一系列品牌元素，它们除了使核心识别更丰富、更有质感外，也给执行提供了多种备选。最后，品牌定位应当包含核心识别，这样传播元素才不至于偏离品牌的本质。

形象着力点

品牌定位也可以基于一个着力点，这个着力点无须一定属于核心识别的范畴。例如，麦当劳叔叔就可以成为麦当劳品牌的着力点，他是麦当劳关注乐趣和儿童的核心，同时也是麦当劳叔叔之家的基础，他所传递的信息非常有趣，能够使顾客产生尊敬，并且提高知名度。因此麦当劳可以有一种定位的选择，就是突出麦当劳叔叔。

- 罗纳德·麦当劳通过他自己和各种宣传方案的努力为孩子与家庭打造欢乐之地（目标人群是儿童和他们的父母）。

有时子品牌、特色或服务也可以提供着力点。例如，耐克早期 Air 产品线中有名的气垫反映了耐克品牌识别中技术领先的方面。发挥这种作用的子品牌特色和服务被称为"银色子弹"。第 8 章介绍品牌系统概念时将对此进行详细阐述。

价值主张：驱动关系的利益

顾客利益是价值主张的组成部分，也是品牌-顾客关系的基础，它可以作为品牌定位的另一个主要候选内容。例如，耐克推出由体育明星做代言人的鞋子，提供了提高成绩的功能利益和自我表达利益。如果迈克尔·乔丹是代言人，就为如下的品牌定位提供了基础。

- 穿着迈克尔·乔丹穿过的运动鞋，你会表现更出色（目标人群是周末运动者）。

目标受众

品牌定位应该瞄准特定的受众群体，他们可能是目标细分市场的一个子集。例如，West Coast 自行车公司可能把目标受众定义为严谨、缜密的西海岸骑行者，而其目标市场要比这一群体大得多。

目标受众也可分为主要目标受众和次要目标受众。对丰田凯美瑞来说，男性跑车驾驶者可能是主要目标受众，但女性应该是其重要的次要目标受众群。丰田凯美瑞的定位战略应该把次要受众也考虑进去，千万不要引起她们的反感。

积极传播

我们说应该进行积极的品牌传播，意思是指应该设立特定的传播目标，其重点是改变或巩固品牌识别或品牌-顾客关系。如果这些目标可行，那么也应该辅以测量标准。例如目标如果是建立或改善"朋友式"

的关系,就应该设立"捷威是你的朋友"和"捷威会伴你左右"等方面的问题,开发出"同意-反对"量表。这样的量表可同时用于传播方案测试和传播效果追踪。

品牌定位和品牌形象

品牌形象反映了品牌目前的感知状况。品牌定位与品牌识别类似,更多是对未来的期望,反映了战略制定者希望与品牌相联系的感知。为了建立品牌定位,从不同形象维度对品牌识别和品牌形象进行比较是很有助益的。

维度	品牌识别(目标)	品牌形象(现状)
产品	高级啤酒	高级啤酒
用户	年轻(精神或身体)	中年
个性	有趣、幽默	有趣、幽默
功能利益	卓越口味	卓越口味
情感利益	社会群体认可	(无)

对品牌形象与品牌识别的比较通常会产生3种不同的传播任务,并且反映在品牌定位的陈述中。品牌形象可能需要进行:

- 拓展(如某一维度需要增加或强化),如增加社会群体的认可。
- 强化和开发(如果形象联想与品牌识别一致,并且很强大),如强化有趣和幽默个性。
- 模糊化、淡化或去除(如品牌形象与品牌识别不一致),如弱化中年用户形象。

拓展品牌形象

品牌形象可能限制性过强,即它可能适合于某个年龄段或某种用途,而品牌识别却需要增加其他细分市场或其他用途。公司可能希望将产品同时销往家庭和公司，或者销售给既要求款式好又要求产品耐用的顾客。因此品牌定位可能试图增加品牌形象的联想，同时弱化限制性感受。

例如，倩碧（Clinique）拥有新鲜、清洁、纯净的强势品牌形象，美国的临床工作者会在药店购买护肤品和化妆品，倩碧的典型用户常被认为是油性皮肤的年轻女性。倩碧面临的挑战是保持目前品牌形象的力度，同时弱化年轻人的形象（使品牌为成熟女性所接受），突破其专注于油性、问题皮肤的印象，获得更广泛的受众。例如，倩碧希望在形象中增加优雅的元素，这么做并不是与竞争对手的"优雅"定位相抗衡，而是为了超越其牢固的药用产品定位。

强化品牌形象

品牌形象不应支配定位（或识别），但进行定位（或识别）规划时也不应忽略品牌形象。有效的品牌定位通常能强化和开发品牌形象的实力。事实上，抛开品牌实力建立一种新定位通常很难成功，而且风险极高。

斯巴鲁（Subaru）最大的资产是其四轮驱动的品牌联想（得到斯巴鲁在山坡上运输滑雪车形象的支持），以及四轮驱动所提供的性能和安全性。曾经有一段时间，斯巴鲁试图重新定位其品牌，以求吸引更广泛的市场受众，这一定位使其与本田雅阁和丰田凯美瑞产生了直接竞争。结果是可以预料的，斯巴鲁与其竞争者再也不存在差异了，此次活动因此失败。斯巴鲁遭受了一些损失，随后还是回到了基于被认可形象的品牌定位，即制造四轮驱动汽车的优势品牌。

淡化形象

为了保证传播计划的完整性，有时候明确品牌不是什么与明确品牌是什么同样重要。在前面的案例中，中年用户是这一啤酒品牌形象中的元素之一，但品牌识别则包括了年轻饮用者。因此，明确该品牌的消费者并不只是中年人，就提示了视觉形象应该避免什么，以及视觉形象应该包括什么。

展示优势

最后，品牌定位应该能展示其相对于竞争者的优势所在。定位应该明确指出价值主张中的一种优势点，这一优势点能够与顾客产生共鸣，并且产生差异化，即体现着与竞争者不同的事物。

与顾客产生共鸣

定位的关键目标之一就是建立一种优势点，这一优势点因其令人信服的价值主张或是有意义的品牌-顾客关系而与顾客产生共鸣。如果这一优势点的诉求有偏差、无说服力或是无关紧要，就只能形成虚弱、易受攻击的品牌。

战略制定者寻求的定位，不仅在当下，而且在长远的将来都应该能与顾客产生共鸣。品牌战略要求有巨大的投入，如果一个定位是短命的，那么其投资回报就会非常有限。与此相反，长期一致的品牌战略将会产生巨大的回报，这一点第 7 章（关于长期品牌管理）将会明确阐述。

与竞争者形成差异

品牌定位还需要提供与竞争者的差异点。实现差异化有多种途径。品牌可以以更低的价格提供优于或与竞争者相当的功能利益，或者宣称可以提供不同的功能利益。还有一种选择是把定位建立在功能利益之外的事物上：情感利益或自我表达利益、组织属性、品牌个性或是顾客关系。为品牌赋予个性常常能够成为品牌差异化的突破口。

与竞争者相匹敌还是击败之

许多人很自然地认为一个品牌需要在各方面表现卓越，但事实上更为合适与可行的目标是避免形成不良形象。例如，假设康柏笔记本电脑品牌所处细分市场的主要竞争在于特色和顾客支持，那么试图使人认为康柏在顾客支持方面更杰出是不明智的，因为戴尔等竞争者在这方面已经拥有强大的定位，所以达到或者接近这种定位可能是更好的战略。公司的目标应该是让顾客相信康柏在顾客支持方面与戴尔不相上下，从而使顾客对其他方面的考虑决定购买决策和产品满意度。

4 个问题

因此，品牌定位陈述应该强调 4 个方面的问题，如图 6-2 所示。

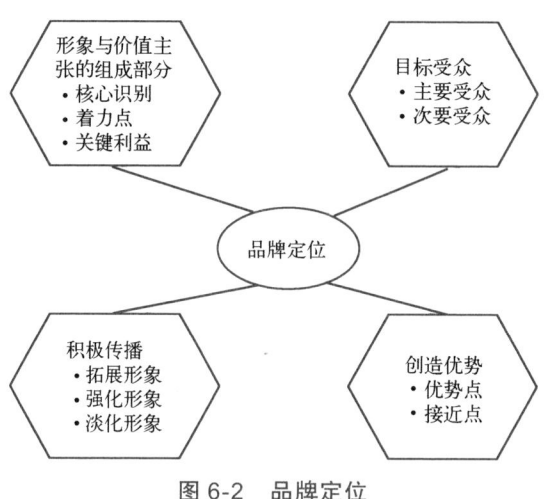

图 6-2　品牌定位

（1）品牌识别和价值主张中的哪些元素应成为定位与积极传播计划的一部分？哪些元素将与顾客产生共鸣，将品牌与竞争者区别开来？

（2）谁是主要目标受众？谁是次要目标受众？

（3）沟通的目标是什么？目前的品牌形象是需要拓展、加强、开发，还是弱化或去除（即品牌不代表什么）？

（4）优势点是什么？品牌形象中哪些点是最好或接近最好的？

正在进行的定位

下面 6 个定位陈述选自英国广告代理商 BMP DDB Needham 的客户案例。[1]

- 米勒淡味啤酒是美国正宗标准烈度的窖藏啤酒，口感更柔和、更爽口。（目标人群为 18～24 岁、标准窖藏啤酒的男性饮用者，特别是那些更注重个人形象的人。）
- 雷斯特联盟（Alliance & Leicester）是一家热情友好的大型储蓄贷款公司；被普通人认同、使人有安全感。（目标为现有和潜在存款者/投资者。）
- 雷斯特联盟让你能在购买房子之前安排抵押贷款；它减少焦虑，提供保障，是位父亲似的人物。（目标人群为 20～40 岁，对整个购房过程缺乏信心，甚至感到害怕的首次购房者。）
- 海尔曼（Hellmann）蛋黄酱是日常使用、用途广泛、简单易用（在烹饪和制作三明治的过程中容易使用）、比沙拉酱用途更多的调味品/配料。（目标人群为海尔曼蛋黄酱的现有用户和非用户。）
- 其乐（Clarks）公司的沙漠靴很经典（数十年前推出的款式），但至今仍在引领时尚（有点像阿玛尼的套装配搭 T 恤）。（目标人群为走在时尚浪尖的年轻人。）
- 克罗娜（Krona）是第一款味道和口感与黄油难以区分的人造黄油。（目标人群为对价格敏感，目前使用黄油的家庭主妇。）

值得一提的是雷斯特联盟拥有两种品牌定位，分别针对大不相同的目标受众。然而，两种品牌个性却有所重合（带来安全感的"父亲似的人物"与"热情友好的大型（储蓄贷款公司）"相重合）。完整的品牌识别之间可能还会有更多的重合。

黑天鹅绒威士忌

黑天鹅绒威士忌的品牌识别在第 3 章中已经介绍过，下面是这一品牌的定位陈述。

- 黑天鹅绒是一种口感特别柔软和顺滑的进口威士忌，人们一般并不知道它是加拿大威士忌的一种。它以略高于大众威士忌的价格提供一种大众能够消费得起的奢侈感，因此有一种独特的上流社会的品位感。

黑天鹅绒的优势是口感柔软顺滑，这一优势将其与苏格兰威士忌的刺激口感区别开来。这种柔软顺滑的形象有两个驱动元素：一个是产品，另一个是广告和海报上的黑天鹅绒夫人。进口定位意味着黑天鹅绒是一个世界知名的高端品牌，"独特的上流社会的品位感"和柔软顺滑的口感暗示着它是一种自我奖励与放松的方式。需要注意的是，黑天鹅绒并不被认为是加拿大威士忌。这一品牌之所以形成这种印象，是因为它需要引起波旁威士忌和苏格兰威士忌饮用者的兴趣，而不仅局限于加拿大威士忌的饮用者。

品牌定位必须是能够实现的，想去实现一个不可企及的定位绝对是空耗精力财力。有些强大的利基品牌在试图超越其利基定位时，常常会陷入这类陷阱。前文提到的斯巴鲁基于四轮驱动技术和日本的高质量联想建立了强大的利基市场，但它试图以无差异模式变身主流品牌时遭遇了挫折。超越现有品牌形象的品牌定位必须能够得到组织的支持，这个组织应该有意愿、有能力创造出符合新形象的产品或服务。然后还会有一个挑战，就是把新的品牌定位令人信服地传播出去。斯巴鲁的故事说明完成这两项任务都有一定难度。

在执行中实现卓越

如果不能完美地执行，那么再合乎战略逻辑的定位也没有实施的价值。传播规划制定出来，有时是集体的成果，虽然定位准确，但通常太过轻率，不能在竞争中脱颖而出。避免此类错误的关键是要有耐心与恒心去实现杰出的成功。通常人们太容易妥协，认为对品牌的投资已经足够了，但事实上并不是如此。

有人常常问我："我们是否需要增加 × 万美元的传播预算来建立品牌？"回答可以是"是"或"不是"，这取决于执行的质量。一项研究表明，广告的质量比费用重要 5 倍。另一项研究显示，万宝路以同样的传播预算实现了比其他品牌更大的影响，这一结果无疑来自其长期建立的符号与个性。[2]

杰出地执行传播规划能够打动、娱乐受众，或者与他们产生互动，从而从混乱的竞争中突围。同时，执行还要能够实施定位战略，并将这一过程与品牌名联系起来。实现杰出是困难的，甚至判断何时已经实现了这种效果也比较困难。下面将提供一些指导。

制定备选方案

备选的执行方案越多，你创造杰出事物的机会就越大。这些备选方案可以是针对同一媒介的多种创意性方式，也可以是迥然不同的媒介渠道。

让多个不同的广告创意小组独立地参与进来，可以产生多种创意方案的选择，如果有必要，可以使用不同的代理商。可口可乐比较激进，会使用多家代理商来创作一些精彩的独立广告。要做到这一点需要诀窍，就是制定协调和指导性的战略，准备好与自负和不愿共享荣誉的做法打交道，充分地相信这一理念，并真正投入多个团队所需的资金。

细想起来，使用非传统的媒介常常会产生有效的传播，并且有时会有突破性的结果。只有那些关注以下这些非传统领域的人才能到达非凡的境地。

- **事件赞助**相对低调，但能产生效果显著的名称曝光度和正面联想。1994年美国企业在事件赞助上的投入接近40亿美元（2/3用于体育事件）。我们可以回忆一下第1章中提到的完美文书对欧洲自行车赛的赞助所产生的影响。
- **俱乐部和会员计划**提供了新的途径，促使个性化顾客关系的形成。斯沃琪收集者俱乐部、雀巢的Buitoni俱乐部、哈雷－戴维森的哈雷车主俱乐部（H.O.G）和苹果的电脑使用者小组，在建立和保持忠诚顾客群方面发挥着关键作用。
- **直复营销**使顾客绕过零售商，通过产品目录、商业电视节目、互联网或其他途径与公司直接联系。
- **公共关系**活动能够以低成本实现曝光度，同时提高信誉。任天堂开发的新一代的视频游戏极具新闻价值，这使得它在新闻和特别策划的节目中获得了3亿多次的曝光。1994年秋季之前，硅图公司（Silicon Graphics）没有在广告上投入一分钱，它依靠公关人员的努力，和其他成功的企业一起出现在《商业周刊》的封面上。
- **公共场合展示**形成可见度。斯沃琪曾经在法兰克福和东京的摩天大楼上悬挂了一块长约160米的巨型表，以此方式向市场推出一款手表。

- **促销**会使注意力集中在价格上，因此有可能损害品牌资产，但是此类活动也能支持品牌。我们可以回忆一下土星的促销，活动获胜者访问了斯普林希尔，观看了汽车装配的全过程。
- **产品展示和活动商店**是进行品牌个性陈述的独特和有影响力的方式。相关的例子包括吉百利巧克力世界（每年向超过 50 万名游客介绍巧克力的历史及样品）、苹果的 Mac-World Expo、通用电气的未来屋、可口可乐的公路旅行宣传车和耐克旗舰店。
- **包装**也是许多品牌识别的重要组成部分。例如，罗布劳的总裁之选巧克力薄片曲奇主要通过富有吸引力的、丰富的包装设计实现形象传播。对于 L'eggs 品牌，包装和陈列也是其品牌识别的关键元素。

符号和比喻

最优秀的品牌战略一般都会拥有强大且容易记忆的符号，有些符号正在使用，有些来自品牌的传统，其他的也可能是新创造的。试想一下亨氏的"倒得最慢的番茄酱"和劲量的兔宝宝，这些符号都具有功能利益的联想。再试想一下品食乐面团宝宝和好事达公司的"保护之手"所关联的情感利益联想，以及"万宝路世界"和蒂芙尼纸盒关联的自我表达利益联想。30 多年来，英国一种顶尖的茶叶一直在讲述口味的故事，它的电视广告以茶会上的黑猩猩为特色，娱乐性极强。

强大的比喻还能影响传播费用。苹果使用"桌面出版"（desktop publishing）的比喻（不幸的是并没有拥有该功能）来传达 Mac 电脑的用户友好和图形处理能力。甘露是鹏斯（Pennzoil）旗下的汽油添加剂，它以药品作为比喻，使用甘露系列产品清理汽车燃油系统，就像利用减充血剂对抗感冒或流感。当这些比喻被接受，成为顾客头脑中不可分割的联想时，就不仅能提高回忆度，还能塑造顾客看待产品类别和品牌的方式。

测试

如果要求不太严苛，大多数传播活动都可以进行测试。测试可以在实验室条件下进行，也可以在现实中进行。虽然测试花费的资金和时间有时显得过多，但仍然物有所值。

在实验室测试中，可以把即将应用的广告、包装、设计、事件赞助概念或其他传播备选方案展示给目标受众成员，获得他们的反馈信息。借助现代化的图形处理能力，一系列的选项都可以在高仿真的图像环境中进行测试。测试目标不仅仅是确定识别/定位的正面影响，还要去发现不可预料的负面反应。例如，黑天鹅绒夫人如果打扮得珠光宝气，可能会被顾客视作高高在上遥不可及；如果背景失误，美林的公牛也可能被视作危险、难以控制的，而不是强壮、有进取心的。

实地测试更可靠，但投入更高，可以测试的选项也非常有限。一家冰激凌公司通过研究对照组超市（每组中有一家超市位于测试城市，该城市处于新的传播活动范围中，而另一家位于毗邻的城市）的销售额测试了传播费用大幅上涨的成效。稳定的结果给了公司信心，进而拓展了品牌建设战略。

追踪

图6-1中的最后一步是追踪。企业非常乐于在监测品牌定位（还有长时期内品牌识别的其他元素）方面进行投资。

追踪可以基于定量调查，结构性问题和指标可以评估品牌定位方面的努力如何影响到顾客的感知。追踪还可以基于定性调查，通过定期焦点小组讨论或深度访谈，系统地归纳顾客感知。定性调查的关键是以典型的目标受众为调查对象的，并知道问什么问题。丰富、有质感的品牌识别使得与顾客的对话超出了功能利益,并能够更深层次地理解顾客关系,这正是它的价值所在。

第10章将会更加广泛地阐述品牌资产追踪,以及跨品类、跨品牌的品牌资产长期评估问题,还将探讨品牌资产中的形象部分,以及选择哪些问题进行评估。

战略品牌分析

无论从哪种意义上讲,品牌识别、价值主张和品牌定位,即品牌代表什么以及对顾客的承诺,都是一个战略性的决策。因此,拥有战略视角是必需的。品牌需要为未来选择市场并积累资产,而不是拘泥于解决当下问题的战术性方案。

品牌战略需要从3个角度来考虑:顾客分析、竞争者分析和自我分析(见图6-3)。[3]整体来看,品牌战略的目标是创造生意,与顾客产生共鸣,避开竞争者的强项而开发其弱项,发展自身的优势而避免劣势。为了创造这种生意,深刻理解这3种分析所揭示的观点非常有必要。

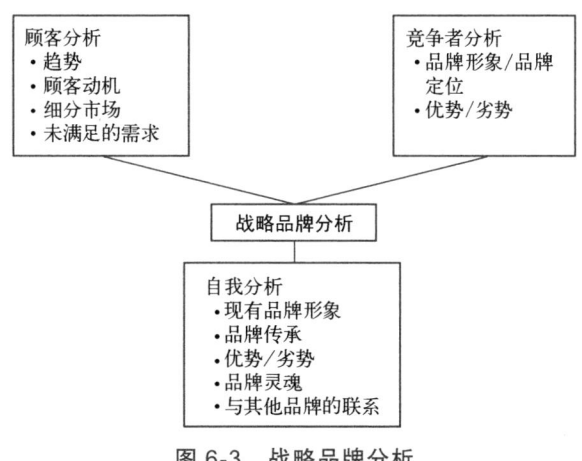

图 6-3 战略品牌分析

更确切地说，品牌战略分析的主要目标是促进并提升品牌相关的战略决策，比如品牌识别详细描述、品牌相关的产品类别、品牌在组织品牌系统（将在第 8 章中详细介绍）中的角色，以及支持品牌的投资水平。品牌战略分析的另一个目标是找到关键战略的不确定因素，它会影响到品牌战略。例如，一种新的产品（如风味冰茶、冰啤或微型磁盘录制设备）是否会被市场接受并实现成长，还是会销售萎靡、局限在利基市场，这就是一种战略性不确定因素。它有助于确定哪些信息应优先收集并进行分析。

顾客分析

顾客分析将趋势、顾客动机、细分市场和未满足的需求等分析富有成效地组合起来。

趋势

研究市场动态是着手进行顾客分析的一个良好开始。顾客有哪些购买趋势？这个问题看似简单却非常有力，因为它使人们洞察到变化的动机和新兴的细分市场，这些变化都具有重要的战略意义。

雀巢公司和品牌策略顾问公司圣·詹姆斯集团合作，考察了软饮料产品市场并发现了 4 个趋势：对健康更多的关注，对即饮饮料日渐增长的偏好，从热饮向冷饮的转向，对异国风味和品类需求的上升。这些趋势反映出顾客的厌倦感，以及对探索外国文化的更大兴趣。[4] 这些趋势为雀巢的 Juicy Juice 和巴黎水的定位提供了建议。

对分市场销量趋势和盈利前景的分析也可以提供见解。哪些分市场的销量正在增长，哪些在衰退，为什么？以咖啡市场为例，人均日消费量从 1962 年的 3.1 杯降到 1993 年的不足 1.7 杯。虽然麦斯威尔（卡夫）、希尔斯兄弟（雀巢）和福爵（宝洁）这些主要超市品牌因为衰退遭受了损失，但专业咖啡豆（供电动咖啡研磨机使用）、高品位咖啡品牌和咖啡屋市场的增长和利润率却都非常可观。[5]

顾客动机

顾客分析的目标是决定哪些功能、情感和自我表达利益在驱动顾客购买与使用品牌。《管理品牌资产》第 6 章中描述的分析方法能够帮助战略制定者探究和理解这些利益。

定性研究通常旨在探究与产品类别相关的情感利益和自我表达利益，以便透过表象，探寻那些顾客没有注意到，却影响品牌选择和使用体验的领域。

功能利益的评估涉及以下 3 个方面的问题。

- 哪些功能利益与顾客相关？
- 各种功能利益的相对重要性如何？
- 如何根据功能利益对顾客进行分组？能否发现利益细分市场？

一般来说，战略制定者将列出数十种功能利益，有时候多达 50 种甚至更多。下一步的任务是把清单缩减成少数几个主要的动机类别（或指标），并概括出顾客如何组织信息并对该产品类别中的品牌形成不同的态度。许多产品类别都有 2 种、3 种或者 4 种这样的指标，它们对形成品牌战略的选择方案十分有用。

例如，石油零售行业存在 2 种指标：产品利益（汽油添加剂、质量）和服务站体验（辅助性、效率和便利性）。许多服务行业、高科技行业和耐用品行业都存在产品指标、组织或服务指标以及价格和质量指标。

酒类行业有 3 种指标：个人奖励和放松（独处时获得的利益）、自我表达利益（在社交环境中消费该品牌获得的利益）和价格/质量定位。炫耀性品牌会聚焦于自我表达利益，并拥有高价位；行家品牌强调个人奖励和放松，价位也比较高；低价品牌则聚焦于成本敏感性细分市场。市场的平衡就在于确定这 3 种指标的有机组合。

顾客分析的另一个目标是找到一种动机，它可以成为支持特定品牌的独特优势。第一家安装 ATM 或信用卡付款系统的石油公司就可能因此获得优势。如果一家石油公司对环境很敏感，也可以因此找到差异化的方式，因为大多数竞争者都着眼于其他顾客动机。IBM 发现顾客想拥有全键盘小型笔记本电脑，便采用了一种称为蝴蝶的折叠设计，提供了这种特色产品。

细分市场

如何细分市场？不同的细分市场对于传播方案的反应可能各不相同，因此也可能要求不同的定位战略和品牌识别。比如在旅馆行业中，希尔顿可能希望在商务、休闲和传统风格的细分市场上拥有不同的定位。

市场细分方案有无限多种。一般而言，最有效的方案包括按照利益追求、价格敏感、品牌忠诚度和实用性进行细分。细分的任务是要考虑哪些目标市场对品牌最有吸引力，与品牌识别的开发最为相关。

未满足的需求

考虑现有产品没有满足的顾客需求具有特别的作用。未满足的需求具有战略上的重要价值，因为它们给期望在市场上大展身手的公司提供了机会。

百得公司通过一个深度访谈小组深入了解到尚未满足的需求，这个小组由 50 名习惯自己动手的顾客组成，他们每个人都拥有超过 6 台电动工具。[6] 百得公司的主管拜访了小组成员的家，实地观察到了这些工具的使用情况，收集遇到的问题和挫折，其中一个问题是电瓶钻孔机在完成工作之前就没电了。解决方法是带有一个可拆卸电池包的钻孔机，电池在一个小时内就能完成充电。接着又发现了锯屑问题，就在锯床和打磨机上安装了一个类似小型真空吸尘器的口袋。为了解决安全问题，就把一个自动制动系统装进了锯床。这些改进构成了由百得推出的 Quantum 中价位工具产品线的核心识别的一部分。

竞争者分析

竞争者分析研究主要竞争者的品牌形象/定位及其优势和劣势,其目的不仅是评估现状,更是要发现未来的发展轨迹。

竞争者的品牌形象/定位

品牌识别所需的基本决策信息之一就是顾客如何感知竞争者品牌,特别是品牌提供的利益、品牌-顾客关系和品牌个性。了解顾客如何感知竞争者是开发优势的关键。品牌形象的数据有两个来源——顾客和竞争者的传播。

顾客是竞争品牌现有品牌形象的最佳来源。品牌形象的信息可以通过定性(由顾客讲述感知)和定量两种调查方法获得。无论采用何种调查方式,品牌形象都可以成为市场细分的一个因变量。例如,品牌用户常常与非用户或其他品牌用户有不同的感知。

了解竞争品牌希望被如何感知也很有用。尽管通过年度报告和其他的战略计划可以洞察到些许,但有关竞争者品牌识别的最佳信息来源还是它的广告和广告计划。竞争者的广告常常能透露出很多内容。

竞争者定位分类

对于竞争者定位的详尽分析通常能够提供有益的见解。在一个行业中,定位的战略是有限的,因此有必要进行一项演习,就是根据广告把定位战略相似的公司归类,形成一个"品牌图景"。任何定位战略都需要与这一现存的结构相关,即使是开辟新领域也应如此。

当一家企业选择自身的定位战略时,可以先评估每一类定位的"艰难度"(或竞争力),然后再决定是采用(加入)某一类战略,还是采用新方法。如果该类别有下面的情况,就应该避免采用这一定位方法。

- 竞争者数量众多。

- 某个竞争者的市场份额大，分销力量强。（如果某类别中存在拥有支配性地位的企业，应该避开。）
- 竞争者的定位非常准确。（如果该类别中有公司锁定一个定位，则应避开，最起码要准备好通过转移或改善的方式来尽量减少不利的影响。）

例如，第3章中曾提到人寿保险业的做法，这一行业中竞争者战略集中于3种比喻。第一种是优势比喻，以岩石（保诚）、城堡（富通）和金字塔（泛美）为代表；第二种是未雨绸缪式比喻，包括救火员基金和其他一些公司；第三种比喻以"我们关心你，与你同在"为主题，如好事达（保护之手）和州立农业保险公司（好邻居）。第三组的企业最少，但它们都是历史悠久的强大竞争者。

竞争者的形象变化

在战略品牌计划中，不仅要考虑竞争品牌目前的形象，也要考虑过去的改变以及未来可能发生的改变，这些都非常重要。对于变化原因的探究可以获得有关竞争环境的有益信息。例如，一直以来，宝马汽车都定位于"终极驾驶工具"——顶级的车子。1990年，这一概念遇到了困扰，部分原因在于20世纪80年代所谓雅皮士的生活方式不再受到推崇。因此，宝马推出了较便宜的新车型，并通过强调价值和安全性能，以及宝马传统的驾驶体验，实现了品牌定位的"非雅皮化"。

竞争者的优势和劣势

探究竞争者的优势和劣势是另一种视角。以价值定位和竞争者的优势相对抗是危险的，这要求品牌及其识别、定位和执行都必须是非同寻常的优秀，并且没有太多犯错的空间。攻击敌人城堡防卫薄弱的地方会更容易得手。

因此我们对敌人的弱点更感兴趣。例如，阿科（Arco）被认为是一个低价位的石油品牌，它不接受信用卡，对那些价格敏感的顾客有吸引力。阿科这个组织的所有元素，包括员工、系统、规划和文化都支持低成本的运作模式，其来源阿拉斯加原油也是如此。由此产生的劣势就体现在其加油站的外观和运营上。如果一个竞争者能够说服消费者用不同的方式去看待汽油购买，比如考虑一下加油站的体验，就有可能形成自身的优势，吸引阿科的原有消费者。

自我分析

品牌识别开发的一个重要信息来源是对品牌和组织自身的详尽分析。需要探查的方面包括以下几个。

- 现有品牌形象。
- 品牌传承。
- 品牌优势与劣势，能够在该品牌名下传递哪些信息。
- 品牌和组织的灵魂。
- 与其他品牌的联系。

在上述各方面，都可以从品牌作为产品、组织、个人和符号这 4 个视角来进行研究。

现有品牌形象

对品牌现有形象的自我分析可以通过询问以下问题：公司品牌如何被感知？有哪些联想与该品牌相关？如何与竞争品牌相区别？品牌形象随着时间发生了什么变化？针对不同细分市场的品牌形象是否有差异？顾客感觉他们获得了什么利益？品牌有个性吗，是什么？有哪些无形的属性和功能？是否出现了作为组织的品牌？如果有，是什么？品牌使人想起什么视觉形象？《管理品牌资产》的第 6 章回答了这些问题。

在评估品牌形象时，我们需要确保研究和分析超越产品属性的范畴，延伸到其他的联想，如使用环境、用户形象、组织联想、品牌个性、品牌－顾客关系，以及情感利益和自我表达利益。最常见的失败就是太过专注于产品属性和功能利益。

品牌传承

除了市场感知外，了解品牌的传承也是有益的。品牌早期的开拓者是谁？品牌是如何创建的？品牌最初的形象是什么？了解品牌最初的寓意能够帮助我们洞察品牌识别应该包括哪些内容。

品牌传承分析有助于从战略层面认识如何让品牌重回正轨。许多品牌偏离了传承之后都陷入了困境，而回归传承能帮助品牌焕发力量。例如，棕榄公司（Palmolive）的传承是根植于棕榈树、橄榄油和神秘沙漠的形象，当它发现其传统仍然存在于市场上时，就把握住这一关键，重新获得了生机。

优势 / 劣势

为实现持续发展，品牌识别需要得到组织优势的支持。有时这些优势需要挖掘。首先需要确定现有产品、服务及整个组织的优势和劣势：我们擅长什么？在哪些方面有缺憾？公司需要将理想的品牌识别与组织现有资源、能力和优先计划所能实现的识别区分开来。试图开发在市场上得不到支持的识别只能是徒劳。

"神秘谷牧场调味料"

神秘谷牧场调味料的传统可追溯到一个东部牧场的厨师，他调制的沙拉酱非常受欢迎，于是他便将香料包装出售，人们可以往鲜奶油里加入香料，自己在家里享用沙拉酱。这种以"神秘谷牧场"命名的调味料变成了一个地区性品牌，随后被高乐氏以100万美元收购。高乐氏成功地将它变身为全美品牌，增加了一种瓶型包装，目前有18种规格的产品在市场上销售。

神秘谷牧场的品牌识别建立在其传统上，即原汁原味的农场调料，用新鲜、天然的原料在特殊的地点制成。如图6-4所示，

公司：高乐氏
代理商：扬罗必凯/旧金山

标题："特殊原料"：30
广告号：CXHV 0123
日期：1990年5月25日

（音乐起，作为背景音）

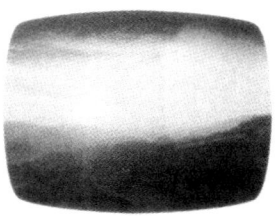
解说：在神秘谷中度过一段短暂时光

于是你会发现你不能走马观花

在这个生长的季节

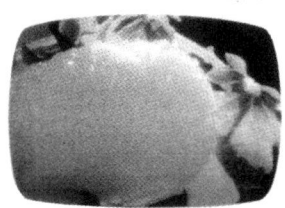
对于新鲜问题，你无法欺瞒

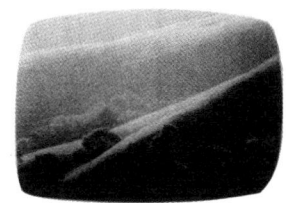
而且没有替代品

神秘谷牧场……

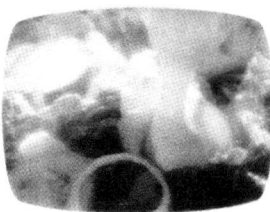
为你制造沙拉的调味料

神秘谷的新鲜口味

神秘谷牧场……

原汁原味

图6-4　神秘谷牧场调味料广告

资料来源：Reproduced with permission from Clorox and Young & Rubicam San Francisco.

电视广告和标志描绘了青葱翠绿的"神秘谷"和牧场。原料和独特场所的联想既提供了功能利益，也增加了供给不寻常事物的象征性满足。消费者认为神秘谷牧场调味品来自一个特别的地方——神秘谷。相反，卡夫调味品则通常被认为是工厂生产的。神秘谷的品牌资产使高乐氏能够实现超额价值，同时还保持了仅次于卡夫的市场份额。

品牌的灵魂

什么是品牌或组织的灵魂？什么是品牌的愿景？是梦想吗？大多数强势品牌都有一个"灵魂"（品牌的基本价值观），这给生意赋予了个性和意义。有些基本的自省可能对自身而言比较困难，却具有启迪的意义。

与其他品牌的联系

在孤立的环境下是无法进行品牌定位决策的。篮球运动员的表现必须根据他在团队中的特定角色来判定——对前锋（担任防守和抢篮板的任务）和后场防守队员（必须传好球并组织进攻）的判断是不同的，品牌也需要和其他品牌放在一起考虑其角色与作用。

第8章探讨了品牌之间的一些关系，目标是建立协同和明晰的系列品牌，因此理解品牌的角色也是分析的一部分。

品牌识别：来自员工的视角

组织价值观和品牌识别之间存在着象征性关系。品牌识别需要反映组织价值观。而如果品牌识别清晰地反映了员工普遍认同的愿景，它也能激励并引导组织。因此，有力的品牌识别能促进组织价值观的塑造。

每个组织都需要一种形象，这种形象能得到员工、零售商和供应商等其他股东的理解与关注。下面这两组问题可以用作品牌战略分析过程中的测试。[7]

- 员工是否了解品牌代表什么？他们认为品牌识别是什么？是否存在清晰的、为大家所接受的愿景？关于品牌代表什么是否存在认识上的模糊？
- 员工在意吗？他们对品牌识别是否有情感承诺？他们真的在意吗？

这些问题的答案常常很有启发意义。在品牌识别强大、清晰的公司中，很快就能得到答案：员工了解品牌代表什么，并且对此非常在意。当员工都不了解品牌识别时，公司就需要努力了。

战略品牌分析的阶段

战略品牌分析可以从逻辑上分为几个阶段。第一个阶段，品牌的分析基于现有的内部信息：既有的消费者调查、市场和品牌销售数据与模式、品牌的历史定位、已知的竞争者形象战略。在这一阶段的分析中，组织中了解品牌和市场的人员应该以现有信息进行一次透彻的品牌战略分析，确定品牌识别的选项，同时还能确定一些定位和执行路线。

第二个阶段是通过各种渠道和原始顾客调查等方法收集信息，其目标是填补信息空白，探究品牌的可能性选项。

第三个阶段将会确定目标品牌识别、价值主张、品牌–顾客关系和品牌定位。在这个阶段，再另寻一组顾客进行调查将会对测试和提升非常有帮助。这些研究不仅可以探索战略选择，而且有助于战术的实施。

品牌识别与定位的力量

精心构思和落地的品牌识别与定位可以成为公司强大的资产，变成持续优势的源泉，并有助于管理品牌。下面各部分详细介绍了品牌识别和定位能够发挥的作用。

指引并强化品牌战略

品牌识别和定位所起的作用不仅是帮助顾客组织有关品牌的信息，还能帮助管理者将品牌战略系统化。对品牌识别和定位了然于胸的管理者能够迅速有效地选择合适的品牌活动，也能够确保公司的广告代理商以及其他市场传播机构同样熟悉品牌识别（如图 6-5 所示）。

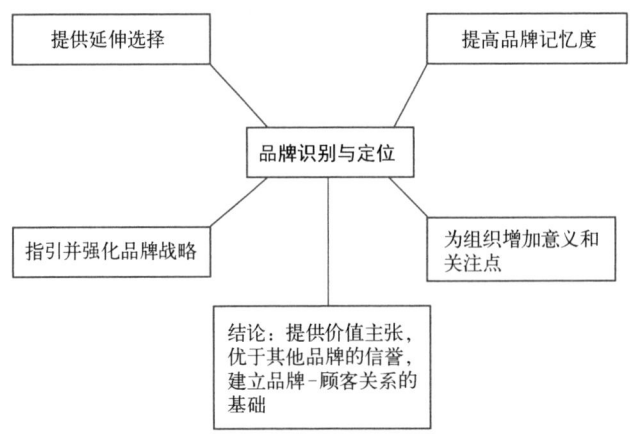

图 6-5　品牌识别和定位如何创造价值

第 1 章讲过，创建并管理品牌是有难度的，因为它牵涉不同的组织。促销、包装、广告、直销、事件赞助、店内陈列、渠道管理和顾客关系通常由不同的人来负责，如果没有清晰、强大的品牌识别和定位，在不同的职能之间保持信息的一致就非常困难。

品牌识别和定位还有助于激发管理者产生创新的、适宜的市场战略。例如，创造马自达米埃塔的目标是体现 20 世纪 60 年代跑车的特征。这一品牌识别为未来营销战略和主题进行头脑风暴提供了清晰且丰富的基础。因此，与操控和性能相关的联想将优于先进科技与安全方面的联想。在汽车和时尚杂志上的印刷广告要比新闻与商业杂志上的广告更合适。该品牌的发言人说，一位跑车驾驶者将比居家男人或年轻体育明星更能体现品牌战略。

提供延伸选择

一些品牌识别具有局限性，如 A-1 牛排酱仅仅是一种独特的肉类调味料。然而，以相关联想来丰富品牌识别通常可以形成延伸选择。例如，如果奇宝只和巧克力曲奇或是一般曲奇相关联，其品牌潜力就会受到局限。然而，奇宝的小精灵形象（融合了家庭式烘焙的感觉和一丝的魔力与趣味感）给了品牌更广的空间，使品牌可能延伸至其他烘焙食品。如果家庭制作的魔法和乐趣被视为一种利益，那么还有可能延伸至其他食品类别。

提高记忆度

强大而持续一致的品牌识别和定位更易被记住。与人类似，有趣的品牌总比乏味的品牌容易记忆。没有个性的品牌不太容易被想起来。

由多种协调一致的元素构成的物体也容易被想起来。心理学家把人的心智模式简化为一个多个节点相连的网络。只需要想起一个节点，与之相连的事物就会进入脑海。因此，麦当劳可能会因为任何一个与它相关的联想而被人想起，比如巨无霸和麦当劳叔叔。因为麦当劳有许多这样的联想，并且紧密相连，所以麦当劳比其他联系节点少的品牌更易于让人记起。

最后一点，我们知道消费者对有明显符号的产品记忆更深。如果符号对个人具有意义并且与视觉形象相连，它的作用会更加强大。从本质上看，符号就是心智网络上一个容易触及的节点。

为组织增加意义和关注点

强势品牌识别和定位在组织内部的影响力通常都被忽略。如果品牌识别和定位清晰明了，它可以帮助所有员工，从顾客服务代表到新产品开发人员，按照核心战略的标准来检验他们的行为。因此，在福特公司，"质量是第一要务"这一信条反映了组织核心价值观，同时还向组织内部和外部传递了这一价值观。

从本质上看，识别与定位是一个自我实现的预言。如果你拥有高品质服务的识别，员工会认识到服务在组织内部是优先考虑的，也期望外部人员具有同样的认识。所以，他们会理解工作重点应放在哪里，同样重要的是，他们希望获得归属感。

毫无疑问，土星的品牌识别有助于传递它代表着什么。土星的员工对此清晰明了，并受这一目标的驱动不断努力使它得以实现。如果品牌识别无法令人向往、混乱不清或是没有很好地传播，员工就不太可能找到方向或目标。

强大的品牌识别与定位还可以激发员工产生自豪和目标感，甚至影响到供应商和分销渠道成员，其效果远远超越短期的财务目标。阿莫科通过清新的气体和清晰的广告视觉形象传达了汽油产品的高纯度理念，促使精炼厂经理积极地关心生产流程与产出。

结论：提供竞争优势

在第 3 章中建立并在图 6-1 体现出的品牌识别规划模型指出，品牌识别可以提供价值主张、优于其他品牌的信誉、建立与顾客关系的基础。在实现上面某种或者多种职能时，品牌识别和定位均可以提供竞争优势。

另外，品牌识别的丰富性，即其复杂的意义网络，可以使它与竞争者区别开来，并且难以模仿。例如，假设一家新冰激凌制造商希望通过模仿本杰里吸引它的一部分老顾客。它不仅需要模仿其产品，还需模仿一系列的联想，包括本杰里的博爱理念、新英格兰的工艺、可爱的不恭及优良品质。因此，这一任务不太可能完成。

改变品牌识别、定位和执行

显而易见，在开发品牌识别、定位和执行时，思考的核心是要明白何时改变以前的内容。事实上，品牌从无到有只能经历一次。更多的时候，品牌识别、定位和执行都是在现有框架下进行的。下一章将探讨变化这一主题。

思考题

1. 对公司顾客的分析会发现什么问题？公司竞争者分析呢？自我分析呢？什么样的顾客购买趋势、动机和未满足的需求具有重要意义？明确一些能够概括顾客动机的指标，同时明确一些概括竞争者形象/识别的指标。如果顾客和竞争者指标不同，请解释这一现象。是否存在其他的指标，此处尚未提到，但可以作为潜在的有效识别/定位的基础？

2. 核心识别是什么？品牌识别中的着力点有哪些？品牌形象与品牌识别的区别何在？哪些差异导致了问题或负债？它们能够或需要改变吗？品牌识别的哪些元素会与顾客产生共鸣？哪些元素将品牌与竞争者相区别？

3. 品牌定位陈述有哪些替代方案？根据以下问题对它们进行评估。品牌定位是否：

- 与顾客产生共鸣？它能否持续？
- 该品牌与竞争者品牌有不同吗？它是否代表了更好或者不同的价值？
- 它反映或支持了该品牌识别吗？
- 是否代表了可行的品牌战略？
- 是否体现了清晰的愿景？组织的所有员工是否能够清楚地描述品牌识别？
- 是否激发卓越（至少有效）的实施方案？

BUILDING STRONG BRANDS

第 7 章

长期品牌战略

要是我也能够用哀求打动别人的心,
那么你们的哀求也会打动我的心:
但我就像北极星那样坚定,
坚如磐石、亘古不变的品质,
浩瀚星空中无所能及。

——威廉·莎士比亚

50多年来,吉露持久不变地真诚面对它的消费者。吉露能够让人想起家庭、孩童和乐趣,也因此成了货架上的大品牌。

——迈克尔·米尔斯 菲利普·莫利斯公司

通用电气公司的故事

1876年，托马斯·爱迪生创建了一个商业研究实验室，这就是通用电气公司的前身。他在实验室成立之初就意识到，这个实验室将会产生无数影响整个社会，并为一家大公司奠基的发明。实验室中的创新令人瞩目、层出不穷：它有一个明确的目标，每12天有一项小发明，每6个月诞生1项重大发明。爱迪生这位发明电灯泡、电影、留声机的天才认为这个实验室才是他最伟大的发明。

爱迪生早期的一个想法是创造一个完整的系统，将电的动力和便利传递到农场、家庭、工厂。他意识到如果电力生产与传送系统没有发展起来，电灯的作用就很难得到发挥。于是他的创新中包括了涡轮发电设备和输送电力所需的材料与基础设施技术。这套系统及其零部件被冠以一个品牌名——通用电气。

1896年，人们所熟知的通用电气（GE）名称及其标志被创造出来。在成立初期，公司就定位在与客户建立个人的关系。在其早期的广告中，GE这个名称被前瞻性地称为"朋友的缩写"，并且有了"更好的电气化生活"的承诺和广告语。

1916年，一部无声的商业影片播放了顾客使用电动缝纫机、电气炉灶、咖啡壶和烤面包机的画面。转眼到了1955年，在由罗纳德·里根和南茜·里根代言的电视商业广告中，两位代言人通过使用现代家用电器展现因为电器而改善的生活。GE的电器让人们的生活更方便、更惬意，并为那些将家用电器视为经济上的成功的标志的人提供了自我表达利益，这一品牌定位40多年一直维持未变，图7-1是早年GE的一份印刷广告。

20世纪60年代，通用电气开始有所转变，它将涡轮技术（发电机事业方面）进行改进，用于喷气发动机的设计和制造。另外，在大萧条时期为了给家电购买提供融资而建立的金融服务业，规模也越来越大。

灯泡技术的发展催生了 CT 扫描仪的诞生，成为医疗电子影像事业的基础。为了增强电缆绝缘效果而获得的材料知识促进了绝缘和塑料业务的建立。如此广泛的多元化使得专注电器的公司概念变得不合时宜，它已经远远不能表现通用电气公司的全貌了。

图 7-1　通用电气早期的纸质广告

资料来源：Hall of History Foundation, Schenectady, New York.

广告语的一处小改动帮助通用电气公司塑造了一个新的愿景，新的广告语为"科技改善生活"（而不是电器）。新标语使通用电气公司自然地向当代的主题演化，同时这一主题与其传统并行不悖。然而，相关研究表明，通用电气这个公司名称与电器的联系很紧密，并且被认为相对落后和狭隘。为了淡化人们的这一认识，公司高层决定不再强调公司名的全称，而是更多地用 GE 这一简化名称。印刷体的字母 GE 被视为是高科技、现代的，并提供了更大的适用空间。

然而，仅仅依靠 GE 的名称不能使人们想起公司辉煌的过去。一种解决方法就是将经典的"灯泡"标志做些改变，将 GE 的标志印在灯泡的内部。新的标志既体现了演变与进步，又与通用电气值得信赖的传统联系起来，这样的解决方法要比重新起一个名字好得多。

20世纪70年代，通用电气的两大主题——"为人类而进步"和"进步是我们最重要的产品"强调了公司的理念是追求进步而非科技。"进步"一词体现了积极进取和追赶潮流的姿态，也体现了公司更加专注于改善人们生活的努力。尽管基本的思想还是通用电气的技术会给人们带来利益，但企业在战略上的推进仍然受到了客户的关注与理解。

通用电气不断拓展的各类事业产生了一个关键的品牌问题：GE 这个名字在多大程度上能推动各项事业的发展？该品牌在多大程度上得到人们的认同并且驱使顾客做出购买决策？一种选择就是让各个事业分部去创造它们自己的身份，GE 这个名字退居二线仅作为背书者而存在（就如同惠普对其激光打印机以及福特对福特金牛座汽车所起的作用一样），公司认为，各个事业分部独立发展可能会比较分散、困难、成本较高。公司选择了另一种完全不同的方案——让 GE 这个公司名称成为一个主导的动力品牌。对 GE 的认同将有利于公司广泛的事业体系，在描述每个事业体系时都在 GE 的后面，以简单、一致的方式添加上一个描述性的名称，比如：

GE 航空	GE 照明
GE 信息系统	GE 家电
GE 医疗系统	GE 汽车
GE 金融服务	GE 塑料
GE 交通系统	GE 工业和能源系统
GE 电器分布控制	

20 世纪 70 年代后期，一项研究揭示了有关公司形象的一个问题。在受访者的面前摆放了不同类型人的图片，调查人员要求受访者选出最能代表 GE 品牌的图片。结果受访者选出的最能代表 GE 品牌的图片中的人物大多数是男性、保守的人——这样的形象并不是主要销售对象为家庭和医疗影像产业的企业所希望看到的。因此，1979 年，GE 开始了新一轮的广告活动，广告语变成了"GE——我们给生活带来美好"，现在仍在播出，其特色是关注使用 GE 产品的客户，在商业中渗入了情感因素。这些商业广告，不但真实地呈现了企业改善生活的传统，而且更符合当代潮流，同时将女性顾客也包括在内。后续的形象研究证明这一新的方针确实改变了品牌识别：尽管人们仍然认为 GE 的产品多为男性所使用，但产品很时髦。

通用电气之所以能历久不衰并不断走向成功，可以归结为 4 条原则。首先，所有的产品都只使用一个公司名称，公司品牌因此就成为顾客与品牌关系的唯一驱动者。其次，长期以来只传达一个概念——电气/技术改善生活质量，这成为一个核心识别，并为顾客关系奠定了基础。再次，公司关注的重点从来都是顾客利益，而不是公司的产品，它认识到，是顾客在不断改善自己的生活质量并享受美好的事物。最后，"GE"在不失公司优良传统的前提下不断得以进化。在这一进化过程中，产品定位与执行，尤其是公司的符号与广告语扮演了重要的角色。

皇冠品牌的故事

伏特加，俄文的意思是"珍贵稀有之水"，其酿造历史可以追溯到12世纪。皇冠伏特加酒厂使用炭过滤器制造品质稳定的产品，并且销售时使用不同颜色的瓶子，从而在19世纪成为酿造伏特加酒的龙头企业。1886年，该公司被指定为沙皇御用伏特加酒的独家供应商，这确保了公司的声誉和销量。1914年后，公司创始人的儿子弗拉迪米尔·斯米诺，曾试图在波兰和法国创立品牌，但未获成功。最终，他将公司卖给了休伯莱恩，后者随后创立了皇冠这一世界性的品牌。

皇冠以及其他品牌的伏特加一直在美国市场上苦苦挣扎，这一状况一直持续到20世纪30年代南卡罗来纳的商人开始推销这种"无味、无嗅"的威士忌的替代酒。至此，皇冠在美国的销量才开始飙升，销量飙升得益于鸡尾酒类饮料的流行。当时流行的鸡尾酒饮料有：血腥玛丽、螺丝起子、斗牛士、黑俄罗斯、莫斯科之骡、吉姆雷特以及伏特加马提尼。这些"摇匀，而非搅拌"而成的鸡尾酒因007系列电影中的主人公詹姆斯·邦德而闻名遐迩。

虽然皇冠在美国市场上实现了销量领先，但是，其伏特加酒类的市场占有率从1974年的22%下降到了1993年的17%。更糟糕的是，在这段时期，总的伏特加消费量在减少，尽管降幅不像总体的烈性酒降幅那么大。同样，自从20世纪60年代中期以来，在伏特加市场上，绝对这个品牌占了7.5%的份额，凭借其味道、质量以及受欢迎程度方面塑造的重要形象而在市场上处于领先位置。在消费该品牌酒的用户中，客户无辅助回忆度高达50%，并且该酒的销售还获得了大幅度的溢价。另一个溢价品牌俄罗斯红牌伏特加（Stolichnaya，以"Stoli"而广为人知）获得了3.3%的市场份额。

在伏特加市场上，广告曾扮演非常重要的角色。特别是皇冠品牌在美国市场上逐步成为领先品牌的过程中，广告发挥了关键的作用。然而，随着时间的推移，皇冠的广告在不断发生变化。1953～1994年，该品牌的广告有14个之多（1978～1994年就推出了10个不同的广告），并且每个广告的主题和视觉形象都有所不同。在这一时期，至少塑造了5个不同的品牌个性，其中的一些改变反映了战略定位执行方面所发生的变化，但是，大部分改变反映的是品牌定位或品牌识别的变化。

皇冠是一个改变品牌定位和品牌识别的极端个案。因此，它也引出了我们将在本章中探讨的一系列问题：为什么要改变？在什么情况下应当有所改变？如何制定一个不因时间而改变的、有效的定位战略？人们如何看待改变？图7-2展示了四个皇冠的广告例子，下面列出了自1953年以来该品牌推出的所有广告。

- **1946～1953年难以呼吸** 皇冠推出的第一款广告标语"皇冠酒令你难以呼吸"。根据酒的蒸汽干度进行市场定位，并且干度也是伏特加马提尼的一个显著品质特征。这句广告语还具有其他的意义：喝皇冠伏特加的人避免了呼吸带有酒味的风险。20世纪40年代的广告画面中，这句标语出现在马提尼酒的上方，在20世纪50年代的广告画面中，出现了荒漠、骆驼和饥渴难耐的人等元素。皇冠推出的8款广告中都用了这句广告语，包括1983年的广告，这句广告语的使用时间超过了30年。

- **1954～1965年优雅、风趣的人士** 皇冠第一款个性化广告的特征是：广告中出现了高雅、彬彬有礼的著名人士（如喜剧演员格劳乔·马克斯和菲尔·西尔沃斯），这些画面都非比寻常，震撼人心。随后的类似广告中都启用了富有朝气的、机智风趣的人士。例如，在一则广告中，六大名人一起出现，伍迪·艾伦在最前面，他们坐在木马上，正在举办一场"莫斯科之骡派对"。

206　创建强势品牌　/　Building Strong Brands

1981～1983年

1988～1990年

1991～1993年

1994年

图7-2　皇冠多年来推出的广告

- **1964～1965年饮用方式的多样化** 为了引起更多人的兴趣以及扩大酒的用途，该广告介绍了一种新的饮用方式。一则广告中，一个人在一些配料中加了一瓶皇冠酒，然后问观众是否也能创造出一种新的皇冠饮品。
- **1965～1975年自我表达** 20世纪60年代后期，由于越战和伍德斯托克音乐节的影响，年轻人想突破旧有的生活方式。皇冠应时而动，将"多样性"广告扩展为强调自我表达的生活方式广告，广告画面中的年轻夫妇过着轻松而闲适的生活。
- **1976～1978年进餐** 广告的背景变成了进餐的场景。广告中，在巴黎的咖啡馆、高档餐厅就餐的人以及野餐的人都点了皇冠酒。
- **1978～1979年易上镜头的食物** 皇冠出现在一张醒目的食物照片上。在一则广告中，一堆奶酪的上面有一满杯皇冠酒。
- **1979年皇冠风格** 这样的广告是值得回忆的，尽管使用该广告的时间很短。广告的标语是"皇冠风格"，画面中的夫妇们正在进行不同的户外活动——有的在帆船上度蜜月，有的在雪地里野餐，有的坐在漂浮于河流的内胎上饮鸡尾酒。
- **1980年皇冠向高端市场进军** 广告继续展现自发的、非同寻常的行为，只不过在新的广告中，夫妇们更加高雅、更加高端。
- **1981～1983年价值/品质** 皇冠运用这样的广告来应对1981年的经济衰退，当时的消费者更加注重价值导向的作用。典型的广告中，一位名人（如百老汇的著名制作人戴维·梅里克）以主题语"哪里有伏特加，哪里就有皇冠"诠释了产品的品质和价值。
- **1984～1987年用皇冠招待亲朋好友** 这样的广告传递出的信息是客户应当购买优质品牌的产品来招待他们的宾朋。广告中，温馨的房子里，朋友们欢聚一堂，尽情享受美好时光。广告语"皇冠酒令你难以呼吸"最终消失不见了。

- **1988～1990 年王者伏特加** 为了应对绝对和其他品牌产品的成功扩张（当时这些品牌已经打入了高端市场），该系列的广告活动强调了皇冠伏特加的悠久历史和纯正口味。广告中，一只盛满鸡尾酒的玻璃杯后面打出了一行字"历经百年，皇冠伏特加"。
- **1989～1990 年时髦的广告活动** 旨在引起年轻饮者的兴趣，广告中配有幽默风趣文字的玻璃杯和鲜红的皇冠标签，都给人强烈的视觉冲击。
- **1991～1993 年哪里有皇冠，哪里就是家** 足不出户，享受家里的温馨和安适，据说这是 20 世纪 90 年代的趋势。在这一理念的推动下，皇冠的广告中出现了和家人、朋友、爱人在一起的温馨画面，类似于贺曼和柯达的广告。
- **1994 年纯粹的震撼** 这些广告由灵狮广告公司伦敦办事处制作，广告中，一瓶皇冠酒出现在最突出的位置。透过这瓶酒，可以看到一个奇妙的世界，画面生动、清晰。画面中的世界可能有些令人不安、滑稽，却很引人注目。一只企鹅变成了一个身着礼服的社交聚会常客，一间幽静的房子变成了喧闹的聚会场所，一位矜持的女士刺上了文身。透过酒瓶看到的"现实"反映了皇冠的纯粹品质。对世俗的违背也暗示着人们的行为不仅仅是为了得到乐趣，而且想得到一种震撼，同时反映了客户成功的社交体验，这种体验包括了新的关系和崭新的自我表达。

皇冠每一次广告的改变都是有原因的。比如，"自我表达"广告，是对越南战争和伍德斯托克音乐节所产生的文化变迁的一种反映。"进餐"的广告揭示了伏特加酒可用于更多场合。"价值/品质"主题是对经济衰退的一种直接回应，而"王者伏特加"主题是在遭受绝对品牌威胁的情况下，对其高端市场定位的一种捍卫。"哪里有皇冠，哪里就是家"的广告，针对的是那些喜欢深居简出的人，这些人正在形成一个重要的细分市场。而"纯粹的震撼"的推出是为了克制具有强烈视觉形象的主要竞争对手——绝对品牌。

那么，每一则新广告所带来的促进能否补偿放弃一致性所带来的损失呢？这是留在人们心中的一个疑问。一致的广告所具有的累积效应本可以提升促销的效果和效率，然而，由于无休止的改变，关于皇冠到底代表什么，人们尚不清楚。皇冠的个性、视觉形象、价值主张以及它与客户关系的基础，使得它的身份陷入混乱。

即使有人认为一致的广告宣传活动可能会更加有效，仍会有问题提出：哪一种广告应当被沿用下来？公司是应该沿用"皇冠风格"或者"哪里有皇冠，哪里就是家"的广告还是应该沿用聚焦产品的广告如"王者伏特加"呢？哪一种方式会使效益最大化？答案并不明确。当然，做些研究是有帮助的，但是，即使这样也可能不会得出确定的答案。

最新的皇冠促销活动看起来是可能会成功的，并且可能会持续较长的时间。另外值得一提的是，该促销方案是针对全球设计的。尽管各国的管理者可以设计他们自己的画面，但是基本的定位和执行理念将是相同的。对于皇冠来讲，这是一个很大的进步。

皇冠并不是唯一一个随时间推移而频繁发生剧烈改变的品牌。例如，日产在1982年不仅将名称做了改变（原名为"大产"），而且在此之前和之后，对许多模式进行了改变。一个更好的例子是汉堡王，1975～1994年，该品牌推出了17种不同的广告，换了5家广告公司。最早的广告促销从"口味任您选"主题（该主题强调了顾客对汉堡有特殊要求的权利），变为关注火焰烘烤的烹调方法。1986年，公司推出了被广为嘲笑的"寻找香草"广告以激发顾客的兴趣和关注，然而，意想不到的是，在此之后，它的市场份额开始下降了。后来，公司又进行了6次努力，包括MTV形式的广告"BK Tee Vee"（广告中，一个小孩撕心裂肺地呼喊：我爱这个地方），但这些努力都回天乏力。

为什么要改变识别、定位或者执行

随着时间的变换，管理品牌的一个关键问题是改变识别、定位或者执行的决策（为了简便起见，将其缩写为识别/执行）。改变三者中的任何一个都是要付出代价的，而且还存在潜在的危害。识别的改变是更为根本的，但是对定位和执行的改变也有可能是破坏性的。

当然，识别、定位或者执行的改变是有其原因的——实际上，坚持有缺陷或者无效的战略有可能会造成灾难性的损失。下面总结了改变发生的5个主要原因。

原因之一：识别/执行表现欠佳

所有考虑不周或者偏离目标市场的品牌识别/执行在早期都可以借由客户兴趣、品牌感知、品牌态度和销量判断出来。销量不佳或者市场份额下降的趋势都可能是很强的信号。有时候可以很明显地看出识别、定位或者执行是有缺陷的。例如，AT&T所实施的"i计划"，公司希望通过这一方案增加附加值并且为与客户建立联系提供基础，但是它却仅造成了混乱，该计划实施不到一年便被废止。皇冠的一些广告活动（比如"王者伏特加"系列广告）也被人视为是没什么效果的、短命的。

原因之二：识别/执行过时

即使识别/执行发挥了作用，但是市场不是静止不动的，品牌也不能一成不变。环境会发生变化，客户的品位和公司文化也在不断进化，技术带来了新的挑战，竞争者会进入和退出市场。确实，同类商品的品牌中，作为典范的主要品牌会发生转换。因此，曾经成功的识别/执行某一天也可能会变得无效。

例如，肯德基品牌，基于桑德斯上校的形象获得了巨大的成功——

他是美国南方的原住民,用独家配方的药草和辣汁烹调炸鸡。然而,在20世纪80年代中期,越来越多的人开始关注健康问题,他们认为肯德基炸鸡脂肪含量和热量高,因此转到能提供更健康食品的餐馆用餐。1991年,肯德基决定应时而动,在供应的食品中增加了烤鸡,并且开始强调其价值主张,还将公司名称缩写为KFC以弱化与煎炸食品的联系。

原因之三:识别/执行适用的市场有限

当识别/执行效果很好但是适用的市场却很有限,并且在不断缩小时,为了能扩大市场,就有必要改变识别。为了进入另一个市场,可以对品牌进行重新定位。例如,强生公司将其婴儿洗发液重新定义为需要温和洗发液的人使用的产品,而且顾客可以每天使用该款产品。通过创造新的使用方式也可以拓展市场,一个经典的例子就是艾禾美(Arm & Hammer)的小苏打被用作冰箱的除臭剂。

原因之四:识别/执行不符合潮流

即使一个品牌的识别仍然是恰当的、有意义的,它也有可能显得落伍、乏味。在通用电气的例子里,电气已成为一个陈旧的概念,不再代表技术和创新。通用电气的解决方法是在它的名称和标语中将电气一词去掉㊀,并且表达不同的价值主张。在这一过程中,电气系统的概念和它们在人们生活中的作用(确实是通用电气的核心识别元素)被逐步消除。皇冠的一些广告——包括"皇冠风格"系列广告都努力使品牌更符合当代的潮流。本章的最后一节将探讨如何才能使品牌识别更具现代性。

㊀ 此处意指在宣传时不再强调公司名的全称,更多采用GE这一简称。——译者注

原因之五：识别 / 执行方案令人厌烦

长期执行单一的识别 / 执行方案会有另一个问题，就是让顾客感到厌烦，即使在执行过程中有一些小变化也会如此。久而久之，该方案就会因为无法吸引顾客的注意力而最终失去效力。另外，如果品牌识别长年保持不变，用于呈现这一识别的各种鲜活的创意就会越来越濒于枯竭。竞争者如果拥有令人激动的品牌识别和传播方式，就会获得竞争优势。皇冠伏特加对创意的限制很少，因此就推出了一些引人注目的新广告。

识别 / 执行的变化具有一定的新闻价值。如果一家公司能够成功地为品牌做重新定位，就很有可能成为媒体报道的头条新闻，节省一大笔市场营销费用。下面就是成功地吸引了大众媒体的市场营销活动，包括Wendy's 快餐的"牛肉在哪儿？"宣传活动、百事可乐公司以歌星麦当娜为主角的引起争议的电视广告、五十铃公司让一位躺着的汽车经销商做代言人等。

为什么成功地保持一致性会更好

保持一致性的方案

改变并不是不能避免的，这一点毫无疑问。有一系列的成功品牌都拥有识别 / 执行持续不变的辉煌历史。例如，象牙皂就是长期保持品牌战略一致的典范。自 1881 年起，它就以纯度作为品牌的核心识别，并辅以两个相得益彰的宣传口号，"纯度 99.44%"和"浮于水上"。

在实施持续品牌战略的品牌中，最著名的应该非万宝路莫属了。万宝路男人的符号创造于 20 世纪 50 年代，并在 60 年代进行了改进，直到今天仍然是全球认可的强势符号。万宝路凭借其强大的品牌个性（独立、户外风格、自由的精神、粗犷与男子气概）以及它的牛仔与万宝路世界的视觉形象，成为营销界的一个传奇。在强有力的品牌识别特征和一丝不苟的执行的保证下，万宝路在执行品牌战略的过程中很少出现偏差。

在耐用消费品领域，执行持续性品牌战略最好的应属美泰克公司。30多年来，美泰克公司一直用宣传片"镇上最孤独的人"来支持"可信赖的人"这一产品定位（见图7-3中的例子）。1967年的第一个广告由著名演员杰西·怀特担任主演。他在片中解释了为什么美泰克如此值得信赖，他叙述家常般地讲述了自己的故事，因为他是美泰克的维修人员，从来没有人找过他，这就是为什么他是镇上最孤独的人。在此广告之后的广告宣传，内容只是稍做调整，主人公也只换过一次，在20世纪80年代后期换成了戈登·江普，他在《辛辛那提的 WKRP》系列剧中扮演那个笨拙的电视台经理。美泰克的广告是以现实中的人物为主角的播出时间最长的电视广告。

图 7-3　镇上最孤独的人

资料来源：Reproduced with permission of Leo Burnett USA.

美泰克的品牌识别使公司获益匪浅,消费者认为美泰克产品质量可靠且值得信赖,同时还能引起他们感情上的共鸣(使他们免于担忧,而且使一些人回忆起童年时代的家)。其产品的功能利益尤其重要,不仅与消费者联系密切,而且也是他们最看重的,直到现在仍然对消费者有着强势的影响力,并没有因为技术和消费潮流的改变而消退。1993年,美泰克在洗衣机、烘干机、洗碗机三种产品上被美国和加拿大评为最受消费者欢迎的品牌。在这个竞争激烈、利润空间狭窄的行业里,美泰克公司仍然能够获得比竞争对手更多的价格优势。

黑天鹅绒加拿大威士忌也实施相似的长期一致的品牌战略。20世纪70年代初期,该公司推出了黑天鹅绒夫人的形象:一位迷人的金发美女,身着黑衣站在黑色的背景前,旁边是一句广告词"感受天鹅绒般的柔滑"(如图7-4所示)。此后,由不同模特主演的类似广告也陆续推出,并发展成为黑天鹅绒威士忌的核心识别和个性。20世纪80年代中期,其广告词变为"天鹅绒般的触感",但核心视觉形象仍保持不变。黑天鹅绒夫人给人以很强的视觉冲击,强力地支持了"柔滑"的核心识别,同时也有助于产生感情的共鸣(轻松、自我奖赏与感官快乐)和自我表达利益的满足(赋予品牌一种尊贵感)。

保持持续一致的好处

虽然有时候调整是恰当甚至必不可少的,但其目标无疑是创造一个富有成效的品牌识别,使得其品牌定位和执行都能持久,不会变得落伍或令人厌倦。这种战略的结果是历经时间检验仍然保持着意义和信息的协调一致,从而以有限的成本建立起明确的品牌定位、识别符号。所有这些结果最终会形成坚实的竞争优势。

品牌定位

持续一致的识别/执行最终会真正确立明晰的品牌定位。这迫使竞争对手必须应对，也必须采取不同的定位路径，但被动常常导致其方案的效果大打折扣。例如，竞争对手如果在可靠性这一维度上试图动摇美泰克公司的定位，其手段就很难令人相信。更糟糕的是，竞争对手的传播工作通常还会被某些消费者误认为是美泰克公司所做，等于免费为美泰克公司做了广告。与此类似，黑天鹅绒威士忌拥有了感性和柔滑这一定位，万宝路在香烟领域确立了男子汉气概这一定位。如果竞争者希望获取与这些市场领先者类似的品牌定位，就很难取信于消费者。

图 7-4　黑天鹅绒夫人

资料来源：Reproduced with permission of Grybauskas Roattrice.

品牌识别符号

持续一致的识别/执行使品牌有机会建立一套有效的识别符号，这些符号可以是视觉形象、广告口号、独特声音、比喻或一位身份代言人。这些符号使品牌识别更易于被理解和记忆，并且能很快联想到该品牌，从而进一步强化定位的竞争优势。

美泰克的维修人员和黑天鹅绒夫人就是两个很好的例子，他们迅速而直接地传达了品牌的定位。类似的符号还有联合航空的主题音乐（传递了一种地位与品质的形象）、麦当劳的麦当劳叔叔（传递家庭的天伦之乐）、斯普林特公司（Sprint）的正在下落的钉子的形象（暗示了精湛的技术），还有万宝路的乡村形象。万宝路的形象已经非常深入人心了，甚至有时候万宝路公司只需要在广告牌上喷上万宝路乡村的图案，都不用附加万宝路的名字及其香烟盒。竞争者效仿万宝路的举措，反而强化了万宝路的品牌识别。因此，如果已经建立了强有力的品牌识别符号，竞争对手就必须另辟蹊径。

另外，当一个简洁、适宜的符号与品牌的联系越来越密切时，还可以降低消费者感到厌倦的风险。当新品牌为了吸引注意力而取悦消费者，或做出一些惊世骇俗的事情时，成功的成熟品牌需要做的只是更新一下现有的品牌联系。例如麦当劳叔叔只需要展示其玩电玩的形象，或者干脆换上最新的流行服饰。

成本优势

由强势识别符号支持的持续品牌战略能够在传播方案的实施中创造巨大的成本优势。几乎所有的品牌，尤其是那些新品牌都要面临相同的难题，即创造并维持在顾客心中的品牌知名度，创造并强化品牌识别或品牌个性。如果传播、获取注意力和改变感知的任务简化到只需一个广为人知、与品牌联系密切的视觉形象或广告语，那么其成本就会大大降低。

试想一下，如果美泰克的竞争对手通用电气想让消费者相信它的产品在可靠性方面已经超过了美泰克，将会付出怎样的代价。考虑到美泰克在这一维度上已经累积起来的无形资产，通用电气必须通过投资获得比美泰克更多的曝光度，并辅以一些吸引消费者注意力的信息，才有可能收到一点效果。即使这样，通用电气的目的仍难以达到。实际上，美泰克的声誉及其众多的忠诚顾客基础，使消费者已经不再看重其产品的性能等其他特征了。

让我们再看看美泰克是如何将可靠性的定位赋予新的电冰箱产品线的。美泰克只是在电冰箱推介广告的最后几秒让那位孤独的修理工稍一露面。这一视觉形象成本很低，但效果很好。人们只要对这位修理工稍微一瞥，就勾起了脑海中所有关于可靠性的联想。

万宝路、象牙皂或黑天鹅绒威士忌的竞争者如果想挑战它们的定位，也会遇到同样的问题。考虑一下万宝路乡村、水上漂浮的香皂以及黑天鹅绒夫人这些视觉形象的威力和功效。如果竞争对手没有稳固的定位或视觉形象，那么它将不得不付出 5 倍（有时是 10 倍甚至更多）的代价才能有所斩获。

另外，创建一个新形象的努力可能会付诸东流，因为可能会让人印象不深，或刚建立就已过时，没有累积效应。相反，支持和强化一个已经进行了很长时间的推广活动，可能会更有成效。

一件显而易见的事

这确实是一件显而易见的事！长期持续一致地维持一种品牌识别、定位、视觉形象、主题或广告口号，对于打造强势品牌的关键作用是不言而喻的。其逻辑令人信服，其战略也很简洁有力。那么为什么不是所有品牌都这么做呢？为什么万宝路、美泰克、黑天鹅绒以及象牙皂之类的品牌如此之少呢？为什么有那么多公司在出现问题时惊慌失措呢？

持续一致为什么如此之难

如前所述，至少有 5 条合理的理由支持品牌识别、定位或执行方案的改变。然而，在这些理由之外，还存在着巨大的力量，驱使管理者改变或偏离持续一致的战略。认识这些力量（见图 7-5）有助于公司在品牌识别/执行方案中避免错误的建议和不成熟的改变。其中一类力量与心理因素有关，它们影响管理者做出与品牌相关的决策；第二类力量是对现有品牌识别/执行方案的战略误解或错误估计。

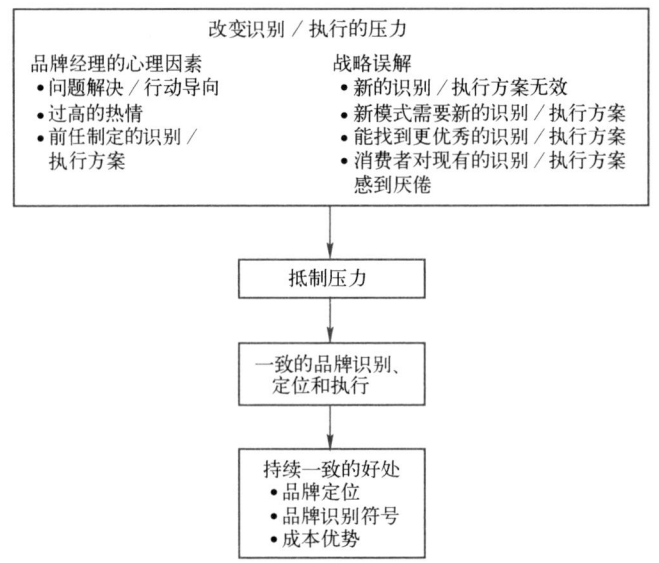

图 7-5　抵制改变识别、定位与执行的压力

品牌经理的心理因素

问题解决/行动导向

公司里负责品牌的人（从助理经理到执行副总裁）一般来说都很精明能干，富于创造力，他们所处的企业文化强调发现并解决问题，探索

市场趋势并对之做出反应。但是问题和趋势是层出不穷、不断变换的。即便是处在鼎盛时期的最优秀品牌，也存在市场份额下降的风险和竞争压力。此外，分销渠道、顾客动机以及其他无数领域的新动向总是络绎不绝地出现。

一位富于进取心而又精明能干的管理者总是认为他应该做点什么以改善局面，而这意味着改变品牌资产的某一种驱动元素，主要包括品牌识别、定位或者执行方式。他们会尝试去探究、诊断问题或趋势，并采取相应的行动，即使这些行动实际上对品牌造成了伤害。

回顾一下在黑天鹅绒威士忌的年度计划会议上，其品牌经理被问到计划如何改善品牌销售平平的状况（尽管整个行业的销售都在下滑）。"是这样，我将像行业中排名前5位的品牌经理那样去做"就是很好的回答，而且也有助于塑造并保护品牌资产，但这样的回答显然不能让人印象深刻，更重要的是，似乎不那么有趣。"我有一个令人瞩目的计划，它会在12个月内改进我们的品牌"，这样的回答听起来更专业，也更让人激动。

过高的热情

问题解决与行动导向通常伴随着提升品牌表现的热情。公司一般不会期望管理者的业绩同上年一样，为其设定的目标只会更高，在效率和利润方面尤其如此。如果品牌要提高业绩，那么一个显而易见的暗示就是必须有不同的举措。改变识别/执行方案就是选择之一。

前任制定的识别/执行方案

改变品牌愿景及其执行的压力通常会遭到其制定者的抵制。然而识别/执行非常可能被别人修改，尤其是已经有效执行了很长时间的方案。新接手的任期短暂的品牌经理对执行现有的方案几乎没有自豪感，也不愿过多地参与其中。他们非常有可能断言现有的品牌识别和信息与时下的市场没有呼应,有必要做出重大改进。通常决策者在制定这种决策时毫无压力。

战略误解

新的识别/执行方案无效

有时候,一种识别/执行方案需要很长时间才能深入人心,顾客需要慢慢适应新的品牌识别,方案的实施也需不断调整。品牌识别的建立有点像电视节目,刚开始的发展速度并不快,但一直在持续,只有经过两三年的成长才能成为热播节目。品牌识别的建立也需要这么长时间,才能有自己的受众,才能找到自己的利基市场,并为受众所熟悉。在此期间,有可能会增加、删除或修改一些品牌识别特征及其他元素,正如电视节目也要根据市场而不断做出调整。

品牌识别与执行方案需要不断吸收新的创意。例如,万宝路最初的形象是一个浑身刺青的粗犷男人,后来演变成一位牛仔,几年以后万宝路乡村才出现。万宝路对于初期品牌识别的效果的决策,现在来看可能也是不成熟的。

此外还存在"盲人陷阱",即虽然已经建立了优秀的品牌识别,但决策者没有认识到这一点。对于伟大的判断比常人想象的要难。有能力的人之间总是存在意见分歧,因为他们对识别/执行方案的判断总是基于不同的市场假设。调查研究的结果也可能模棱两可,因为判断品牌效果的标准不止一种,仅靠一次调查无法检验所有的标准。

新模式需要新的识别/执行方案

管理者总是凭直觉或训练形成的方式不断地探寻市场的发展趋势。对他们来说,最大的挑战是判断哪一种趋势代表了最根本的市场变化。消费者会保持不变还是出现变化?是否仅仅是昙花一现?低度葡萄酒

（如California Coolers）以及口感更清爽、更甜的碳酸类饮料（如卡迪娜）就是应景类产品的例子，并没有走到预期的目的地。这些产品以及推动它们取得短暂成功的市场力量都已经烟消云散了。

即使能够精确地探测到市场趋势的变化，也不能确定品牌战略就要随之改变。现有战略即使与主要的细分市场不合拍，有时候也比新战略的效果更好。例如，当慧俪轻体公司的业务在受到康之选公司的攻击时，其实可以继续坚持其专业的体重控制的品牌识别，这种坚持一致性的战略选择可能会使其缩小为一个利基市场品牌，虽然会让其感到有些痛苦，却可能使其业务发展得更稳健（尽管也更小）。

另外，面对新的形势保持现有品牌识别不变也有其有利的一面。当新的风潮退却之后，流失的消费者可能还会回归，继续原有的消费方式。此外，维持现有的品牌识别还可以避免一些风险，因为改变品牌识别的举措可能力度太弱，也可能太过迟钝或者执行不力，这些都会导致最终的失败。

能找到更优秀的识别/执行方案

管理者在决定是否改变品牌识别时，有时会忽略一个事实，那就是与新的识别/执行方案相比，他们对现有方案了解得更多。他们清楚地知道现有方案的缺陷在哪里，而未经验证的新方案无法预测，这就会出现那句格言所说的情况：这山望着那山高。但是，新的方案并不一定更好，或许在最佳的状态下，才能产生与现有方案相近的市场份额和利润。

还有一个类似的热情陷阱，品牌团队不断追求完美以及更加明显的绩效提升，事实上，达到这两种境地的可能性都微乎其微。这样做只不过是一种冲动或者资源的巨大浪费。问题的根本是"天才"的品牌识别和执行很难达成，部分原因在于能够完成此类重任的人物属于凤毛麟角，而且允许此类人才大展宏图的环境更加稀缺。

消费者对现有的识别／执行方案感到厌倦

事实上，常常是那些品牌管理者而不是消费者对识别或执行感到厌倦。当内部人员对于实施该方案感到厌倦甚至烦躁时，他们会认为消费者与他们的感受一样。许多品牌经理要比任何的目标消费群更多次地接触他们品牌的广告，当消费者第一次看到某品牌的广告时，管理该品牌的人可能早就看过数百遍了。

广告巨匠罗瑟·里夫斯曾宣称，他做的广告在市场上属于次优的，就能保持不败，因为竞争对手会因为厌倦自己的广告而进行更换。当被问及为什么他的客户安诺星（Anacin）公司用的是同一个广告，就要被收取高额佣金时，他回答说，因为说服客户的经理不更换现有广告是一件颇费周折的事情。

如果厌倦是更换品牌战略的一个理由，那么品牌管理团队有必要调查一下，对此感到厌倦的是不是消费者群体。另外请记住，消费者的厌倦未必就是坏事：拜耳和Charmin就是用一成不变的信息不厌其烦地与消费者沟通，从而创造了辉煌的业绩。

此外，需要把对定位与识别的厌倦和对于某一特定执行方案的厌倦区分开来，这一点很重要。在不改变定位或识别的前提下，执行方案是可以改变的，在本章后半部分，我将以吉露为例进行详细论述。

慌乱的执行

当改变已经无可避免时，最困难的是保持冷静和理性。在上述的诸多压力下，倾向改变的力量很难抗拒，尤其是市场表现出这种需要或者产品销量出现下滑时更是如此。但是在考虑长期的品牌识别转变时，轻率仓促的行为，有时候与惊慌类似，常常导致走向正确需求的反面。

米勒淡味啤酒的案例向我们提出了一些关于改变的重大问题。米勒淡味啤酒是淡啤酒市场的开创者，该品牌不是定位于减肥饮料，而是定位于口感好、喝了不肚胀,这种定位完全迎合了那些重度啤酒消费者。米勒淡味啤酒主要使用退役运动员做形象代言人,塑造了重视友情的男性品牌识别(这一形象既有阳刚之气,又不失幽默感,而且与运动乐趣相关),其目标是让观众感到自己是这一群体中的一员。广告的主人公与观众分享他们的私人趣事,而从来不给观众高高在上的感觉。米勒淡味啤酒品牌与消费者的关系就是在这样的氛围中建立起来的。

从20世纪70年代到80年代后期,由广告和事件营销支持的品牌识别获得了极大成功。但随后其市场份额开始下滑(从12.5%降至不到10%)。部分原因是康胜淡啤和百威淡啤吸引了青年人,而他们正是淡啤酒消费的主力军。在吸引这些年轻人的市场上,以前那些光芒四射的中年退役运动员变成了劣势。

于是,米勒淡味啤酒更换了广告代理公司,撤掉了以前的广告宣传(以及相应的品牌识别),代之以一些生气勃勃、乐观向上的广告,以"米勒是米勒,其他是其他"为主题。这一主题旨在强调米勒是淡啤酒市场的开创者,因此是最好的淡啤酒。不幸的是,新的目标顾客并不为之所动,因为他们中的大多数人在米勒淡味啤酒首次推出时还没有开始饮酒。

这次失败提出了一些问题:导致米勒淡味啤酒市场份额下降的原因是什么?如果是因为竞争者成功地吸引了年轻消费群体,这是否意味着米勒淡味啤酒也应该效仿竞争对手?米勒淡味啤酒撤销原来的品牌识别是否过于草率?如果现有消费群看到他们的老朋友转向新的目标市场,他们会不会不舒服,甚至恼怒生气?他们会不会认为自己被追求年轻人消费群的米勒淡味啤酒抛弃了?米勒淡味啤酒是否应该继续保持其原有的宣传活动并甘于接受市场份额的下降?米勒淡味啤酒的市场份额是否会因其偏离原有品牌资产而更加恶化?

难道除了改变品牌识别就没有其他方案了吗?这一问题更加切中要害。米勒淡味啤酒能不能只是对推广活动稍做变动,使之能更加吸引年轻人，而不改变品牌识别的核心：男性、被人接受、富有乐趣？也许可以用排球场上的年轻人来代替那些退役的运动员。

美国运通公司是类似的例子，其宣传口号"会员享有特殊待遇"定义了公司的上流阶层联想以及鲜明的品牌个性。然而，美国运通绿卡业务遭遇了严重滑坡，部分原因是竞争对手攻势过于猛烈，另外一部分原因是零售商认为美国运通收费太离谱。运通的反应是撤掉支持原有品牌识别的广告，使用新广告代理商制作的广告，内容是在一些非寻常环境中的一张被放大了的运通卡。

这一战略上的变更（无效而且短命）同样引起了一些问题：美国运通的这一举措是否有些草率？当竞争强度增加和市场发生变化而导致公司市场份额下降的时候，美国运通公司是否应维持原有的品牌识别不变？美国运通公司的改变是否加速了市场份额的下降？在这一案例中，美国运通公司最后决定停止新广告运动，并转回原来的广告代理公司继续寻求合作。

还有另一些品牌也尴尬地捡回那些被它们摒弃已久的口号和识别。肯德基的"烹饪鸡肉，我们是专业的"以及七喜的"非可乐"都是在长期放弃后重新被采用的宣传口号。所有这些以及类似的案例都表明，改变品牌的核心识别／执行方案要比想象的难，要证明替代方案比现有方案更加有优势，需要大量的证据。

搜寻青春的源泉

许多品牌面对的挑战是应对不断变化的环境，或者确保公司的品牌富有时代气息，同时又不偏离现有的品牌识别，因为这是品牌资产的关键元素。对品牌识别进行更新对那些历史悠久的品牌来说是一项巨大的挑战，这些品牌包括金宝汤、柯达、贺曼、通用电气、约翰迪尔、惠普、桂格麦片、雪佛兰、好事达、吉露和AT&T。

历史悠久的品牌（通常是各个行业中最老的品牌）一般都有"真挚"的品牌特征，例如诚实、正宗、健康、值得信赖、友好、亲近、富有同情心以及从不装腔作势。这类消费者品牌通常能引起消费者的情感共鸣，这或许会勾起他们的童年体验，或者是他们在童年时代就梦想能够拥有的。惠普与通用电气会激发消费者的信任和尊重，这使它们的品牌资产非常强大、价值很高。然而，这些品牌面临一个共同问题，就是它们也会日渐变得顽固守旧、不合时宜、令人厌烦。大多数品牌都要不断努力变得富有时代气息、生气勃勃、充满活力。

历史悠久的品牌面对的问题有两类。一类是消费品品牌，例如吉露和李维斯，它们需要吸引更年轻的消费者（儿童、少年以及青少年）的兴趣。在这些行业里，被认为老旧过时会是一种致命的缺陷，因为在品牌识别上没有禁锢的竞争者会全速向前，争取那些看着MTV长大的一代。另一类问题是那些经营高科技产品和耐用品的公司经常遇到的，它们可能会仅仅因为历史比较悠久，就会被认为在技术上已经落伍了，在这个技术日新月异的时代，这种感知构成了公司发展的巨大障碍。

如果像米勒淡味啤酒所做的尝试那样把原有识别全盘否定，就像是推倒老房子重盖新房一样，这些公司感到没有任何限制，而且可以设计一个尽善尽美的方案。不过，有一个更经济的办法，就是在某些材料的基础上对老房子加以修缮。一种修缮方法是重新装修，即让品牌识别得以演进；另一种修缮方法是扩建，扩大房间、增加房间或修建侧厅，这种方式是对品牌识别进行延展。

品牌识别演进

当一个人慢慢地减肥，或是逐步戒除一些嗜好时，要经过一段时间这些变化才能被人注意到。同样，一个品牌也可以通过逐步演化，变得富有时代气息，同时不会显得陌生。有时，品牌识别的演进只需改变一些延伸识别，而有时核心识别也需要改变。品牌识别变得富有时代气息有很多种方法，包括使用符号、名称、口号以及推出新产品。

符号

品牌符号就像是一个参照物，只要品牌识别的符号有更新，品牌就没有停留在过去。正如品食乐的面团宝宝，随着时间变得更加活泼生动。同样地，还有贝蒂妙厨、杰米玛阿姨（Aunt Jemima）、维珍妮、Charlie women，以及莫顿女孩（Morton Salt girl），都随着潮流变化和时代特征做出了改变。保诚保险为了使公司更加富有现代感，将其直布罗陀岩石演进得更加抽象。在所有这些案例中，符号的意义并没有实质性变化，其公司无一例外地都希望品牌符号仍然能体现品牌的传统。

名称

为了适应经过演进的品牌识别，过时的品牌名称也需要加以改变。例如，联邦快递（Federal Express）将公司名称改为FedEx，部分原因是淡化"联邦"（Federal）这个字眼。在隔夜快递业务刚出现时，"联邦"这个词意味着稳定可靠，然而现在，这一字眼却显得有些军事化和富有政府色彩，容易让人们将其与美国邮政的快邮业务混淆。[1] FedEx名称更精简且更富有时代感，事实上早被顾客用作联邦快递的昵称了。与公司新名称相伴而生的新标志改用更大、更粗、更富有时代气息的字体。所有这些都与FedEx当时创新型全球领导者的识别相契合。

口号

通用电气的故事向我们说明了广告口号在公司品牌识别演进过程中的作用。一个有效的广告口号能体现公司品牌识别的本质，而且与品牌名称比起来，广告口号更容易改变、替代和延展。通用电气在广告口号中先是用**技术**代替了**电气**，后来又使用了**技术进步**，每一次变更都赋予通用电气品牌更多的时代视角。通用电气的广告口号最终发展到现在的"给生活带来美好"，包含了更多的情感因素。所有这些主题都与通用电气的核心概念相契合，这是一家通过技术创新来改善人们生活的企业。与此同时，这些演进涵盖了公司业务的扩展，从电气发展到更广阔的技术与创新领域。

新产品

桂格麦片公司利用新产品和时代潮流感来更新已经老旧过时的品牌。公司热麦片系列的"燕麦人"及其著名的蓝色柱形包装，有以下几种传播力：风格古朴但具有营养的特性、具有诚实的形象、包含健康元素、勾起童年的美好回忆。然而它也被认为不方便，口感不佳，甚至有某些威权的意味。为了富有现代感而又不失传统，桂格推出了一些新产品，例如微波麦片杯（增加了香料和甜料以改善口感）、即食燕麦片以及桂格烤制谷类麦片。这些新产品弥补了品牌识别的缺陷，同时为品牌注入了活力。

另一个有关新产品的故事是吉露公司的 Jigglers。吉露拥有 100 多年历史，具有强烈的儿童和乐趣相关的联想——孩子可能会把屋子弄得一团糟，却很有创造力，并且能从中获得乐趣。吉露还具有母亲和家庭的联想（妈妈给孩子做吉露果冻是一件有意义的事）。然而到 20 世纪 80 年代后期，吉露不再被 MTV 一代认为是重要的，其销售额下降了将近一半。Jigglers 的推出使人们能够享用便携式餐后甜点，带来一种创造性的体验，重新复苏了吉露与儿童/乐趣/母亲有关的品牌识别。该产品是用促销的方式推出的（附送小雕刻器，帮助人们把 Jigglers 切割成有趣的形状），这一方案迅速得到了 500 多万人的市场响应。

品牌识别延展

第二种方案是维持现有的品牌识别不变,但通过增加延伸或核心识别要素使之得以延展。可供增加的要素很多,例如,不同的属性或个性特征、新的细分市场、新的用户形象、产品线的延伸以及新的情感利益等。下面挑选其中几个加以论述。

增加新的用户形象

为了吸引年轻人,李维斯在电视广告、促销活动以及其他广告中使用了都市化的、时尚的用户形象,而过去的品牌个性以双手插在牛仔服中的矿工和牛仔为特征,两者大相径庭。(详见第 5 章有关使用者形象与品牌个性的讨论。)正如第 5 章所述,该品牌所面临的问题是确保其品牌传统的联想及核心识别没有被削弱。

在多年试图改变公司形象的努力失败之后,杜邦公司终于找到了用户形象这一正确的途径。新广告展示的是一名残疾篮球运动员,他的假肢是用杜邦技术制作的。这一联想通过个性化和情感化的方式传递了公司在技术革新方面的优势,从而延展了杜邦的品牌识别。

产品线的延伸

将公司品牌用于其他的产品类别也是延展品牌识别的一种方式,这种延展不仅增加了产品类别联想,而且增加了这类产品的相关属性。例如,卡迪娜是具有正宗意大利传统和联想的强势食品品牌,当雀巢公司用卡迪娜的牌子推出速冻意大利面和酱汁时,为卡迪娜注入了新的活力。这一品牌获得了持续的健康成长,如今卡迪娜已成为雀巢公司的战略性品牌。

增加情感利益

雀巢 Taster's Choice 长期以来都被认为是当今快速生活中方便与

美味食品的供应者。在其早期广告中，它是一个英雄式的品牌，可以让年轻妻子用来愚弄她们的丈夫，以为他们喝的咖啡是刚研磨出来的。然而，20 世纪 90 年代，品牌通过一系列广告肥皂剧增加了新的识别维度。广告讲述了一个男人与一个女人如何相遇并最终坠入爱河。尽管这对爱侣仍然体现了 Taster's Choice 这一品牌的核心识别，即为忙碌的年轻专业人士提供方便、美味的咖啡，但是他们的传播方式更加现代（用一种令老观众感到是明目张胆挑逗的性张力）。最终的结果是人们一想到这一品牌，马上就会联想到广告中的情感，与此同时联想到广告所暗示的产品品质。(Taster's Choice 的品质激发了这对爱侣最初的交往动机，并为进一步的约会提供了理由。) 通过这一广告的传播，Taster's Choice 的市场份额在 3 年中增加了 3 个百分点，这在一个稳定的市场中是一项了不起的成就。

利用子品牌

品牌识别的延展往往需要子品牌帮助其增加新的形象维度，尤其是涉及新产品线或开辟新细分市场时更是如此。例如，由安德烈·阿加西代言的佳能叛逆相机就为这一成熟品牌注入了年轻与活力。此类情况下对子品牌的运用将在第 8 章进行讨论。

与传统品牌识别建立联系

当一个已经长期运营的品牌发生令人瞩目的重大变化时，它就会面临一个风险，即传统的品牌识别可能被削弱或者失去影响力。那么，如何在改变的同时进一步强化品牌的传统形象呢？

符号

可口可乐公司求助于好莱坞最具创意的天才，希望他们能够创作一些不一样的广告，打破传统广告"一种图像，一种声音"的模式，即一个促销广告里只用一种创意形象和声音。可口可乐公司为其各个细分市场量身定制了 28 种具有现代风格的广告,事实上有些广告已经与 MTV 没有区别了。为了将这些强大的新形象同可口可乐的传统联系起来,新广告重新采用了可口可乐的瓶子标志。当然,这样一来可口可乐公司又有了新问题,就是向那些不熟悉其品牌历史的十几岁的青少年解释这个瓶子标志的含义。

在耐用品市场,美国无线电公司(RCA)一直寻求建立一种技术与创新的形象,方法是推出一系列的新产品(如背投式家庭影院)和以"再一次改变娱乐"为口号的广告运动。为了使新形象与品牌的传统联系起来,美国无线电公司重新启用了 Nipper(Nipper 是一条狗,它在听带有美国无线电公司标志的留声机,这一符号从 20 世纪初以来就一直被应用),并引进了 Chipper,Chipper 也是一条小狗,代表了新的美国无线电公司。在一个广告中,这两条狗正在一起欣赏一套娱乐系统。这两个符号不仅与其品牌传统联系起来,而且提供了差异化的关键元素。

创新的传统

柯林斯无线电公司是一家太空器材公司,它以公司的传统和历史为背景,讲述了一段有关创新的故事。故事要从公司的创始人阿尔·柯林斯讲起。1925 年,十几岁的柯林斯开发了当时唯一能与北极探险者联络的技术。8 年之后,海军上将伯德在其历史性的北极考察过程中就装备了柯林斯的无线电设备。1950 年,柯林斯无线电公司率先研制出了无线电导航系统。1963 年,人类的太空之旅靠的就是柯林斯无线电公司的通信设备。在广告中,每一次的创新都采用发行纪念邮票的方式记录下来,以强调公司在历史上就一直处于技术前沿。这不仅提供了联系现状与传统的纽带,而且也支持了公司的创新和技术领先的定位。

建立品牌资产

品牌的最终目标是形成品牌资产，它具有价值，并可以长期发挥作用。因此现有的品牌识别资产可以作为基础，在没有放弃或者削弱其潜在价值的前提下，能够进行演进或延展。在注重品牌改变带来的价值时，也要综合考虑保持一致性的价值和来之不易的传统的力量。

思考题

1. 为你的重要品牌建立一个品牌识别、定位与执行方案的发展轨迹。品牌的第一次定位之后，品牌的传统有哪些？哪些已经改变了？哪些历经时间而保留了下来？那些变化有效吗？现在再考虑一下你的主要竞争对手的品牌，哪一个竞争对手的定位、符号与视觉形象应用得最持久？它们从中获益了吗？
2. 在你的组织中对于改变有偏见吗，为什么？如何降低或者淡化这种偏见？
3. 评估一下目前你公司的定位及执行方案，它们是否经过很好的构思？你是否认为它们很棒？它们的效果如何？它们现在是否仍在很好地发挥作用，还是已经过时了？它们是否富有时代感？它们是否对所有的目标市场都有效？
4. 如何使目前的定位与执行方案更具活力、更新颖，但又不会影响其根本内容？有没有使品牌永葆时代感的方法？

BUILDING STRONG BRANDS

第 8 章

管理品牌系统

整体在本质上一定优先于局部。

——亚里士多德

品牌之屋就像一个家庭，每个品牌都扮演着某种角色并与其他品牌存在某种关系。

——杰弗里·辛克莱　品牌战略学者

关于品牌系统

不久以前，大多数品牌还仅仅是单一的符号，分别代表不同的产品或服务，如惠普代表测试设备，米勒啤酒代表一种特定的啤酒，凯迪拉克代表某种汽车，AT&T 则代表电话服务。

现在的情况已经大不一样了，大众市场碎片化造就了多种消费者细分市场，每个市场都要求不同的品牌识别。例如，在购买雷克萨斯轿车时，年长的购车者要比年轻的购车者更多地希望发现雷克萨斯轿车的不同之处。有时，公司会将品牌延伸至与现有产品没有明确关系的领域，很多公司的品牌组合让人迷惑，各品牌之间的关系错综复杂。

这样做的结果是，很多公司都在疲于应付不同情境下不同的品牌识别，以满足不同细分市场顾客的不同要求。例如，惠普公司除了管理有众多市场和产品的惠普母品牌外，还要处理一系列复杂的相互关联的子品牌，例如打印机品牌（包括 LaserJet、DeskJet、DesignJet）、软件品牌（有 HP VidJet Pro）、测试设备（TestJet）、电脑硬件（有 LaserJet Resolution Enhancement）等。啤酒消费者在饮用米勒啤酒时也有众多的子品牌可以选择，例如米勒淡味啤酒、米勒 Genuine Draft、米勒 Genuine Draft Lite 以及米勒 Super Dry 等。凯迪拉克旗下的品牌包括 Seville STS、Eldorado Touring Coupe、Fleetwood Sixty Special、Allante、DeVille 以及 Brougham（这还不包括部件品牌，如 Traction Control、Speed-Sensitive Suspension、Zebrano wood、Cabriolet Roof 及其他十几种品牌）。AT&T 更是有 1500 多个品牌要管理和协调。

在同一个公司内部产品与品牌的扩散，既引起了我们的关注，也提出了挑战。在什么情况下使用另一个品牌是可行的？当一系列不同的品牌同时存在于细分市场上时，如何获得协同效应？如何避免相互重叠的品牌互相削弱？如何减少造成混乱的因素？品牌复杂性意味着同一个品牌有时要扮演不同的角色，这些角色需要很好地协调。例如，在一种情境下品食乐是产品线的品牌，在另一种情境下又是一个背书品牌，再换一种情境就是公司品牌。这样做是否明智？是否存在风险？最后，现有的品牌与未来品牌、子品牌、战略品牌之间需要很好地协调，而这是一件很棘手的工作。

品牌系统的目标

在复杂的环境中管理众多品牌有一个要点，就是既要将它们作为独立品牌来考虑，又要把它们看作一个品牌系统中的成员。在这个系统内它们必须相互支持。一个品牌系统可以作为新产品或新品牌的发布平台，也可以作为系统内所有品牌的基础。但是，为了这个系统能够茁壮成长，系统内的品牌之间必须有一个关系的准则：它们必须像系统支持它们那样去支持整个系统。

从品牌系统的角度看问题还有助于资源的分配，因为这个角度让我们明确一个品牌在产生自己价值主张的同时，也在通过协助其他品牌创造价值。因此，系统的观点也提出了一个新问题，即某一品牌的投资是否给整个品牌系统带来好处？

整个品牌系统的目标与单个品牌识别的目标是有本质区别的，品牌系统的目标包括以下几种。

- **寻找共性以产生协同效应**　一组品牌虽然可能会因品牌名称（如慧俪轻体或卡夫）或部分品牌名称（如惠普的 bet 系列）而产生联系，但代表着不同的产品或市场，因而具有各自的品牌识别。这种情况带来的挑战就是要寻找众多品牌的共性，以便增强品牌的协同效应，这种协同的表现形式要么是增强整体的影响力，要么是减少执行的费用或精简过程。

- **减少对品牌识别的损害** 不同情境中不同的品牌识别和角色有可能会削弱某一品牌。因此管理品牌系统的另一个挑战就是尽量避免产生这种不利的后果。
- **产品的条理性** 品牌系统的目的还应包括降低产品过多所造成的混乱,做到条理清晰。
- **促进变化和调整** 所有的品牌都要根据外部力量的变化做出改变和调整。品牌系统有助于管理这一过程,使得改变及时且有效。
- **分配资源** 每一种品牌角色都需要一定的资源。品牌投资决策常常基于与这一品牌相关业务的孤立分析,而忽视了这一决策对系统内其他品牌的影响,另外,对品牌未来的角色也考虑得不够充分。

品牌层次

如表 8-1 所示,系统内的品牌通常可以很自然地划分为几个层次。各层次的品牌在整个系统中扮演着不同的角色。某一层次的品牌通常会与其他层次的品牌有着重要的联系(这一点将在本章后面以及第 9 章介绍)。

表 8-1 品牌层次

公司品牌	通用汽车	雀巢	惠普
系列品牌	雪佛兰	三花	HP Jet Brand
产品线品牌	雪佛兰卢米娜	三花速溶早餐	LaserJet IV
子品牌	雪佛兰卢米娜 Sports Coupe	三花速溶早餐 瑞士巧克力	LaserJet IV SE
品牌化/零配件/服务	Mr.Goodwrench 服务系统	阿斯巴甜	分辨率增强技术

在品牌层次的最上端是**公司品牌**,它定义了产品或服务背后的公司。例如,通用汽车的公司品牌代表了生产通用汽车的组织,包括人员、规划、系统、价值和文化。雀巢与惠普也都代表了各自的公司。

系列品牌代表的是涵盖几种产品类别的品牌。如通用汽车、雀巢、惠普这样的公司品牌本身就是系列品牌。另外，通用雪佛兰品牌涵盖的产品系列包括厢式车、卡车和轿车；雀巢三花品牌涵盖了速溶早餐、炼乳及婴儿奶粉等产品；惠普的 Jet 系列品牌则涵盖了 DeskJet、LaserJet、OfficeJet、FaxJet 以及 DesignJet。

系列品牌下面如果还存在品牌，就是**产品线品牌**。这些品牌代表了公司的特定产品，如雪佛兰卢米娜、三花速溶早餐以及惠普 LaserJet IV。这些品牌还可以通过**子品牌**进一步细化，例如 LaserJet IV SE、三花速溶早餐之瑞士巧克力，以及雪佛兰卢米娜的 Sports Coupe。如果产品更多，那么还可以通过第二层和第三层的子品牌继续细化。

最后，品牌还可以根据零配件及服务品牌进一步加以描述。雪佛兰提供 Mr.Goodwrench 服务系统，三花应用了阿斯巴甜，LaserJet 具有分辨率增强技术服务。

理解品牌角色

管理品牌系统的第一步是仔细审视系统中的每个品牌。每个品牌识别都要依据第 3～6 章介绍的框架进行评估。在本章及第 9 章，我们将讨论的重点由单独品牌转向品牌系统中各品牌间的关系，以及各品牌在不同情境中所发挥的作用。理解这些作用和关系对品牌系统的建构与有效管理至关重要。

图 8-1 概述了品牌在系统中所扮演的角色，这些角色及品牌延伸的问题将在本章和第 9 章逐一介绍。本章还将探讨品牌系统建立的关键问题：品牌系统中包含多少品牌最合理？品牌数量多到什么程度才会造成混乱，并过度摊薄传播资源？第 9 章还将从多个角度探究品牌名称的运用，包括使用垂直延伸和水平延伸及系列品牌、类别品牌、联合品牌等。

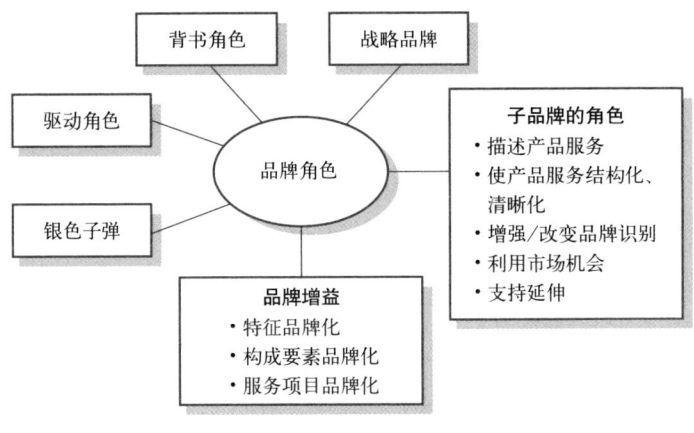

图 8-1　品牌角色

驱动角色

驱动品牌是指能够促使消费者做出购买决策的品牌，它所代表的正是消费者通过购买想得到的。扮演驱动角色的品牌所体现的正是与顾客购买决策及使用体验密切相关的价值主张。以吉列的 Sensor 剃须刀为例，顾客购买的是一种以 Sensor 命名的技术和功能。因此，Sensor 就成为一种驱动品牌，它的名称和符号需要具有强有力的识别，在包装和货架上醒目易见，并给顾客留下深刻的印象。再比如，品食乐的微波爆米花，公司名称是驱动品牌，因为它代表着产品的价值主张（品食乐公司提供高质量的微波食品），而"微波爆米花"只是一个通用的描述。相反，对于通用磨坊的 PopSecret，PopSecret 是驱动品牌，因为它代表着产品（一种性能卓越的秘密配方）的主要价值主张，而通用磨坊仅仅起着背书作用。

现在再看看宝马 700 系列或雷克萨斯 300 系列，对大多数消费者来说，宝马和雷克萨斯是驱动品牌，因为他们购买的是由宝马或雷克萨斯所体现的价值，而不是某种具体车型所传递的价值。对于福特金牛座和马自达米埃塔而言，则存在两个驱动品牌。例如，在影响顾客的购买决策和界定使用体验方面，金牛座与米埃塔的名称和形象要比福特及马自达更有效，但是后者仍然会发挥一些积极作用。在这种情况下，了解每个品牌的相对影响力就非常重要。如果既定的品牌战略是让金牛座成为驱动品牌，但实际消费者是基于福特的识别进行购买的，这可能表示金牛座的传播方案是无效的。

如果产品品牌分属不同的公司，双驱动品牌就会造成一些冲突。在 Intel Inside 的推广方案中（如第 1 章所述），康柏公司感觉英特尔正在成为驱动品牌，康柏品牌受到了削弱。因此即使要付出很大的成本，面临巨大风险，康柏公司还是从该项活动中退了出来。康柏公司希望确保对自己制造的电脑而言，康柏仍是驱动品牌。

品牌在多大程度上发挥着驱动品牌的作用，既影响该品牌所需要的投资，也影响该品牌识别的本质。如果发挥着驱动品牌角色的品牌识别没有带来真实的消费者反馈，就说明该品牌没能很好地履行自己的角色职责。

背书角色

背书品牌的角色为驱动品牌的承诺提供支持和信誉保证。由于公司品牌通常代表的是一个拥有员工、文化、价值观和规划的组织，因此非常适合于支持驱动品牌，也常常扮演背书者的角色。

例如，通用磨坊是 Cheerios 的背书品牌，吉列是 Sensor 的背书品牌，惠普则是 LaserJet 系列打印机的背书品牌。这些背书品牌的主要作用是让消费者相信，他们购买的产品能够传递品牌所承诺的功能利益，因为这些品牌背后的公司经营良好、实力雄厚，这些公司只和强大的产品联系在一起。背书品牌可能在某些领域具有特殊的信誉（例如食品领域中的贝蒂妙厨、小型发动机领域的本田），有的则具有保护伞效应（如通用电气）。

对新产品或未经测试的产品来说，这种背书尤其重要。实际上，一些背书品牌在提供最初的支持后，其影响有时会逐渐淡化。例如李维斯在推出新品 Dockers 时，它作为背书品牌向 Dockers 的零售商和消费者提供了信誉保证。通常情况下，李维斯这一品牌名意味着年轻、粗犷的都市男性的粗布牛仔裤，而 Dockers 则瞄准那些追求不同款式和风格的中年男性。李维斯的品牌识别存在着被 Dockers 稀释的风险，反过来，李维斯的品牌识别也可能限制 Dockers 进入到相对时尚的服装领域。当 Dockers 慢慢发展壮大以后，便应该逐渐摆脱李维斯的品牌背书。

尽管如此，背书品牌仍然可能在品牌的生命周期中发挥作用。当竞争品牌开始挑战 Sensor 时，作为背书品牌的吉列便出来提供信誉保证了。消费者正在考虑是继续使用 Sensor 还是转换品牌时，吉列品牌所提供的额外信誉就起到了至关重要的作用。即便如此，Sensor 作为驱动品牌，在争取和保持顾客方面仍然必须发挥着主要作用。

对惠普测试仪器之类的耐用品或工业用品，背书品牌可以向用户传递一个信号，即这一品牌将得到大型企业在维修服务和配件方面的强力支持。对于即将在产品上投入巨量的资金和时间的顾客来说，他们想知道在所购品牌的背后有一些资源和承诺在支持，而背书品牌正好能够传达这样的信息。

如果一个品牌既代表了产品的价值主张，又代表了组织提供的支持，就会同时集驱动品牌和背书品牌双重角色于一身。例如，对惠普数字电压表这一测试仪器，惠普（作为组织）扮演了背书品牌的角色，惠普（作为产品）扮演了驱动品牌的角色；对通用电气喷气发动机来说，通用电气既是驱动品牌（作为产品），又是背书品牌（作为组织）。

品牌桥接战略

李维斯Dockers的案例说明了什么是品牌桥接战略,即担保品牌首先在外围发挥作用,然后为了支持产品的独立发展,逐渐淡化背书品牌的角色。[1]在Dockers案例中,驱动品牌与背书品牌的品牌识别不相匹配,并且如果Dockers没有和母品牌绑定,可能会有一个更好的发展空间。Cup-A-Soup(立顿)、Twinkies(Hostess面包坊)以及Intensive Care(凡士林)是品牌桥接的另一些例子,它们都是在驱动品牌发展壮大到足以独立时,背书品牌便撤出或者淡化其影响。

背书品牌的作用

两位英国的研究人员考察了英格兰两大主要杂货供应链。[2]他们从这两大供应链中挑出排名最靠前的20家供应商,又从这20家供应商中的每一家挑出排名最靠前的20个品牌进行研究。他们将这400个品牌的品牌战略分为4种类型。前两种类型(占样本总量的48%)只有驱动品牌而没有背书品牌。后两种类型(占样本总量的52%)则仅有背书品牌。

- 公司(分公司或子公司)支配(驱动者)品牌名称(即公司名作为品牌名),占样本总量的16%,如壳牌石油、亨氏番茄酱。
- 品牌支配名称,即只有一个品牌名称,占样本总量的32%。宝洁和玛氏主要采用这种战略。
- 背书品牌,即公司(或分公司和子公司)名称作为驱动品牌的背书品牌,占样本总量的14%。采用这一战略的有联合利华和3M。

- 双重品牌，即公司名称与品牌名称同样重要，占样本总量的 38%。包括吉百利 Dairy 的牛奶巧克力、吉悦猫粮的 Gourmet A La Carte。

战略品牌

试图支持和发展所有品牌是在冒险，这种政策事实上常常会扼杀创造或维持真正强势品牌的机会。资源通常都被浪费在问题品牌上了，战略性的做法是将品牌分成放弃品牌、现金牛品牌及战略品牌，然后根据品牌类别配置资源。

放弃品牌是指在一个缺乏吸引力的市场上的品牌，它的定位很弱，或者是不符合公司的愿景。这些品牌的市场可能竞争激烈或利润微薄、产品销量平平甚至开始下降，要么就是这些品牌在市场上缺少差异点，要么就是需要巨额的投资才能获得竞争优势。有时候可能因为行业的变动，如分销系统的变化，使得品牌的定位比预期更加恶化。最后，这些品牌还可能不符合公司未来的发展方向。在上述这些情况下，企业就应该考虑减少对这种品牌的投资，甚至放弃这种品牌。

现金牛品牌是指那些出现疲态，但仍然深具实力的品牌。这些品牌可能有一定的核心顾客群，仍然具有合理的利润。因为这些品牌只需最小的投入就能维持，它们能提供大量的现金流以支持其他品牌。

战略品牌是指对组织的未来绩效有重要影响的品牌。一个品牌之所以被认为具有战略价值有两个理由。首先，这些品牌未来能带来可观的销售和利润。这些品牌有可能已经是主导品牌（有时甚至是该领域中的品牌大鳄），需要维持或扩大其市场地位，也可能目前市场还很小，但正朝着主导品牌的目标迈进。

其次，这些品牌可能是其他业务或公司未来愿景的**关键**。例如，IBM 将 OS/2 作为战略品牌，并不是因为其销售前景，而是因为 OS/2 体现着控制 IBM 电脑产品线操作平台的能力。如果其他操作平台（如微软的 Windows 95）成为市场标准，那么 IBM 在硬件及应用软件领域的影响将处于下风。再比如奥兹莫比尔，奥偌拉是其战略品牌，在某种程度上是因为奥偌拉代表了奥兹莫比尔的革新，如果奥兹莫比尔要重塑辉煌，奥偌拉必须要成功。万豪酒店的万豪旅享家（向常住顾客提供的奖励）是它的战略品牌，它代表了未来酒店行业差异化的关键领域。

为了履行战略品牌的使命，公司应调动一切资源以满足其需要。即使在问题品牌的销售和利润目标岌岌可危的时候，对于战略品牌的支持也不打一点折扣，这是创立战略品牌的关键所在。

子品牌的角色

子品牌是指品牌系统中区别产品线中的一部分产品的品牌。例如，别克利用路霸这个子品牌将该车型（包括其特征与个性）与 Riviera 等其他车型区别开来。这些车都是别克车，都由别克品牌名作为保护伞，但又各不相同。

子品牌可以是驱动品牌也可以是描述性品牌。例如，对于通用磨坊的 PopSecret，子品牌就起着驱动品牌的作用；在品食乐微波爆米花案例中，子品牌是一个描述性品牌。

为了建立一个一致有效的品牌系统，了解子品牌的作用，确定它们在不同场合分别扮演什么角色非常重要。一个正确的子品牌战略包括几个方面。首先，子品牌应该支持母品牌的品牌识别，并与之保持一致；其次，子品牌要能完成下面一项或多项任务，并以此创造价值。

- 描述产品服务。
- 使产品服务结构化、清晰化。
- 增强或改变品牌识别。
- 利用市场机会。
- 通过强化或调整母品牌，促进品牌的垂直延伸或水平延伸。

另外，子品牌运营的成本也应该适度，要求是建立和维持子品牌的投入较小，或是子品牌的业务足够大，能够为自身的发展提供资源。子品牌的前3个作用将在下面进行讨论，最后一个作用，即支持垂直延伸与水平延伸，将在第9章讨论。

描述产品服务

承担描述任务的品牌主要传达品牌的产品类别、特征、目标市场、功能等信息。因为这个原因，它通常不会被当作驱动品牌来发展。在欧乐B牙齿与齿龈护理牙膏，以及欧乐B抗牙菌斑漱口水案例中，描述性品牌（牙齿与齿龈护理牙膏和抗牙菌斑漱口水）指出了产品的功能。尽管这是两种不同的欧乐B产品（会有不同的联想和价值主张），但驱动品牌都是欧乐B，主导着消费者的购买决策，并且界定了两种产品的使用体验。

描述性品牌的优势在于子品牌不会分散对驱动品牌的注意力或者淡化驱动品牌。例如，神秘谷低脂调味品中的"低脂"不会分散顾客对神秘谷的注意力，并且神秘谷会从低脂产品线的广告和终端中获得支持。如果神秘谷想给低脂类产品线冠以独立品牌名（例如，公司曾试图为这类产品冠以"Take Heart"的名称，但遭到美国食品药品监督管理局的强烈反对，因为该名称具有有益健康的暗示），该新名称可能会扩充低脂产品线，而不仅限于调味品。这样一来，神秘谷就降格为背书品牌了。

不过一个品牌是描述性品牌并不意味着它不能成为驱动品牌。李维斯 Loose 就是一个描述产品主要特征和功能的品牌，但它本身又是一个重要的品牌，它的特征和用户形象与李维斯大不相同。于是，Loose 就很有必要具有自己的独特形象，并成为驱动品牌。

让我们考察一下以下描述性品牌。

- **普瑞纳（Purina）狗粮**：Dog Chow、Dog Chow Little Bits、Hi-Pro、Fit & Trim、Puppy Chow 及 Puppy Chow Chewy Morsels，都是普瑞纳的子品牌。普瑞纳有时扮演着驱动品牌的角色，有时扮演着背书品牌的角色。对 Puppy Chow 和 Dog Chow 来说，普瑞纳是背书品牌的角色，而对 Hi-Pro 和 Fit & Trim 来说普瑞纳则是驱动品牌。需要注意的是这里有两种层次的子品牌，如 Puppy Chow 和 Puppy Chow Chewy Morsels。另外还需注意，描述性子品牌要么描述用户利益（如 Fit & Trim），要么描述产品特征（如 Chewy Morsels）。
- **通用灯泡**：柔白、三向、阅读灯泡、全透明灯泡、耐用灯泡、节能之选、派对灯泡（彩色灯泡）。
- **佳洁士牙膏**：佳洁士防垢牙膏、佳洁士清新薄荷防垢牙膏、佳洁士小苏打牙膏、佳洁士儿童 Sparkle 牙膏。
- **PertPlus 洗发水**：儿童免撕 PertPlus、去屑 PertPlus、烫发/彩发专用 Pert-Plus。每种品牌都有适用于干性、中性及油性头发的产品。在这一案例中，子品牌构建了一种产品结构，消费者首先选择一种子品牌（如去屑 PertPlus），然后再选择适于干性、中性或是油性头发的产品。
- **通用微波炉**：通用空间节省型（可以放在柜子里）、通用双波（微波炉里是双层结构）、通用旋转架（有旋转食品架）。这些子品牌都描述了产品的特征。

确定细分市场

描述性子品牌表明了它所提供的正是细分市场寻求的功能利益与情感利益，从而明确了细分人群。这样，消费者更易于做出合适的购买选择。例如，微软商用和微软家用软件包就描述了商用电脑与个人电脑两种不同的细分受众市场。

前缀与后缀

企业可以使用与子品牌相关的前缀和后缀来创建一系列描述性子品牌。麦当劳用"Mc"前缀将其产品归于不同的子品牌，如麦香鸡（McChicken Sandwich）、麦满分（Egg McMuffin）和豪华瘦身汉堡（McLean Deluxe）。惠普公司则使用后缀"Jet"将其产品划分为LaserJet、DeskJet 和 DesignJet 打印机三个子品牌。

使产品服务结构化、清晰化

当公司开发一种新产品或新服务时，一般有两种目的：一种是满足现有市场上那些还没有得到很好服务的利基市场的需求；另一种是提供给公司尚未触及的新市场。但很不幸，公司提供的产品越多，消费者的困惑就越多。顾客在一个与品牌识别不符合的场合看到了该品牌，他们会感到困惑，品牌究竟代表什么呢？而且，当品牌进入新的利基市场，提供不同的功能利益和情感利益时，顾客的期望更难得到满足，并容易导致他们的不满。

子品牌提供了一种途径，它以同一个品牌名称提供不同的产品或服务不同的市场，同时能将迷惑消费者和稀释品牌的风险降到最低。它不仅给消费者提供了新的选择，而且创造了一种架构，将品牌选择做了定位。顾客可以借此理解新产品是品牌系统的一部分，至少拥有原品牌识别的部分特点，但是新产品在关键维度上与品牌系统中的其他产品有所不同。

弗特酒店

以英国的弗特酒店集团（Forte Hotels Group）为例。曾有一段时间，弗特酒店集团兼并了英国的多家酒店，但这些酒店的品牌有的是重合的。作为一个集团，所辖酒店的住宿业务风格很广泛，既有最朴素的也有豪华型的。结果，在一家酒店住宿之后，客户就对以后的住宿环境形成了期望，但在下次住宿时，环境变了，客户的预期很可能得不到满足。当感受不到预期的舒适时，一些客户会非常失望，而对另一些客户而言，再次住宿的价格远远超过他们的预期，他们感到非常吃惊。总之，结果就是客户感到既困惑又失望。

1989年，弗特酒店集团决定培育5个各不相同的子品牌，所有的子品牌都隶属于弗特酒店集团，它们是：

- 弗特Travellodge——路边的经济型酒店，备有简单、现代的房间，位置便利，通常位于主干道旁边。
- 弗特Posthouse——三星级酒店，备有舒适的房间、精致的餐厅以及会议设施，价格优惠。
- 弗特Crest——高品质的现代商务酒店，专门提供个性化服务，大多位于欧洲的主要城市中心。
- 弗特Heritage——集英国酒店的传统风格于一身，提供舒适、个性化以及具有明显特征的综合性服务。
- 弗特Grand——集一流国际酒店特点于一身，提供符合欧洲传统标准风格的舒适服务。

另外，在宣传方面，弗特这个名字还被巧妙地附着在知名的大酒店之后，如伦敦的海德公园大酒店（Hyde Park）以及巴黎的乔治五世大酒店（George V）等。

子品牌策略为多样化的产品系列带来了明确的意义。每个新品牌都以其意义和个性创造了一种形象，相比之下，被取代的品牌是弱势的，也容易让顾客疑惑。现在，服务企业经营中的关键因素——客户预期，已经处于管理之下了，因此客户很少再感到失望和困惑。

子品牌策略已经促进了弗特品牌的发展，它可以支持全面销售和预定系统，在竞争激烈的酒店业内，这两个都是非常关键的因素。当客户在子品牌族群中寻找可信赖的信号并寻求一致性的服务时，它也能扮演背书者的角色。

通过改变联想增强／改变品牌识别

子品牌的第三个功能是在诱人的新产品市场上创造竞争所需的品牌联想。新业务领域的分析通常显示，新品牌的开发成本奇高，企业无法承受。现存的品牌无法满足新的形势，因为其品牌联想无法提供必要的优势，即履行不了其责任。另外，将品牌延伸到新的领域会有风险，因为可能会稀释品牌现有产品类别或者属性联想。

解决这种两难问题的一种可行方法就是运用子品牌。如果子品牌经营良好，就可以从母品牌上汲取一些声望的保证，再加上其他无形的个性维度描述。子品牌可以有更大的品牌联想的空间，可以减少淡化母品牌的风险。本质上而言，这是内部创造的合作品牌或者双重品牌。

支持新观念或新目标

Sure 止汗剂是由宝洁公司推出的男女都适用的产品，是同类产品中强有力的竞争者。当宝洁公司打算利用 Sure 名称推广一款特别针对男性的除臭剂时，该公司用了一个子品牌——Sure ProStick。这个名称有利于增强男性与新产品之间的联系同时又没有威胁到 Sure 品牌两性都适用的联想。同时，Sure 品牌提供了一个在同类产品中已经得到广泛认可的名称。

增强/保护现有的品牌联想

斯马克（Smucker）的果酱总是意味着高品质和家常味。然而，宣称"100%水果"已经变成了果酱类产品的质量暗示，竞争对手的这一主张变成了对斯马克产品的威胁。为了保留其高端定位，斯马克推出了一个叫作斯马克纯粹水果（Smucker's Simply Fruit）的果酱系列，将该系列产品描绘为"你尝过的最接近于水果的东西"。运用其100%水果产品的子品牌增强斯马克的形象，因此巩固了该品牌的质量定位，也打击了竞争者蚕食这一利基市场的能力。

软化强硬的品牌联想

苹果、哈雷–戴维森与土星这样的强势品牌通常具有明确的、表述清晰的形象和个性。具有讽刺意味的是，当这些品牌想要扩展到新的产品领域或者新的市场时，这种优势会变成一种负担。例如，像舒洁这类品牌与产品类别的联系特别紧密，降低了向其他产品种类延伸的能力，但子品牌有助于突破这种局限。

再以苹果为例。从一开始，苹果电脑最大的资产就是其有趣的品牌个性以及对用户的友好。苹果公司的 Mac 被认为是适于家庭或学校（在那里，充斥着有趣且随意的氛围），或者适合用于专业广告或者设计场合（在那里，有个性的人需要有创造性）的产品。即使从实物的角度看，Mac 电脑看起来也不适用于商务环境。结果，苹果公司苦苦奋斗了10年才进入商务电脑市场，在该市场上，无论是从感觉还是从外观来看，IBM 的产品更令人满意。苹果的一种解决方案是推出了 Mac Quadra 电脑系列产品。该系列产品的联想柔化了苹果强硬的个性，使其产品更容易在商业环境中被接受。

修饰品牌与被修饰品牌

有研究者提出一个建议，即通过比较修饰品牌（在家乐氏 Corn

Flakes 中，家乐氏是修饰语）与被修饰品牌（在家乐氏 Corn Flakes 中，Corn Flakes 是被修饰的）之间的差异来理解子品牌的含义[3]（见表 8-2 中的合成表述）。对于 Slim-Fast（该品牌意味着低热量和方便）和歌帝梵（Godiva，该名称意味着口感好、味浓和精美）这两个品牌名称，在上述比较中，他们发现，被修饰品牌和修饰品牌的特征与消费者对它们的态度都会影响合成品牌，被修饰品牌的特征比修饰品牌的特征具有更大的影响力（就感知的属性重要性以及属性的表现评级而言都是如此）。（这样，一只"公寓狗"（Apartment dog）可能被首先感知为一只狗，尽管是一种适合在公寓生活的狗。）我们试着比较一下歌帝梵 Slim-Fast 蛋糕（在这里，Slim-Fast 处于被修饰的地位）和 Slim-Fast 歌帝梵蛋糕（在这里，Slim-Fast 处于修饰的地位）这两个复合品牌，低热量这一特征在前者中的重要性要高于后者；对于后者而言，味浓和精美的属性更重要。

表 8-2　作为修饰语的子品牌的作用

合成表述	修饰语	被修饰的概念
公寓狗	公寓	狗
宠物石（Pet rock）	宠物	石
歌帝梵 Slim-Fast 蛋糕	歌帝梵	Slim-Fast 蛋糕
Slim-Fast 歌帝梵蛋糕	Slim-Fast	歌帝梵蛋糕
家乐氏的 Healthy Choice	家乐氏	Healthy Choice

另外，他们发现，被修饰品牌是记忆中的支配概念，并且被修饰品牌受合成词的影响要大于修饰品牌所受到的影响。（这样，宠物石的概念可能影响人们对石头的看法，这种影响要大于人们对宠物的看法所受的影响。）混合了歌帝梵 Slim-Fsat 品牌影响了人们对 Slim-Fsat 节食产品的态度（他们在口感好和精美方面得分比较高），但是并没有影响他们对歌帝梵修饰品牌的态度。当一个不那么吸引人的修饰语被运用时，如矮

胖的 Slim-Fsat，矮胖这个修饰语同样没有受到合成品牌的影响。这样修饰品牌（即背书品牌）预期从合成品牌那里受到的影响小，当然获益也可能比较少。

利用市场机会

子品牌策略允许企业秉持**战略机会主义**理念，这种管理战略强调发现市场出现的机遇并予以积极响应。[4] 当发现了正在显现的利基市场时，可以专门为该细分市场开发一个子品牌，通常投入要做到最少化。如果市场壮大了，子品牌就可以变成长期业务的基础，如果它生命比较短暂，那么该子品牌消失时不会对核心品牌造成危害。战略机会主义，受子品牌战略的支持，为企业应对变化的、不确定的环境提供了一种灵活的、快速恢复的方法。

一些企业，如宠物食品业的普瑞纳、谷物食品业的通用磨坊、杂志业的 Ziff 传播以及鞋业的耐克等，都执行了战略机会主义的品牌政策。当其他的宠物食品企业一直致力于支持和建立关键品牌的时候，普瑞纳已经暗度陈仓，找到了迎合利基细分市场的窍门，开发了 Deli-Cat、Kitt'N Kaboodle 和 Mature 等系列子品牌。在谷物食品业，通用磨坊为了迎合不断改变的口味和趋势，创立了 Triangles、Oatmeal Crisp 以及 Cinnamon 等品牌。在电脑杂志行业，Ziff 推出了 *PC Magazine* 及其他两本杂志的网络版，开发了家用电脑用户的市场，巩固了公司在电脑杂志出版发行方面的稳固地位。

耐克特别擅长运用战略机会，每年为 30 多次比赛推出成百上千款鞋。通过产品设计和客户研究技能，发掘细分市场并且培育相应的子品牌。由创新产品和体育代言形成的强烈情感纽带支持了其子品牌策略。耐克的新产品非常适合目标细分市场，以至于客户感觉耐克正在主动与他们建立联系。体育代言人及时地提供了可信度和品牌个性。例如，耐克的篮球运动鞋不仅有飞人（迈克尔·乔丹代言），还有力量（由大卫·罗宾逊和查尔斯·巴克利代言）以及飞翔（斯科特·皮蓬代言）等品牌。

支持垂直延伸以及水平延伸

在支持品牌延伸方面，无论是水平延伸（品牌被用于不同的产品种类）还是垂直延伸（品牌向高质量或者低质量的产品扩展），子品牌的作用都将在第 9 章里讨论，该章关注的内容是综合利用品牌名称。

品牌增益

许多品牌面临的一个问题是缺乏特点、可信度和记忆度，因此品牌识别难于传播。解决方法就存在于能够提供客户增益的品牌特征、组成元素或者服务项目中。

特征品牌化

长期以来，欧乐 B 一直致力于牙刷的高端市场，被誉为是"众多牙医使用的品牌"。20 世纪 90 年代早期，其地位受到了强生的 Reach 牙刷以及两个新进入者——高露洁的 Precision 和宝洁的佳洁士牙刷的威胁。一个沉寂的产品市场很快变得热闹起来。欧乐 B 以一款新产品做出了回应，这款新产品有一个描述性的品牌名：能够消除牙菌斑的牙刷。独特设计的两个特征被品牌化了——在牙刷的底部有动力提示鬃毛以及遵照牙龈轮廓设计的运动杯外形。欧乐 B 已经将提示性鬃毛打上了品牌的印记，当牙刷变旧的时候，鬃毛就会变色。图 8-2 表明了品牌化特征在欧乐 B 的定位中所扮演的角色。

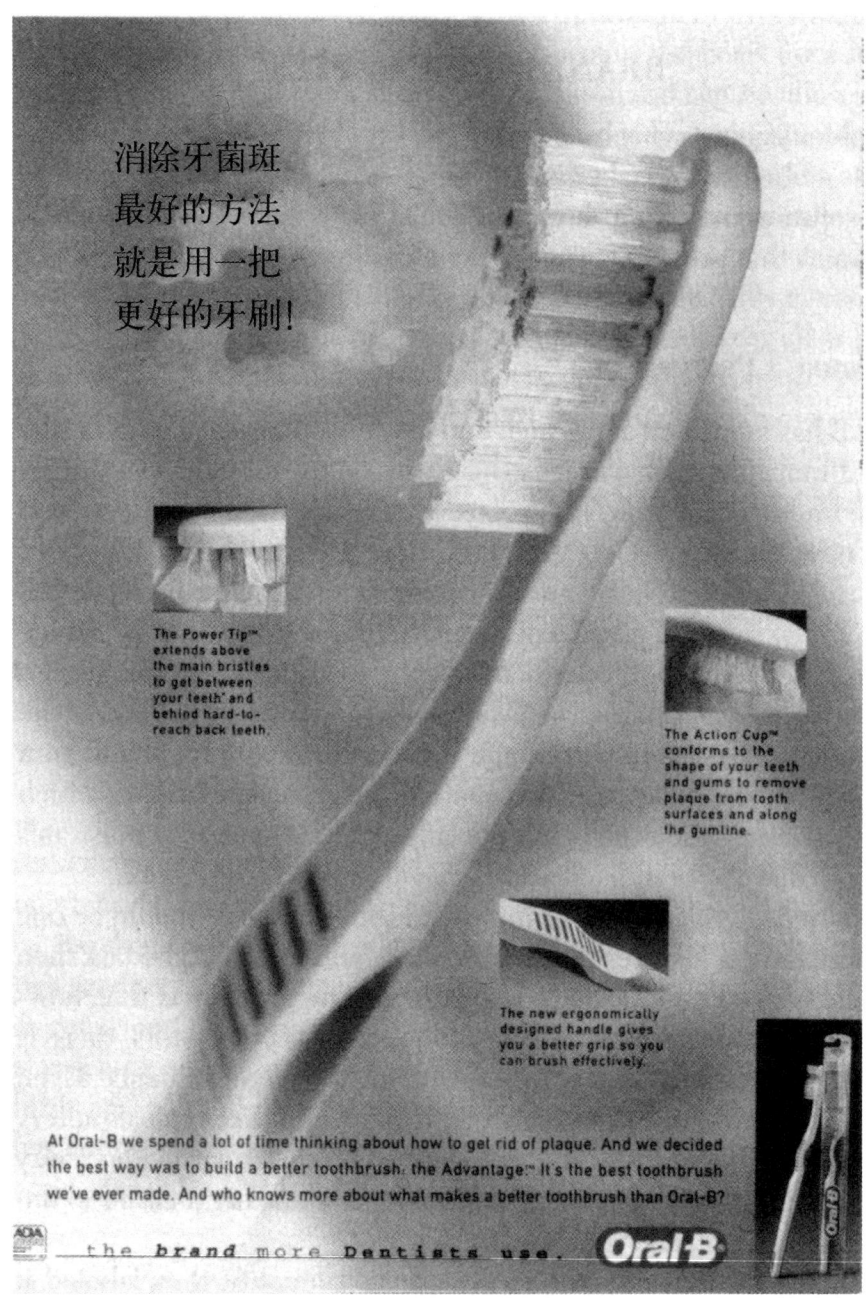

图 8-2 欧乐 B 的品牌化特征

资料来源：Reproduced with permission of Oral-B USA.

设计一款新产品或者改进产品时，应当有一个或者更多的设计特征能让品牌胜出。接下来的任务通常就是传播这些特征。然而有一个问题，这些特征对于产品设计者来说是重要的，但目标客户对它们缺乏兴趣。即使特征在传播中显示出来了，在客户听来也像是典型的夸大宣传，缺乏可信度。像运动杯这样的名字为一些详细特征的具体化提供了一种方式，让它更易于理解、接受、记忆。

当AT&T公司提高了音质后，它给其贴上了"你真正的声音"这一标签。将特征进行品牌化的行为对于成功地传播这种特征至关重要。然后，它将"真正"这个词用于AT&T True USA Savings（如果你每个月在AT&T的长途服务上花25美元，就可享受20%的折扣）以及AT&T True World Savings（一个项目，每月花费3美元，客户就可以优惠价格给选定国家的任何人打电话）。这两项业务都是对竞争对手促销活动的回应（分别为"朋友及家人"项目和"世界各地的朋友"项目）。AT&T True USA Savings和相关的项目逆转了AT&T市场份额一路下降的局面。

将特征品牌化的行为使得特征更可信，并且增强了特征的差异和增值的能力。卡朋特（Carpenter）、格雷兹（Glazier）和中本（Nakamoto）完成的一项研究发现：包含品牌化的属性（如"高山类"羽绒夹克、"真正的米兰"面团，以及"工作室设计的"激光唱机等）会显著影响客户对高价品牌的偏好。[5] 因为包含了品牌化属性，受访者就会认为高价格是合理的。还有一点非常引人注目，即使消费者明知那些品牌特征根本就不是自己想要的，也会做出上述的判断。

构成要素品牌化

与特征品牌化类似的方法是对构成要素品牌化，或者更一般地，凸显已经成为品牌的成分或要素。这样当家乐氏的PopTarts添加了斯马克的果酱之后，销量猛增。其他的如本杰里的Heath Bar Crunch冰激凌、雀巢的添加了阿斯巴甜的低脂冰激凌、品食乐的添加了雀巢糖浆的巧克力 Deluxe 布朗尼、添加了卡夫调料的 Sea 午餐鸡肉、贴上了"Intel Inside"标签的捷威电脑，新奇士的奥鲜倍也是广泛用于产品成分的品牌。

成分品牌不仅限于食物产品。比如，添柏岚鞋，其特征是 Gore-Tex 纤维靴和考杜拉尼龙。添柏岚声称自己的鞋防水、轻便，这些品牌化的成分为其提供了可信度。相反，如果添柏岚仅仅在广告中声称自己的鞋防水、轻便，因为鞋子是用最好的材料制成的，这种广告的差异性和说服力将大打折扣。

突出品牌化的产品要素能够增加差异性，因为消费者可能自动联想到构成产品的要素品牌。如当贝蒂妙厨的蛋糕里加了少量的好时巧克力时，消费者会自动联想到这种巧克力多年来的良好形象。另外，如果在消费者心目中好时巧克力的质量很好，那么他们也自然会认为贝蒂妙厨的产品质量也不错。

然而，只有当客户察觉到要素优于他们的期望时，品牌化的要素才能增加价值。在国际研究公司所做的一项研究中，消费者根据是否含有优质品牌的巧克力来评价品牌曲奇饼。以品牌巧克力为原料的纳贝斯克和奇宝可以定较高的价位（或是以相同的价格获得更多的市场份额）。但是，对于非凡农庄（Pepperidge Farm）却没有帮助。这是因为消费者对该品牌成分的期望非常高，以至于该产品中的品牌化要素并没有提供增值。(尽管也没有造成损害。)

构成要素品牌化可以为核心品牌和要素品牌减少一些成本，因为制造和推广成本通常是在这两者之间分摊。结果，所有企业都以较低的成本增加了展示机会，可谓是一箭双雕。

服务项目品牌化

为服务方案制定品牌也有助于建立品牌优势，却经常被忽视。凯悦

（Hyatt）酒店为商务旅行者提供了几种品牌的服务，包括：

- 凯悦商务计划（Hyatt Business Plan）——在房间里提供工作空间、电话以及一台传真机，另外还可以在酒店一层找到复印机、打印机以及其他商务设备。
- 凯悦金护照（Hyatt Gold Passport）——客户可以获得旅行积分奖励。
- 一触即通（Touch and Go）——通过800电话自动登记房间。
- 酒店俱乐部（Regency Club）——可以进入私人楼层，享受特别服务。
- 会议接待（Meeting Connection）——一个帮助筹备会议的团队。

凯悦酒店已经将这5个项目形成了一系列品牌，称之为**商务组合**，"我们多走一英里路让您加快速度"是其秉持的理念，它关注了商业客户和凯悦酒店之间的联系。

当服务对象是组织的时候，将服务品牌化特别有效。Levi-Link为其一系列服务进行了品牌化，将李维斯与它的零售客户联系了起来，Levi-Link的品牌也增强了这些服务的凝聚力、影响力和知名度。

银色子弹

银色子弹是一种子品牌或者品牌化的增益，用以改变和支持母品牌识别的工具。这个词是由里吉斯·麦克纳首次提出来的，他观察到高科技产业中的企业品牌识别会受关键产品的影响。里吉斯将这样的产品称为银色子弹，我们在此关注的是品牌中的"银色子弹"。

品牌中的银色子弹并不难发现。索尼随身听支持了索尼在微型化创新方面的品牌识别。马自达米埃塔、道奇蝰蛇（Viper）、福特金牛座以及梅赛德斯206这些品牌对它们母品牌而言都扮演着银色子弹的角色。

例如,米埃塔创造了一个强壮的、运动型个性,从而影响了马自达的形象;福特金牛座展示出福特能够设计并制造创新型汽车。朝日干啤(在第 4 章里提到过)在成熟的日本啤酒市场上取得了巨大的成功,将朝日从一个死气沉沉的企业变成了一个振奋人心、锐意创新的企业。

福禄克(John Fluke)是便携式计量仪器业中鼎鼎有名的品牌,在收购了一家欧洲大企业的示波仪的生产线后,进入了一个新的业务领域。由此导致了一个品牌问题,就是如何改变福禄克的形象,使它既适合便携式计量仪,也适合示波仪。新产品(便携式示波仪即示波计量仪)提供了一个增加福禄克品牌识别的工具。对于福禄克而言,关键是认识到示波计量仪所发挥的银色子弹的角色作用,并相应地调整其展示和宣传计划。

因为银色子弹除了能够支持其自身业务外,还以在广告和 / 或产品开发方面投入资金的方式发挥着支持其他业务的功能。企业要警惕"底线"陷阱,即认为对子品牌的任何投资都要基于合理的盈利能力。如果示波计量仪能够影响福禄克的形象,即使示波计量仪的销售无法补偿额外付出的资源也是值得的。由此可见,识别银色子弹非常重要。

圣何塞鲨鱼队

圣何塞这座城市通常被人认为是一个郊区居民区,一个环境日益恶化、规划很差并且处在旧金山阴影之下的城市。但实际上,圣何塞有许多吸引人的地方。在一届有进取心的、有能力的市政府的支持下,该市市中心的一系列酒店、一家会议中心重新恢复了生机,并兴建了一个令其他城市颇为艳羡的竞技场。

该城目前面临的挑战是如何将现状与未来的展望呈现在会议策划者,以及那些正在重新选址的公司面前。圣何塞鲨鱼队——一支职业的冰上曲棍球队进入这座城市。鲨鱼队为圣何塞所做出的贡献是几百万美元的广告都无法实现的，它将圣何塞变成了一个"主要联盟城市"。鲨鱼队就是圣何塞的银色子弹。

即使圣何塞鲨鱼队在成立的前3年时间里很少赢得比赛，但该球队每一场比赛的门票都卖光了，还有人排队等着买赛季套票。另外，鲨鱼队的纪念品在整个北美都有销售，比其他冰上曲棍球队以及任何赛事中的大多数专业特许商品卖得都好。这部分归功于其别具一格的标志（见图8-3，一条鲨鱼咬穿了一只曲棍球杆）及勇气和乐趣兼备的个性。鲨鱼队的成功在于它吸引了游客以及让一些会议在此召开，甚至吸引了一些大公司在圣何塞落户。它已经无可争议地改变了这座城市的形象。

图 8-3　圣何塞的鲨鱼标志

资料来源：Reproduced with permission of the San Jose Sharks.

将品牌化增益作为银色子弹

品牌化增益（特征、构成要素或服务）也可能通过支持与之相关的品牌识别从而扮演银色子弹的角色。这除了有助于传播功能利益，还能发挥更大作用。

对欧乐B牙刷以及欧乐B品牌而言，运动杯外形和动力提示鬃毛就扮演了银色子弹的角色，因为它们强化了欧乐B产品提供的技术优势。AT&T 的"True"系列品牌也强化了该品牌的关键创新形象。"工作间"是酒店为商务旅行者设计的客房，它成为万豪酒店与其合作者 AT&T 和世楷（Steelcase）的银色子弹。

一家大规模的健康维护组织（HMO）的会员以及潜在会员对其形象有所质疑，这些会员认为 HMO 是一个没有人情味、只注重效率而对病人缺乏同情的官僚机构。该组织可以运用银色子弹去应对这个问题。会员之所以对 HMO 有这种印象，部分原因是它的半自动化预约系统（不是由医生的秘书完成这类事情），包括当天的一些治疗业务是由内科大夫团队，而不是由病人的主治医生接待的。

为正在进行的服务方案制定品牌并将其作为银色子弹，使之影响整个品牌识别，在某种程度上能缓解对于品牌识别的误解。例如，我们可以为 HMO 的当日预约系统制定一个品牌名称（比如叫"紧急护理"），品牌识别的设计强调 HMO 满足每一位预约医师当日服务的病人的需要（我们一直在恭候为您服务），另外还可以为品牌设计一些让人感到轻松的彩色图标（如卡通猫头鹰），并使之具有浓厚的人情味，以加强该品牌影响 HMO 形象的能力。

同样，给心脏病老人患者定期诊断的项目也可以冠以一个品牌名（如心脏俱乐部），反映这个群体的人接收到的关爱和支持。一种符号（例如一对欢呼的心形人物）可能展现该项目所产生的支持感和感受。这些品牌以及其他品牌可能就是改变 HMO 形象所需要的银色子弹。

需要多少品牌

通用汽车的品牌名称多达 33 个，仅别克就有 7 个（路霸、林荫大道、Riviera、世纪、云雀、君威、LeSabre）。宝马和梅赛德斯基本上各自只有一个品牌名称，它们的型号通常用数字来表示（如宝马 300 系列）。别克的品牌名称太多了吗？宝马太少了吗？多少品牌名称才是合适的？

决定是否要引入一个新的品牌名称，需要权衡该品牌能够创造的价值以及需要投入的成本。对于描述性的或者要素 / 特征品牌，可能需要比较少的投资就可以建立，因为名称本身就有足够的传播度了。在其他情况下，成本和风险比较高，并且期望获得较大的利益。以下的 4 个问题将会有助于你做出判断。

品牌是否有足够的差异，值得冠以一个新的名称

当需要表明新产品不仅是原产品的小幅改动时，冠以新名称就是值得的。以 20 世纪 80 年代的两个子品牌为例：福特的金牛座和马自达的米埃塔。金牛座和米埃塔两款汽车都是新的设计，并且明显偏离了它们各自的背书品牌已经建立的联想。土星（第 2 章中有所描述）的例子也说明了一款焕然一新的产品是值得冠以新名称的。

相比而言，当奥兹莫比尔 1992 年想推出新车时，也曾考虑过使用新品牌名，但是它缺乏的是一款新车。为一款不新的产品冠以一个新的名称是一种浪费，也可能是一个笑话。倘若品牌的状况很糟糕，单单靠冠以一个新名称是解决不了问题的。幸运的是，1994 年，奥兹莫比尔家族制造出了一款真正的新车，也相应创造了一个新的名字（奥偌拉）。

新名称会增加价值吗

由于一些企业不能全面利用现存核心品牌的优势，它们最终以支持和经营太多的不同品牌而告终。3M 公司就存在这样的问题。3M 分散的、企业家型的组织导致了品牌名的激增。每一群新产品都想要有一个针对性的名称，结果是每一年都有一堆品牌问世。为了限制新品牌名称的运用，有一个高管组成的委员会定期举行会议以批准新的品牌名。他们的行动大大减少了新品牌的数量。该委员会采用了一个关键评估标

准，就是新品牌带来的增值必须远远超过已有的 3M 品牌（如 3M 或思高）与一个描述性品牌联合所能创造的价值。

已经创立的名牌名称，包括公司名称，经常通过运用描述性子品牌名称而得以延伸。GE 就是一个采用这种方式的例子（如 GE Jet Engines）。无独有偶，惠普也是用附在惠普名称之后的描述性子品牌来命名其测试装备产品的。

将现有品牌用在新产品上会有风险吗

这个问题反映了 3M 公司的第二个标准。如果现存品牌损害或混淆了其核心识别或者感知质量，那就有必要讨论使用一个新品牌。三得利将其名称用于很多产品上，包括软饮料、啤酒和上等威士忌。由于广泛的赛事赞助和广告宣传，该名称的知名度得到了进一步的扩大。当开始经营提供炸鸡、汉堡和比萨的快餐食物连锁店时，该公司认为连锁店不够高端，不能使用三得利的名称。

企业会支持新的品牌名称吗

3M 公司的第三个标准是新业务规模必须足够大，能够支持品牌创建的必要投资。此外，该品牌能够运营较长的时间，如果品牌创立成功，投资就是物有所值的。因为建立和维护一个品牌名称的成本非常大，而且这种成本总是被低估。

关于品牌战略

目前，在许多组织里都存在着品牌泛滥、品牌延伸、令人眼花缭乱的品牌交叉及品牌不一致的现象。更糟糕的是，即使在一种环境下存在品牌战略，却没有战略能够同时适用于其他环境，协调其他的角色。品牌如何与它们的角色相互契合，对此毫无概念。对于未来的发展也没有计划，即使品牌延伸的顺序会影响到品牌的成功，影响品牌的最后感知以及相互关系，每一种品牌决策仍然是分开制定的。消费者同样缺乏概念结构来处理随之而来的混乱。

将一系列品牌看成一个品牌系统有助于制定有效的品牌战略。品牌不是孤立存在的，而是与体系中的其他品牌紧密相连的。品牌的一个重要功能就是支持体系中的其他品牌，并且避免造成混乱或者使用不一致的形象。系统的核心观念就是创造协同和清晰性，避免传达相互冲突的信息。第9章介绍的是一种从系统角度考虑品牌的方法。

思考题

1. 盘点一下你的品牌。将品牌按照层次进行分类。对于每一种品牌识别，检查一下不同的品牌环境（不同的产品和不同的市场）。在品牌体系中，该品牌是不是一个驱动品牌，是否承担背书者的角色？是否存在混淆和不一致的风险？如何解决？品牌之间的关系如何？哪一个应当支持其他的品牌？哪一个有产生混淆的可能？
2. 每个品牌所包含的内容是否存在混淆？子品牌能不能对此有所澄清？有没有与品牌识别不一致的品牌环境？子品牌对于品牌识别的修正有没有作用？子品牌是否有助于品牌对出现的市场机遇做出更积极的反应？
3. 每个品牌的银色子弹是什么？将品牌特征、构成要素或者服务项目品牌化有用吗？或者将现在的品牌特征、构成要素或者服务项目发展为银色子弹有用吗？
4. 哪些是战略性品牌？这些品牌因为目前或者未来的规模而凸显出重要性，或者它们将影响到其他重要品牌的未来。
5. 品牌太多了还是太少了？决定是否新创立一个品牌的评判标准是什么？

BUILDING STRONG BRANDS

第 9 章

综合利用品牌

在这个世界上,重要的不是我们在哪里,而是我们正走向哪里。

——奥利弗·温德尔·霍姆斯

比克笔将它的业务定义为一次性的商品而不是钢笔;伊卡璐将它的业务定义为提供头部护理的产品;新奇士将它的产品延伸限定在具有橘子风味联想的产品上。

——爱德华·陶伯　品牌战略家

康之选的故事

康尼格拉（ConAgra）是一家销售一系列品牌化产品的大型独立运营的多样化食品公司。这些公司包括阿莫－斯威夫特·埃克瑞克公司、碧翠斯奶酪公司、康尼格拉冷冻产品、康尼格拉禽肉公司、金色山谷微波炉食品公司以及汉特－文森公司。其经营的产品包括耐储藏的和冷冻食品、乳制品、肉制品以及禽肉和海产品，主要的品牌有汉斯、文森、Manwich、彼得·潘、奥维尔·瑞登巴克、Act Ⅱ、瑞士小姐、La Choy、康之选、盛宴、莫顿、帕提欧、乡村长柄煎锅、春王、羊羔烹调、阿莫、优质斯威夫特、埃克瑞克、胖小鸭、乡村系列、财宝洞、威斯康星小姐、瑞迪－维普、独身、海味。[1]

1985年，康尼格拉主席麦克·哈珀患了心脏病，因此下定决心改变他的饮食。他惊讶地发现许多加工食品（包括康尼格拉公司制造的产品）的脂肪和钠含量都很高，对于患有心脏病的人而言，这样的食品不是他们明智的选择。当时，心脏病人可以在超市里选择的健康食品非常有限，而那些特色食品味道又很差。

总的来说，消费者不太关注这些，不是因为他们对导致心脏危险的因素不敏感，部分原因是产品里的脂肪和钠含量仅仅在包装上有所显示。心脏风险因素正变得越来越广为人知，关注的人也越来越多。不幸的是，当时食品加工业还没有意识到这一点。

于是，在麦克·哈珀的号召下，康尼格拉的使命由原来的"制造基本的食品"转变为了"让人们吃得更好"，而且该公司向市场做出承诺：要提供更有营养、更健康的产品。这一策略的基石于1987年被奠定，当年，康尼格拉冷冻产品公司推出了"康之选冷冻晚餐"。该品牌的目标是将脂肪含量最小化，同时控制如胆固醇和钠等不良物质的含量水平。他们制造的产品口味足以与其他传统品牌相抗衡，其产品的核心形象就是将卓越的口味和丰富的营养相结合。

慧俪轻体以及 Stouffer 的 Lean Cuisine 被定位为控制体重的品牌，它们的购买者代表了目标市场，因为对控制体重感兴趣的许多消费者都对全身的健康感兴趣。康之选迎合了这一巨大的、日益成长的细分市场的需求（见图 9-1）。

由于以下几个原因，康之选系列冷冻食品在市场上大获成功。首先，其产品在口味方面并无劣势，它们至少在这一关键维度可以与竞争者相抗衡。其次，康尼格拉冷冻产品公司可以利用其已建立的分销渠道，确保了主要的超市连锁店能够上架其新产品。再次，时机正好，康之选产品上市时，恰逢对健康和心脏风险因素感兴趣的细分市场正发展壮大为一个庞大的主流市场。最后，康之选的竞争者部分由于以往的辉煌，致力于一种不同的、更为局限的定位（体重控制），对市场机会的反应较慢。特别是慧俪轻体，并没有在市场机会的促动下，进行市场转向，反而廉价销售了其特许经营权。

图 9-1　康之选的广告

资料来源：Reproduced with permission of ConAgra Frozen Foods.

在康之选问世后不久，竞争对手推出了子品牌，如 Stouffer 的 Right Course 和 LeMenu 的 Light Style，然而，这两个品牌都存在定位的问题。Right Course 紧贴着 Stouffer，主要迎合 Stouffer 的消费者。LeMenu 的 Light Style 主要对标慧俪轻体，并没有与康之选一较高下的定位，实际上，后来该品牌重新使用了 LeMenu Healthy 这一品牌名称。相对照之下，康之选是一个新品牌，能够进行强有力的市场定位，迎合更广大的市场。

后来，其他子品牌，如卡夫的 Budget Gourmet Hearty & Healthy、Tyson Healthy Portion 以及（在 1992 年年中推出的）Smart Ones 系列相继上市。这些后来者很难吸引已经稳定的康之选品牌的客户。同时，康之选持续扩展和改进其午餐与佐餐系列产品，提供诸如假日鸡肉特菜、乡村嫩滑鸡肉以及法式奶酪面包比萨等产品。

品牌扩展自身的力量取决于产品线的广度，就核心品牌的价值主张和关系基础而言，其广度可以与核心品牌识别联系起来。康之选的口味和营养的核心识别没有局限于冷冻食品领域，而是进入了所有的商店。在这个案例中，核心识别是很广泛的，足够为一个强大的系列品牌奠定基础。

这样，康尼格拉旗下的其他公司开始在各自的产品领域内寻找能够运用康之选品牌及其识别的产品。在心脏健康维度不具有强烈品牌特征的产品是基本的候选产品。恐惧的竞争者惶恐地重新审视他们的品牌贡献和产品分类以了解他们是不是脆弱的，答案通常都是肯定的。为了先发制人或者是对康之选做出反应，一些新产品匆忙上市，通常子品牌的名称中都包含诸如低热量的、新鲜的、健康的、正确的选择或者不增肥这类词语。然而，由于在其他食物领域里强大的认同与形象，因此即使在其他竞争对手发展了"健康"子品牌的情况下，康之选依然是无可匹敌的。

1995 年，康之选估计的零售额达到了 12.75 亿美元，而在 1993 年达到 8.58 亿美元，1991 年达到 4.71 亿美元，1989 年仅有 0.3 亿美元。[2] 该品牌名下的产品多达 300 多种，包括汤类产品（康之选汤是 1993 年 *Progressive Grocer* 杂志榜上有名的产品）、冰激凌产品（低热量冰激凌最畅销的国内品牌）以及冷盘食品等。

康之选是一个为广泛的产品系列增加了价值的品牌例子。如果说 20

世纪80年代慧俪轻体是一个最成功的新系列品牌，那么在20世纪90年代，最成功的无疑是康之选。

金斯福德木炭的故事

高乐氏一个最主要的品牌系列是金斯福德木炭（Kingsford Charcoal），它以将近60%的市场份额主宰了3亿美元的零售木炭市场。金斯福德的核心识别是高品质木炭（品质和性能是所有高乐氏品牌识别的组成部分），而其延伸识别包括烤肉和夏季休闲娱乐。作为市场上的优质品牌，金斯福德产品的价格有时是私有品牌价格的2倍。事实上，对于一些用户而言，拥有一个金斯福德的袋子是一件很有面子的事情，他们会用这些袋子装自己的东西——就好像其他人会将在别的地方买的珠宝放在蒂芙尼的珠宝盒里一样。久而久之，金斯福德在无数的延伸产品系列上综合利用其品牌名声。在此过程中，一些有关品牌命名的问题出现了，即什么时候应当利用金斯福德作为背书品牌，而什么时候应当用作驱动品牌。

1980年，高乐氏推出了一款名为Match-Light的易燃木炭，此时，金斯福德木炭扮演的就是背书品牌而非驱动品牌的角色，目的就是使该产品和金斯福德木炭之间保持一定的距离，以防该产品表现欠佳而影响到金斯福德木炭。由于Match-Light的煤饼经过了控制燃油量的预处理，因此很容易点着，能快速升温，做饭的准备时间只需正常时间的一半。实际上该品牌的表现非常好，回过头来再看，如果能运用描述性子品牌（如金斯福德速燃），那么可能由于Match-Light的成功，在消费者看来金斯福德会更引人注目，赢得更多信赖。另外，金斯福德的产品线更清楚了。

1986年，该公司推出了带麦斯基德煤饼的金斯福德木炭，后来又推出了金斯福德烧烤袋装煤饼。在这两款产品中，金斯福德都是驱动品牌。

1989 年，金斯福德木炭点火机问世，同样，金斯福德也是驱动品牌而非背书者。有趣的是，对消费者的研究发现，许多人表示在金斯福德木炭点火机问世之前，他们就已经在买这款产品了。1992 年，金斯福德木炭烤架上市，这款产品的短命反映了高乐氏在烤架领域缺乏分销渠道的事实。

1986 年，高乐氏收购了一个已经创立的烤肉调味品牌 KC Masterpiece（一个优秀的区域品牌）。此时，要不要建立一个全美性的新品牌引起了公司的关注：对于 KC Masterpiece 而言，金斯福德是否应当成为背书者，以获得更多的关注，增强其在烤肉领域里优质产品的定位？诚然，金斯福德适合这类产品并且可能提供一种品质联想，背书可能令金斯福德这个品牌更加引人注目。然而，它们也感觉到，金斯福德的企业品牌个性可能会对 KC Masterpiece 明显的、有民间风味的个性产生负面影响。

金斯福德坚持把重心放在核心的木炭业务和质量定位上，现在已经发展了一种改进的煤饼。与现存产品相比，这种煤饼点燃更快、燃烧时间更长。改进后的产品已经被逐步推向市场，并且每块煤饼上都有 K 字母的印记。这样金斯福德煤饼可以与其他产品区别开来，而且产品上有品牌印记——一个强有力的信号，因此更加热力四射。

金斯福德是一个严守纪律的品牌。企业有无数的产品系列延伸，但该品牌始终没有偏离它的品牌识别。

综合利用品牌

获得战略性成功的一种方法就是创造并综合利用现有资产。品牌具有品牌知名度、感知质量、联想和客户忠诚，通常是企业拥有的最强大的资产。一个战略性问题是：如何综合利用品牌创造更大的、更强的经济实体。

图 9-2 展示了多种方法。最简单的就是在现存品牌种类中创造产品线延伸。在既有的产品种类内综合利用品牌是另一种选择，从战略角度来讲这种方法通常是必要的，但会有很大的风险。品牌延伸，即将现有的品牌扩展至其他的产品类别是综合利用品牌的一种方法。从图 9-2 中也可以看出，品牌延伸可以进入特定的领域，也可以由创造一系列品牌的战略所推进，合作品牌是另一种选择。

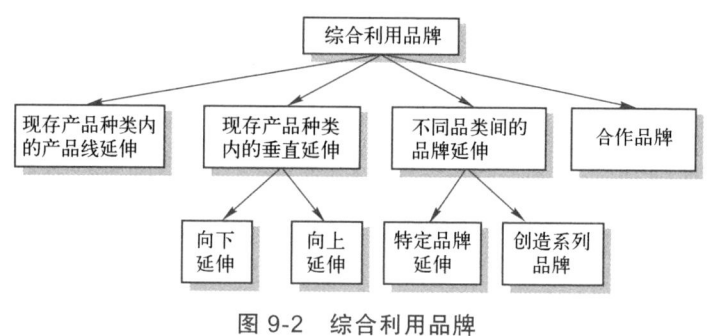

图 9-2 综合利用品牌

产品线延伸

产品线延伸是指同一种类产品的更新换代，新味道、新包装方法或者新尺寸都属于产品线延伸。如果没有销量增加的补偿，产品线延伸可能增加成本，并且让品牌的关注度减少，传播也更加困难。[3] 然而，产品线延伸很可能扩大用户基础，提供多样性，为品牌注入活力，管理创新并且阻碍或抑制竞争者。

扩大用户基础

忠于品牌的消费者会认为一个品牌能够满足他们的特殊需要，例如，佳得乐的某个口味可能特别适合他们。然而，没有这些特殊需要的消费者可能感觉这个品牌不适合他们。这样，一个强势品牌可能会增加忠诚度，但是放弃了很多消费群。产品线延伸通过扩大品牌的吸引力可以克服这一障碍，例如，奇瑞欧被视为一种健康的早餐主食，而奇瑞欧蜂蜜坚果则延伸到了那些喜欢甜味谷物的消费者群体里。一些食品制造商推出了低脂肪的产品，这样就为许多关注健康的消费者消除了使用这些品牌的障碍。

产品线也可以通过对产品增加功能利益的方式得以延伸。例如，轿车的敞篷版、挤压瓶装的人造黄油、流动的小型快餐店，运用这些附加的功能利益，使品牌处于一个吸引新客户的位置。正确的产品线延伸可能导致一个崭新但高度忠诚的细分市场，还能够抵制竞争对手的产品。

提供多样性

产品线延伸也提供了一个途径，使忠诚用户不需转换品牌就能享受多样性产品。例如，康之选冷冻晚餐产品线中的新主菜，既可以让客户改变他们日常的饮食习惯，又维持了客户对该品牌的忠诚。含小苏打的佳洁士可以让客户在不选择新品牌的情况下尝试一款新牙膏。

为品牌注入活力

产品线延伸能为品牌注入活力，让它更有意义、更有趣、更引人注目。通过这种方法，它可以为差异化创造基础，使传播活动更有效并且刺激销售。以神秘谷甜蜜第戎沙拉酱为例，它就使一个停滞的品牌（尽管是健康的）重新焕发了活力。新老客户都有理由使用神秘谷的产品，并且由于有"新闻"点，它的宣传更有效。甜蜜第戎沙拉酱是个大赢家，不仅销量大增，而且所有的神秘谷沙拉酱都引起了顾客的兴趣。类似地，健怡可乐也为可口可乐的形象注入了活力，使它更显年轻，更引人注目。总体而言，产品线延伸（特别是如果它们添加了满足客户需求的产品）将会产生大幅增加品牌权益的能量。

管理真正的创新

产品线延伸为产品创新提供了一条显而易见的路线，而产品创新是获得竞争优势的强大工具。产品创新可以创造差异化，增强品牌的价值主张，扩大使用面以及阻碍竞争者。在一家品牌管理组织内，当没有明确的创新出路时，创新性思维会被抑制。相反，当品牌管理团队人员知道他们的品牌愿意接受创新性的产品线延伸时，团队成员就会起身应对挑战。

为了能给客户带来新的利益，金佰利的女性生理用品产品线引入了更加小巧的 Ultra Trims 以及吸收量更大的 Supremes。格雷德空气清新剂以芳香剂起家，后来陆续添加了固态产品（为了持续清新）、夹式产品（汽车上使用）以及一系列的化妆品包装。如果没有产品线延伸，这些创新就不可能实现。

阻击竞争者

产品线的延伸不必为了创造价值就要在财务业绩上一鸣惊人，特别是对于领导品牌，从战略的角度来看，产品线延伸即使没有实现高回报也是值得的。因为低端市场的潜在回报不能满足美国企业的财务标准，通用汽车、施乐以及其他品牌放任了日本企业在各自领域的低端市场上获得了一小块立足之地，结果却变得令人吃惊。产品线延伸可以先发制人地杜绝此类竞争性的蚕食，考虑到这一点，汰渍和佳洁士看起来无休无止的产品线延伸或许有其道理。

品牌向下延伸

从轮胎到衣服再到电脑，今天的市场正变得越来越以价值为中心。越来越多的买方正在从知名的、奢华的产品转向低成本但质量尚可的品牌。为了应对这种趋势（或者是利用这种趋势），企业正在简化它们传统的品牌产品包装。消费者向价值转变的趋势背后隐藏着什么呢？在不削弱品牌影响力的情况下，企业应该如何运用品牌战略才能容纳低端产品呢？

推动力

人们之所以对价值和价格高度敏感，是因为背后的一个基本推动力，即新竞争者和静态的市场共同作用产生的生产能力过剩。新的竞争者部分来自邻近产品种类的品牌延伸，来自其他市场（明显地来自其他国家）的品牌以及新的或获得重生的、在品质方面有竞争力的零售商品牌。因为它们通常不需要创新和明显的价值主张就能推出类似产品，新的进入者以及努力保持第3位或第4位的品牌，都被迫强调价格优惠以及销售促进而非产品。结果，客户开始相信这些品牌的差异不是很大，品牌忠诚度被侵蚀，而且消费者开始关注特征和价格。当越来越少的客户愿意为历史悠久的品牌支付溢价时，那些价格不变的品牌的市场份额开始下滑（有时候是剧烈下滑）。

第二种推动力是新渠道创造的零售环境。这些新渠道的成本结构相对较低，因而价格战此起彼伏，另外，它们还随意采用私有品牌的产品。家得宝、电路城以及 Tower Records 这些专业的超级店铺利用它们的单一购买力，服务于那些对单一产品种类感兴趣的消费者。Price Club 等仓储俱乐部是经营从食品到电脑各类产品的主要成员。在过去的10年中，直销常常能为参与者节省大量的成本。例如，戴尔与捷威通过在电脑杂志和电脑目录上做广告的直销形式，已成为电脑市场上最大的五家电脑企业中的两家。在消费者需要帮助时，第三方服务人员的电话就可以提供技术支持。它们的价格比 IBM 和康柏低 1/3，从而促使这些领导企业变换它们的策略，并且因此永远改变了电脑市场的面貌。

第三大推动力是技术革新。一种产品的新市场可能由于新技术而产生，一次性剃须刀和一次性35毫米的照相机就是例子。技术的变化同样能影响成本结构，随着品牌呈现出越来越简单、越来越便宜的趋势，新的价位就产生了。在食品加工领域也出现这一现象，Cuisinart由于没能跟上这一形势而导致百得和其他品牌的后来者居上。

这些力量代表了一种主要的思维转换。旧的假定前提不再适用，低端的参与者面临着巨大的压力。例如，约翰迪尔制造的割草机由提供全方位服务的代理商经销，尽管这一营销渠道的价格尚未被突破，但市场份额的一大部分已被大批量零售商如家得宝占领，而且这一趋势有加剧之势。通过这种新渠道销售的商品的价格只有约翰迪尔的一半。于是，约翰迪尔要么寻找途径加入这一新的营销渠道，要么接受市场份额日益缩减的现实。约翰迪尔和其他许多公司面临的问题是：如何顺利完成这一转变而又不对已积累至今的品牌资产造成损害。

向下延伸品牌容易，保护品牌却很难

骑山地自行车的人会发现，尽管往下走要比往上走容易得多，但要保持平衡却是一项挑战。像山地自行车车手一样，尽管品牌向下延伸比较容易（假如有时候是非故意的），但到达山底的过程中也会存在问题和挑战。最大的挑战就是避免对品牌造成损害，特别是消费者对其感知质量的联想。

问题在于品牌向下延伸对品牌感知造成的影响可能远比其他任何一种管理品牌的方式要大，心理学家曾指出这样一个事实：与利好消息相比，坏消息对人们造成的影响会更深刻一些。例如，有关一个人最初的负面信息对于后续的正面信息的抵制力相当大，而最初的好印象很容易被后续的负面的互动所改变。

在更多的传统营销研究中可以发现类似的结果。例如，Motley和

Reddy 向消费者赠送了有关萨克斯（一家声誉卓著的百货公司）和凯马特（一家折扣百货公司）[4]的重新定位的广告陈述。该陈述将店铺描绘为非常高端的、非常低端的以及介于两者之间的三类。结果显示消费者对凯马特的态度并没有受到影响，即使在该公司被描述为非常高端的情况下也是如此。相反，对萨克斯的态度受到了低端以及中间陈述的影响。在一份相关的研究中，有研究者发现口传的负面词汇对购买意图的影响是口传的正面词汇影响的 2 倍。[5]

向下延伸不一定会对品牌造成致命的影响

不要认为向下延伸总是危险的。如果运用子品牌以及其他工具能将新产品与母品牌产品区别开来，风险就会降低。索尼在高端市场上经营一些产品（如电视和随身听），并且以较低的价格经营其他产品（如音像制品），这种能力就暗示了消费者能够区分感知。消费产品的实验研究有更多的证据表明，人们能够区别对待母品牌与延伸品牌，即使后者反映了较低的质量水平或者存在质量问题。

例如，研究者发现薯条品牌的感知质量不受其向饼干或冰激凌延伸的影响，该延伸由于味道和口感而被描述得很糟糕。[6]同样地，在一项有关果汁品牌延伸至冻果子露的研究中，研究者发现冻果子露消费者报告中的不利评价并没有损害果汁品牌的感知质量（尽管感知受到了有关产品线延伸至果汁品牌的不利报告的影响）。[7]在另一项研究中，研究者还发现，将索尼和比克向低价/低质量延伸并没有影响消费者对母品牌的态度。[8]

减少品牌风险的关键是区别新背景与最初的产品类别。研究者发现洗发剂品牌延伸至低级手纸不会影响到洗发剂的感知质量，但是这种情况仅在受访者第一次被问及延伸的品牌能否代表该品牌时才成立。[9]这给我们的启示是消费者可以区分两个产品族中的品牌，但是他们需要帮助。如果延伸是跨领域的（如可口可乐向服装业进军），转换负面质量印象的风险就会降低。当然，也存在这样的风险，那就是品牌不会对新的背景产生任何有益的贡献，甚至会令消费者感到不舒服。

一个品牌应当保护自己的资产，特别是它的感知质量。然而，底线是品牌应该承担一些风险。强势品牌的适应力比较强，并且能够经受住一些延伸风险，特别是当延伸具有某些程度的分离时。问题是分离的最佳数量是多少？除了已经发挥作用的因素外，哪些因素将保护品牌？

孤立品牌的风险

尽管创建一个全新的品牌会导致与核心品牌的分离，有利于保护核心品牌，却不能确保取得成功。IBM 就曾创建过 Ambra 这样一个品牌，该品牌有独立的组织，主要同邮购公司展开竞争。这一品牌的产品起源于亚洲，后来被引入欧洲和美国以开辟新的市场，但这一品牌推出后不到两年就失败了。回想一下，IBM 应该在品牌中加上自己的名字，因为 IBM 是在美国和欧洲负有盛名的品牌之一。无论在何种水平上创建一个新品牌，要想得到大众的信任都非常困难，这就是 Ambra 案例给我们的启示。

降价但保持感知质量

品牌向下延伸最直接的措施莫过于降低价格。面对着价格导向的竞争者和强势的零售商，万宝路、百威和帮宝适等品牌都认识到，它们的品牌资产不足以支撑大幅提高的价格。因此，它们"富有价值"地降低了产品售价以保持竞争力。尽管顾客已经开始怀疑高价位的品牌，但是价格水平仍然是产品定位的重要线索。大幅降价可能示意顾客，这个品牌与其他的品牌并无区别，质量只不过是一般水平，事实上顾客已经开始有所怀疑了。

如果顾客认为一个品牌无法提供不同的或是更好的产品，降价就是一个无风险的战略。当施利茨的销量由以往的 1700 万桶下降到不足 100 万桶时，它就采取了降价策略，此时降价已经不会再使公司损失什么了，降价反而使施利茨在低价品类中占据了牢固的地位。

然而，许多品牌在高端市场上仍然拥有相当有价值的细分顾客群，而且它们的产品质量和特色不可能使之具有与新竞争者相同的成本。如果这些公司计划向下延伸，那么保持品质上的差异化非常重要。但是这就会出现新的问题，即如何以新的价格水平展开竞争，同时又不使自己沦落为劣质低价品牌。

调低价格的同时保持品质定位不变有一个关键点，就是使零售商和顾客相信价格变动并不意味着产品质量水平的变化。例如，宝洁公司借其"每日低价"活动进行降价，但是宝洁公司对外却宣称这次降价是它们探索做生意的新路子。该公司强调针对消费者和中间商开展的促销活动会使零售商的渠道失效，给消费者带来困扰和麻烦，而通过开展"每日低价"活动，宝洁公司减少了零售商可能会面对的诱惑，使它们不至于做出一些代价高昂的反应，如转运（成批购买商品、国内运输，再作为存货储存好几个月）、提前购货（因为价格优惠而进行存货）。这种新的价格政策同时降低了订货、仓储和物流系统的成本。结果，这次降价被视为一项大型整体战略的一部分。

与此相反，当市场份额下降时，万宝路对其旗舰品牌实施了突击式降价。尽管这次举动从战略上或许是明智的，但给一些零售商和消费者（甚至股东）的印象是一次恐慌的反应，从而使万宝路的品牌资产蒙上了阴影。这次价格骤降并没有辅以宝洁公司那种符合逻辑的战略解释，消费者和零售商就使用自己的逻辑来解释这次降价。当然，万宝路品牌地位太牢固、实力太强大了，并没有那么容易受到损害。这次降价最终扭转了其市场份额的颓势，但这一事实也说明万宝路品牌实力仍然很强大，只不过原来价格定得太高了。

子品牌的应用

柯达的"快乐时光"胶卷等子品牌具有潜在的优势,能使品牌进入低端市场的同时又不危及母品牌在高端市场的品牌资产。但是,利用高端品牌名来提供低价位的子品牌产品存在两个问题:第一个问题是可能带来同类产品市场间的相互蚕食,消费者可能会转而购买更便宜的子品牌;第二个问题是品牌向下延伸,存在着损害原品牌声誉的风险。

子品牌的作用就是将低端产品的子品牌与母品牌区分开来,降低上述风险。在一项研究中,研究者考察了舒洁的卫生纸产品和斯纳普(Snapple)水果饮料的低热量橙汁品牌。[10] 在两个案例中,在采用子品牌之前,低端产品的延伸(粗劣的硬卫生纸和掺了水的橙汁)大大影响了人们对母品牌的态度。子品牌的作用就是将延伸产品的较差表现与母品牌区别开来。

在电脑产品领域,IBM、康柏,甚至最大的邮购直销厂商戴尔,在低价产品成为市场核心时,都利用了子品牌进入低价位市场。康柏的ProLinea电脑、IBM的ValuePoint产品线,以及戴尔的Dimension产品线都是子品牌,这些子品牌将低价位产品与其他产品线区别开来。当然,相互蚕食的现象还是存在的。对那些原来打算购买某品牌电脑的人来说,能以较低的价格购买到该品牌为担保品牌的电脑,还是非常具有吸引力的。另外,经济型产品与其他产品的区别有时非常模糊。但是,子品牌意味着该产品不具有定位较高的产品所具有的某些特征和品质。另外,如果不是因为子品牌吸引了消费者,从高端品牌流向低端品牌的购买力有可能会被其他厂商的同类产品吸引过去,因此,看起来好像是同类相食,其实是对品牌的战略性保护。

与此相反,Gap商店(一家成功的高档休闲服饰零售商)就因为同类相食和品牌识别稀释问题而撤掉了子品牌。1993年,Gap的竞争者以比Gap低20%~30%的价格提供Gap风格的服饰,以此争夺注重价值的顾客。为应对这一威胁,Gap尝试采用了名为Gap仓储商店的仓储型销售渠道，以富有竞争力的价位出售多个系列服饰。问题是这里的服饰与 Gap 商店中的服饰太过类似。1 年之后，Gap 决定将其名称改为老海军服装公司（Old Navy Clothing Co.），Gap 首先退后成为不起眼的背书品牌，随着时间的流逝，再分步骤完全消失。

当延伸产品与母品牌产品有本质区别时，母品牌的风险会大大降低。例如，吉列一直以来就代表着优质、创新的男用剃须刀。当认识到进入一次性剃须刀市场的重要性时，吉列推出了吉列好消息产品线。这一子品牌年轻、轻快的个性与吉列产品的硬朗男性风格形成了鲜明对比，并在一次性产品品牌与其他产品品牌的区分方面起着关键作用。吉列好消息一次性产品在同类产品中处于高档地位，这也有助于降低该举措损害吉列品牌感知质量的潜在风险。

针对价值定位的描述性子品牌

子品牌的名称和标志有助于标明低层次的产品。通过添加"价值"这个单词，IBM 的 ValuePoint 品牌表明了它是 IBM 产品线之外的一种低端产品。史丹利（Stanley）的"专业"（Professional）和"节俭"（Thrifty）两个子品牌用品牌名本身清晰地表明了其产品线定位。玛斯特密码锁（Masterlock）在推出"小屋与门"（Sheds and Gates）系列锁之外，还拥有一条"储物柜与自行车"产品线（轻锁系列产品）。Fender 生产的高品质电吉他，售价从 1500 美元到 3000 美元不等，同时还生产售价仅为 199 美元、名为"初学者"的电吉他。品牌还可以用一系列数字来表明各种产品的品质和价值属于哪一区间，例如 100 系列的产品要比 90 系列或 70 系列的产品更大，质量更好。

品牌识别也会延伸吗

品牌识别能否涵盖所有的垂直延伸产品，或者加入低端产品是否会稀释原有的品牌识别？这是需要考虑的问题。宝马的 300 系列（最小、最便宜的车型)、500系列、700系列体现着不同的车型和价位。然而，每一系列都共有一个品牌识别——"终极驾驶机器"。无论汽车是什么价位，都同样反应灵敏，同样令驾驶其乐无穷。

与此相反，梅赛德斯的品牌识别多少以声望和排他性为基础。于是售价不到3万美元的梅赛德斯190就会带来问题，因为梅赛德斯是体现富豪社会地位的汽车，它的出现与梅赛德斯的形象不一致。在梅赛德斯重新定义其品牌识别，由注重地位转为注重品质之后，梅赛德斯190这一子品牌才显得更为合群，并为梅赛德斯争取年轻消费者拓展了道路。

创造不同的个性：母子品牌关系

由于品牌向下延伸时可能会产生种种涉及品牌识别的问题，因而利用子品牌个性来建立新型低价产品的差异性是一种有效的方式。如果子品牌被赋予一种与原品牌差别明显的个性，同类相食及形象受损的风险将大大降低。

因为消费者对家庭品牌的关系非常熟悉，因此创造一个既有差异性又具有高度相关性的子品牌个性能为公司创造很大的机遇。子品牌可以是原品牌（父亲或母亲）的一个孩子（儿子或女儿），它还没有能力或不适合登上更高的产品层次。子品牌也可以是原品牌的祖辈，它对于性价比的要求要高过对优良品质的要求。

我们可以把母品牌想象成一个诚实、有同情心、勤奋的小镇居民，就像约翰迪尔、雪佛兰或柯达这类品牌。那么品牌的儿子（可能叫作小约翰迪尔）就会有许多与之相同的个性特征，毕竟它们是一脉相承的。

尽管如此，这个儿子还是可以在许多方面与父亲不同的。它更倾向于那些简单、成本低的选择，或许等它攒够了钱后，它还会渴望向上发展。其他的特征将部分取决于它的产品类别。一个青春、富有朝气的儿子可能比较适合摩托车或自行车；一个不苟言笑、木讷无趣的儿子可能只适合一种新型割草机或卡车。对服装来说，有一个随性、风趣的儿子可能会更好一些，快乐绿巨人的"Little Sprout"就有类似的个性。对赛车和登山系列产品来说，它们的儿子可能大胆莽撞、喜欢风口浪尖似的生活。无论在哪一种情况下，子品牌的个性都体现了它与母品牌的差别，并提供了与目标市场联系的途径，但与此同时，它仍然体现着与品牌传统的内在联系。

区分子品牌

产品本身就是区分子品牌与其母品牌的一条途径。如果子品牌产品在特征、适用范围和用户方面都与母品牌大相径庭，它给核心品牌带来的风险将会大大减少。举例来说，万豪酒店旗下的万怡酒店就与万豪本身相差甚远，万怡酒店提供的服务较少，是一种全新的宾馆体验。吉列的好消息与Sensor和吉列其他产品线差别显著。如果一家零售商，比如尼曼百货向下延伸，就可以用颜色主题、店面布局、背景音乐、制服风格及服务范围将两种类型的商店区别开来。

如果产品的关键特征不明显，依靠产品难以区分子品牌和母品牌，问题就严重了。柯达"欢乐时光"胶卷、柯达Funsaver照相机和IBM的ValuePoint产品线（至少对许多没有经验的电脑用户来说就是如此）就的的确确遇到了这种情况。这时，为新品牌创立差异化的个性，并妥善管理新品牌的相关符号就非常关键了。因为即使是不同的标志和颜色也有助于对品牌的区分。

瞄准不同的目标市场不仅提供了差异点，而且会减少母品牌形象受损的风险，因为母品牌的顾客群不太可能接触到子品牌的产品。例如，如果一家高档保健品连锁商店想向下延伸，它可以面向年轻的顾客（即二十几岁或三十几岁的顾客），或者将目标市场锁定在小城市，仍然将大城市留给母品牌。

母品牌还可以通过管理方式来强调自身与子品牌的差异。例如，一个工具品牌在推出经济型子品牌（如 HomeMaster）的同时，原有的刀具产品可以同时升级并启用另一个子品牌的名称（如 ProChoice）。这种战术的本质是将品牌向上向下同时延伸。吉列的低端产品好消息系列之所以能取得成功，部分是因为吉列的其他剃须刀产品线都由吉列 Sensor 来定位。将吉列好消息和吉列 Sensor 区分开来，要比将这两个子品牌同吉列母品牌区别开来容易多了。

还有一种方案，就是工具产品主品牌的产品维持不变，在推出低端产品 HomeMaster 的同时，创建一个高端产品线 ProChoice。结果同时拥有 3 个层次的产品，这样，低端产品子品牌对原品牌形象的任何损害，都可以由高端品牌的"光辉"形象予以弥补。

品牌向上延伸

一个品牌可以在规模和市场份额方面成为行业领导者，拥有令人艳羡的规模经济优势和销售影响力。这一领导品牌占据了商店货架、食品贮藏室，还有消费者的心智。但它的价格却受到零售商和消费者的挤压，尤其是低价品牌和零售品牌的挤压。

在这种情况下，常常会出现一个诱人的处于增长期的超高端产品市场。这一市场的边际利润很高，在一些本来已经显出疲态的市场上盈利甚至取得令人瞩目的发展。微型酿酒厂（如 Anchor Steam）、设计师咖啡、高档饮用水、豪华跑车都代表着这类利基市场，该市场的价格敏感度较大规模的主要市场低。那么品牌应如何向上延伸，才能受益于这种增长与活力，摆脱下方沉重的利润压力呢？

采用新品牌

当现有的品牌名的效应日显疲惫时，唯一可行的方法是启用一个独立的新品牌。例如，当百得为建筑专业人员设计出一系列工具后，公司感觉目标市场可能不会对以百得命名的产品感兴趣（甚至感到别扭），因为这个名称与 DIY 的家居者联系太密切了。于是它们创造了得伟（DeWalt）这个新品牌。得伟的工具比百得在性能上高出一筹，选用明黄色调（区别于百得产品线的绿色调），而且名称中绝不涉及其母品牌百得。

本田的讴歌、丰田的雷克萨斯、日产的英菲尼迪遵循了同样的逻辑。在上述例子中，核心品牌代表的是经济、简约，而非声望、操控性和舒适性，这可能会阻碍新产品进军高端市场。

然而要成功推出一个全新品牌，要么耗资巨大，要么完全不可行，尤其是新品牌的目标是成为顾客心目中货架上的第 3 位或第 4 位品牌时更是如此。此时有一个替代方案，就是用现有品牌的子品牌作为进入高端市场的敲门砖。

子品牌的作用

利用子品牌向高端市场渗透有几方面的优势，金康胜和皇冠假日酒店就是成功例子。首先，它们节省了为新品牌创造知名度和品牌联想的费用。与启用新品牌相比，将假日酒店同高级酒店联系起来或将康胜同优质啤酒联系起来要容易得多。其次，品牌的现有资产有助于提供价值主张。于是，皇冠假日酒店的顾客知道他们可以直接利用 800 电话进入假日酒店的预订系统，金康胜的饮用者意识到他们的啤酒与 High Priority 有联系，后者是康胜举办的同乳腺癌做斗争的宣传活动。最后，子品牌提升了假日酒店和康胜等核心品牌的感知质量。

向上延伸品牌也存在损害核心品牌的风险，尽管这一风险要比向下延伸的风险小得多。现实中存在这种可能，即品牌的高端产品会使核心品牌产品相比之下显得更加普通。例如，金康胜推向市场后，康胜就不像以前那样有吸引力，因为康胜的饮用者不太可能再认为它是最好的啤酒。但是还有一个等大的风险，即核心品牌可能会阻止其高端子品牌获得全面成功。例如，当子品牌皇冠假日酒店进军高端市场时，假日酒店熟悉、坦诚的强势形象的确会成为一个重要的障碍。最后，母公司决定放弃皇冠假日酒店同母品牌的联系，放手让它独立发展。

最糟糕的情况是，延伸出的高端品牌可能会成为被嘲笑的对象，就像一个穷困潦倒的人购买了一身奢华的服饰，拼命装出一副高贵的样子。嘉露兄弟 Varietals（试图将嘉露的名称延伸至高档葡萄酒）可能就给某些消费者留下这样的印象，尽管这一举措还是让嘉露有所收获（下文中我们会解释原因）。降低这种风险的关键是要把子品牌与品牌伞之下的其他产品区分开来。

分离子品牌

子品牌向上延伸存在一个基本问题，即原品牌通常在高端市场缺乏信誉。一个中等层次的品牌应该如何做出承诺，才能让人相信其子品牌能够符合高端市场的标准呢？要做到这一点，关键是在高端产品线上拥有"银色子弹"，以此展示子品牌具有这种能力，比如可以让纽约或伦敦的皇冠假日酒店成为旗舰店。另外就是要明确地将子品牌从核心品牌中分离出来。

百得的 Quantum 工具产品线是专门为 2000 多万名严谨的 DIY 用户开发的，它就是一个与核心品牌分离的高端子品牌的优秀案例。百得之所以能够成功地实现这种分离，部分原因是利用了新闻通信和电话咨询活动，以及几种"银色子弹"产品（如使用特别设计的真空系统的无管钻头）。Quantum 还采用了银色与黄色的主色调，使它与百得系列产品的金属绿色调形成了鲜明对比。

向上延伸的子品牌通常采用一些描述性的名称，如"特别版""高级""专业""金"(金康胜、金柯达、皇家金柯达)及"白金"(如白金卡)。酿酒商通常利用"私人珍藏""窖藏"及"限量发行"等说法来吸引高端市场的客户;航空公司则使用"行家级别"和"红毯俱乐部"等名称。这种策略明确地表明了向上的延伸,但描述性的名称又使子品牌建立独立的品牌识别更加困难。在研磨咖啡领域,MJB 的 EuroRoast 比麦斯威尔的 Private Collection 和佛吉斯的 Gourmet Single 要更成功,原因可能就是 MJB 的子品牌与其母品牌差别更大。此外,EuroRoast 除了意味着高品质,其名称还能产生与欧洲相关的联想,增加了品牌的趣味性和可信度。

品牌识别会延伸吗

品牌是否可以向上延伸也是一个关键问题。那些品牌识别与高端市场格格不入的品牌向上延伸会更加困难。例如,Rice-A-Roni 是每天都会用到的系列调味料,实际上往往是一顿饭的核心。它向上延伸的 Rice-A-Roni Savory Classics 子品牌就不是那么成功。因为在消费者的心目中,Rice-A-Roni 的产品并不能用以制作款待贵客的丰盛晚餐。

与此相反,本大叔(Uncle Ben's)大米曾被人认为是一种简单朴素的产品,但它可以成为风味食品的原料。于是这一品牌的高端产品本大叔"乡村饭馆"盘菜(包括阿尔弗雷德家庭风味大米肉饭和 Herbal 炒米饭)就大获成功。乡村饭馆这一子品牌暗示其菜谱是受乡间最好的小饭馆启发所制,甚至还能暗示是一位与趣味盎然的乡村小旅馆有联系的亲戚。本大叔这个名字虽然并不高端,但与高端市场的背景和菜谱不冲突,与 Rice-A-Roni 相比,向上延伸时就少了一份拖累。

为强化下游产品而向上延伸

开发品牌高端产品还有另一个重要动机,就是给原品牌识别带来正面影响。高端(或上游)品牌通过强化核心(或下游)品牌的识别所带来的帮助称为**下游品牌强化**。在这种情况下，新品牌的潜在盈利能力可能处于次要位置，甚至根本无须盈利。嘉露葡萄酒就是一个精心管理的下游品牌强化的范例。

嘉露这一品牌名过去是（现在仍是）葡萄酒行业的主导力量，其销量最大的产品是嘉露"大罐酒"（jug wine），现在正面临着嘉露 Ellen 等品牌的挑战。这些竞争者通过稍高于嘉露的质量定位，逐步蚕食着嘉露巨大的利基市场。为了自卫，嘉露需要向上提升一个档次，但这对嘉露而言非常艰难。

嘉露兄弟 Varietal 是嘉露用于完成这一目标的新品牌，这是一种高档的、带有软木塞的葡萄酒，其质量比嘉露的传统产品要高出许多。嘉露的桶装酒素来享有盛誉，那该公司为什么会将它的名字如此显眼地用于一个新产品，去参与高端市场的竞争呢？如果高档酒失利，嘉露品牌就可能受到损害，那么该公司为什么甘愿承担这种风险呢？

答案就是下游品牌强化。品牌延伸的关键目标可能并不是高档葡萄酒市场的消费者，而是嘉露的核心消费者，即使他从来都没买过一瓶嘉露兄弟 Varietal。高档产品提供了一个机遇，使该公司从另一个角度宣传了嘉露的优异品质。假以时日，并辅以足够的传播支持，这一新宣传角度将会给嘉露的整体感知质量带来积极的影响，并且增加在低端市场上的竞争优势，所有这些收益将会证明在高档市场推出一个子品牌的投入是物有所值的。由于巨大的广告支持和分销渠道的影响力，高端产品最终实实在在地带来了利润，但相对于子品牌的真正目标而言，这种收益可能会被视为额外的奖励。

另一种策略是开发新的高档品牌，然后将其与核心品牌联系起来，以强化后者的品牌识别。例如，科尔曼是野营装备用品的领导品牌，但长期以来与它相关的形象都是"又笨又重"。[11] 当科尔曼向上进军背包用品市场时，这一形象成了阻力。于是科尔曼启用了独立的 Peak 1 品牌。这一品牌经营得比母品牌更成功，部分原因可能是它没有与母品牌相关的联想。

几年之后，当科尔曼这一名称被加到 Peak 1 品牌上时，该新产品线的声望已经确立了，科尔曼已经不再是一种负担，反而增加了可靠性（对新的购买者尤其如此）。更重要的是，Peak 1 的联想强化了科尔曼的品牌识别。

品牌延伸决策

通过品牌延伸平衡品牌的另一条途径是利用该品牌进入新的产品类别，并获得竞争优势。进行品牌延伸决策（已经在我的上一本书《管理品牌资产》中进行了总结）可能产生的好结果、坏结果和最差的结果分别如下所示。

- **好结果**　品牌联想、感知质量及品牌知名度有助于品牌延伸。
- **更好的结果**　品牌延伸强化了品牌联想和品牌知名度。
- **坏结果**　品牌名没有为品牌延伸增加价值，甚至造成了负面联想。
- **最差的结果**　品牌延伸损害或稀释了核心品牌，或是品牌的分支相互蚕食。
- **更严重的结果**　错过了建立另一品牌的机会。

不过，上述分析仅仅是假设品牌向另一个产品类别进行延伸。品牌延伸的其他视角将在下文进行探讨。

创建系列品牌

20 世纪 90 年代出现了一种品牌概念，使许多公司开始以不同的视角审视自己的业务。**系列品牌**（range brand）创造了一种在多个产品类别中发挥作用的品牌识别。系列品牌也可以被视为联系性的符号，帮助顾客看到各类产品之间的联系，如果不是因为系列品牌，这些联系可能就会被顾客忽视。系列品牌打破了消费者思维中现有的产品领域的结构，提供了品牌延伸的新途径。系列品牌有时候被称为"巨品牌"（megabrand），但这一术语也可用于那些没有跨越产品类别、拥有较高市场份额的强势品牌（如百威和可口可乐）。

系列品牌与品牌延伸

20世纪80年代是品牌延伸的时代：品牌的强势形象确立之后，就开始寻找适合它的产品类别。有一种理论是将公司的资产应用于新的业务领域，还有一种理论则是降低进入新领域的成本和风险。品牌延伸的决策是逐渐进行的。如何利用品牌名称才能降低成本、减少风险并扩大销售额和利润？表9-1表明，品牌延伸的范围通常是单一的产品族，考虑问题的角度也是短期的。

表 9-1 系列品牌

	品牌延伸	系列品牌
决策重点	渐进型	战略型
决策范围	产品类别	产品类群
时间框架	短期	长期

系列品牌是从历史的而非渐进的视角看待品牌战略的，其目标是创建强大的品牌资产，凭借真正的竞争优势成为整个业务的基础。系列品牌战略的核心是建立一种终极的品牌识别愿景，建立一系列产品线，该品牌要么作为背书品牌，要么是驱动品牌。品牌延伸决策主要由现在的品牌形象所驱动，而系列品牌涉及品牌未来的不同形象。

系列品牌的范围

这一决策的关键是要选择那些与品牌识别或愿景相符合的产品，而不是与现有形象相符合的产品。在选择业务领域时，公司当然应该评估一下自己的生产能力、竞争激烈程度、价格压力以及市场趋势。关于系列品牌决策，有两条标准需要着重考虑。

（1）品牌识别应该为候选的产品类别提供价值主张，或者成为产品类别关系的基础。

（2）产品应该与品牌识别相符并强化品牌识别。

产品线形象

从定义上看，系列品牌将被应用于多条产品线。这些产品线拥有各自的产品线形象，通常作为基础品牌识别的扩展。为了应对产品类别的竞争，通常额外的联想也是必需的。于是，在康之选这一品牌已有的营养丰富、低脂低盐、美味可口的形象基础上，康之选 Generous Servings 的品牌识别又增加了速冻饮食和套餐等维度。CK 系列品牌将纽约的城市个性与时尚联系在一起，其产品线形象与之相符但同时又个性分明，它的香水系列强调性感与叛逆，而服装与眼镜系列则更为保守传统。

动态愿景

系列品牌战略要求有动态的品牌愿景：最终的品牌识别是什么？品牌如何朝着这一形象演进？规划中的关键部分决定产品类别的进入顺序，因为这个顺序影响着品牌演进发展的能力。例如，当吉列推出吉列 Foamy 时，吉列品牌代表着剃须刀，吉列 Foamy 是一种剃须用品，不是剃须刀。Foamy 剃须膏与剃须刀联系紧密，成为后来吉列系列品牌推出男士卫生用品的桥梁。如果不是 Foamy 拓宽了吉列的品牌识别，这一产品线就有可能被认为是对吉列品牌的滥用。

为什么要发展系列品牌

系列品牌之所以能带来利益，有很多理由。第一个理由是，从战略角度来看，系列品牌这一概念可以为品牌战略提供一致性和层次性。商业战略的本质是要回答两个问题：①应包含哪些业务领域（产品—市场）？②每一业务领域拥有哪些竞争优势？慧俪轻体、福特、欧乐 B 和美国运通这些系列品牌为这两个问题都提供了答案。

第二个理由来自其经济性。经济学家发现系列品牌能够产生典型的范围经济,即维持一个品牌名的固定成本可以由各项业务共同分担。战略制定者则认为系列品牌能够产生协同效应。一个业务群要大于各个组成部分之和,因为对一项业务的投资会使其他业务同时受益。这两种视角捕捉到的都是同一种成本–效率。此外,系列品牌的意识与品牌识别还会降低新产品推广的成本和风险。

在当今时代,创建或支持一个品牌的代价十分高昂,尤其是广告成本与促销费用。与系列品牌竞争的单独品牌劣势非常明显,因为它们不具备规模经济效应(定位良好的利基品牌当然也能成为赢家)。

发展系列品牌还有第三个理由,即与多种产品类别相联系增加了品牌的知名度,并使消费者确信公司有能力在不同的产品领域取得成功。有研究者曾研究过与品牌相关的产品类别数量所带来的影响。[12] 研究中涉及的产品类别数量要么是 3 个(小型厨房用具、车库门开启工具以及手持式花园工具),要么是 7 个(上述 3 个再加上吹风机、小型电动工具、地毯吸尘器和电话应答机)。在对这一品牌的延伸(延伸至运动手表和电熨斗)进行评估时,品牌相关的产品类别数量越多,对品牌延伸的评估就越高,消费者对这种评估也就越有信心。

卡夫的系列品牌

卡夫系列品牌包括了费城(原味的、香草的、鲑鱼、酱汁及其他)、卡夫 Slices(原味的、风味的及其他)、卡夫 Mayonnaise(原味、酸奶、Mayoliva 及其他)和欧洲品牌 Miracoli(盒饭、果酱、高档餐点)。[13] 每个品牌中都有一个品牌识别贯穿整个产品线,这一形象在很大程度上由原产品的背景发展而来。它体现了价值主张和个性,能够影响用户在不同的产品类别中做出选择,并获得满意度。这一识别必须是强大的、相关的，并且足够灵活，能够在不同的环境中发挥有效作用。

Miracoli 的核心品牌识别是原汁原味的意大利风味，以及草药与香料的神秘配方。这一品牌识别体现在所有产品线的广告和包装上。例如，每条产品线的广告中都会出现同一位意大利家庭主妇，她体现着一致的个性和可靠性。

费城的品牌识别是品质的黄金标准，即成本高昂但物有所值的美味。每种产品线都对这一品牌识别进行了补充。例如，Philadelphia Light 就是一种清爽新鲜的奶酪，拥有知名的费城口味。

本田：创建多样化的形象

本田是一个很有意思的系列品牌，因为它的产品线跨度非常大。本田的小型发动机素有经济、专业、工艺精湛的声誉，依靠这种声誉，它把产品扩展到了草坪机和花园修整工具。然而，将本田品牌名应用于汽车上的决策却充满了风险（尽管是成功的）。

为什么本田能够实现品牌的延伸呢？首先，本田产品有一个共同的品牌识别，具有竞争力、高效率、低缺陷率、优良的发动机等联想，即使异类产品也有类似的形象。其次，其汽车产品制作精良，当产品品质非常卓越时，产品延伸就容易多了。再次，本田汽车品牌背后有雄厚的资源做后盾，有庞大的预算解决一切问题。最后，其产品线形象强大、独特。事实上，许多消费者认为本田有两个品牌：一个是本田汽车，另一个是本田小型发动机。当提到本田这个名字时，消费者想到哪个产品类别并不重要，重要的是无论提到哪一类产品，人们都会想到本田及其相关的联想。

哪些产品？范围多广

发展系列品牌的关键任务是找到合适的产品类别，该品牌向这些产品类别的延伸可以实现品牌的平衡，提供价值主张，或者巩固品牌与消费者之间的联系。爱德华·陶伯（Ed Tauber）是一位经验丰富的品牌延伸研究者，在进行品牌延伸调查时，他建议向预期消费者提出以下几个问题：该品牌如何区别于其他竞争者品牌？它如何提供价值？如果消费者不能回答这些问题，那么成功的可能性就会很小。

选择哪些品牌能为其提供有价值的产品类别取决于品牌的形象。例如，属性联想只在特定的背景下才能发挥作用。根据某一研究，Close-Up 具有口腔清新的属性联想，这种联想对于口腔清新剂和薄荷糖具有积极作用，但是对于牙线和牙刷的正面作用则大打折扣。[14] 与此相反，佳洁士具有保护牙齿的属性联想，可以发展牙线和牙刷产品，但在漱口水和薄荷糖产品线上却难有作为。如果品牌的感知质量很高，它的发展空间将会非常广阔。有研究者表示，高水平的感知质量能够推动品牌走得更远。[15]

如果品牌延伸超出了其广为认可的专业领域，风险就会随之而来。一项研究发现，如果假设天美时将产品延伸至车库开门器、烟雾感应器和古龙香水，这些产品将对天美时品牌产生负面影响。如果天美时将品牌延伸至相近的产品领域，如电池、计算器、戒指和手镯等，就不会产生负面影响。[16] 研究者还发现，如果将劳力士延伸至开门器、电池和计算器等功能导向型的产品，将会给该品牌造成伤害，而将其延伸至声望型产品则有益于该品牌。

当品牌识别超越了产品联想，进入组织联想、品牌个性以及（普遍意义上）更为抽象的联想时，品牌的发展空间就会更加广阔。有些品牌识别的基础，比如声望（劳力士）、时尚（Vuarnet）、健康（康之选）等属性与任何特定的产品类别都没有联系，这些属性与产品类别的特有属性相比，影响范围更宽更广。

现在来看一下 CK 这个品牌，它从服装设计起家，现在不仅应用于各种类型的服装（包括内衣、牛仔裤、男式套装），还包括香水和眼镜。博朗品牌同电动剃须刀、钟表和种类繁多的家用电器相关联，包括食品加工机、手动搅拌机、咖啡壶及卷发钳等。迪士尼刚开始是制作卡通短片的，而现在与它有着密切联系的有电影、主题公园、服饰、玩具店、曲棍球队和邮轮等。

当我们把系列品牌与其某些竞争对手进行比较时，它们的延伸能力就愈发显得令人瞩目了。假如套装生产商布克兄弟开始推广香水和针织品类产品线，结果会怎样？如果把 Cuisinart 厨房用具品牌用于电动剃须刀，将会发生什么？如果蒙特利尔加拿大人冰球队想将它们的名字用于主题公园或电影公司又将怎样？有些系列品牌之所以比竞争对手的品牌延伸走得更远，与其品牌识别的建设和演化方式有密切关系。

品牌范围在逻辑上指的是一种产品类别，**类别品牌**指的是代表一个产品类别的系列品牌，如烘烤类系列产品。与孤立品牌（如雀巢 Morsels，是雀巢推出的唯一一种烘烤类产品）相比，类别品牌的优势将会愈发明显，因为孤立品牌缺少同类产品的支持。零售商已经开始利用信息技术管理整个类别的产品而非单个产品，并逐渐基于产品类别制定存货、定价及促销策略。零售商最终发现，类别品牌的管理方式效率很高，并且更容易保持战略上的一致性。

合作品牌

除了品牌延伸外，通过合作品牌也可以进入其他的产品类别，从而实现品牌的平衡。

要素品牌

合作品牌的形式之一就是成为另一品牌中的品牌要素。例如，好时想延伸至蛋糕或饼干系列产品，可能会遇到很大的麻烦，因为这些产品涉及不同的制作过程，而且消费者也质疑好时在这一领域提供高品质产品的能力。然而，如果好时能成为贝蒂妙厨蛋糕系列中的一个品牌要素，风险会小得多。这样好时无须费力经营一项全新业务，就可以开发利用其品牌名称了。这样的合作品牌风险较低，又能带来品牌延伸的诸多优势。

成为要素合作品牌还能享有品牌延伸的另一大优势：扩大品牌知名度。当一家著名的薯片公司推出了KC Masterpiece风味的薯片时，KC Master-piece的知名度和信誉度得到了极大提高。因此KC Masterpiece的制造商非常乐意开展研发，以促成上述的结果，提供多种风味薯片配料。英特尔、阿斯巴甜以及其他品牌都曾让制造商在包装和广告中突出其品牌与标志，并因此提升了知名度。

复合品牌

合作品牌的另一种形式是复合品牌（composite brand）——两个品牌捆绑在一起向消费者提供更多的利益，降低成本。例如，通用磨坊的子公司Yoplait采用Trix品牌推出了Yoplait Trix酸奶，是专门为孩子设计的一种饮料。除了Trix谷类食品已经花费的1200万～1500万美元外，Yoplait没有为这种新饮料多花一分钱的电视广告费用。公司利用了Trix谷类食品及其品牌识别在孩子中确立了高知名度。

在信用卡行业，万事达卡积极地主导了品牌合作，并以此进行市场细分，确定中意的利基市场。AT&T全球卡（与AT&T电话卡联合）和通用汽车卡（该卡的用户在购买通用汽车时可以获得折扣）获得了非同寻常的成功。万事达卡的合作品牌不仅提高了知名度，也为顾客提供了便利。AT&T全球卡和通用汽车卡同时提供了联系顾客的纽带，顾客有了购买通用汽车的动力，也推动他们将AT&T作为长途电话的服务商。

康之选和家乐氏相互结合，创造了"健康之选从家乐氏开始"的谷类早餐产品线，这一产品口感良好，并且拥有健康维度的定位。该早餐使用"杂粮"和"杂粮方脆"等描述性子品牌，富含多种维生素（包括 β 胡萝卜素）、纤维，淡甜口味、不含脂肪。产品使用了鲜明的绿色包装，上有康之选的标志。这种伙伴关系使康之选获得了家乐氏的背书支持，使其更加接近谷类早餐产品。家乐氏则从新产品的高销售额中获益匪浅，同时也增加了对商场货架的占有率，强化了其作为创新的谷类食品供应商的品牌识别。在得到康之选的名字和信任度支持之前，家乐氏已经在这个产品概念上失败过，通过合作品牌，家乐氏获得了第二次成功的机会。

合作品牌的协同效应

合作品牌是寻求协同效应的典型方式。两个品牌共同承担品牌建设费用，分担新产品的风险。而且，这种方式引入了双方的品牌联系，这些联想的集合创造了新的差异点。当然问题也存在，就是找到合适的搭档，并设法解决两个系统与文化各不相同的组织在实施中的问题，共同取得成功。

品牌系统审计

第 8 章和第 9 章阐述了品牌系统，这一概念表明品牌很少是独立运营的。一系列的品牌就构成了品牌系统，但问题是要对品牌系统进行管理，使之协同一致、层次清晰，使品牌充分发展，挖掘每一品牌的潜力。这一管理过程可以从品牌系统审计开始。品牌系统审计引导我们重新审视已讨论过的品牌系统及其关系。

品牌系统审计

（1）**战略品牌**。什么是战略品牌？战略品牌是指在战略上重要的、应该得到更多资源的品牌。在这里，关键是要找出那些目前销量不大，但在将来会成为重要的销量和利润贡献者的品牌，以及那些成为重要着力点的品牌，尽管与它们相关的业务可能从来都不是重要的利润创造者。

（2）**背书品牌**。哪些品牌能扮演背书者的角色？它们是如何增加价值的？它们的形象与这一角色相适应吗？是不是存在一些情况，背书者应该撤退，或是断绝关联？是不是存在另一些情况，应该增加背书者或是对背书者大加宣扬？

（3）**品牌增益：服务/特色/要素**。什么样的服务、特色或要素应该予以品牌化（或者如果已经品牌化了，并没有被充分开发利用）？品牌化的行为如何增加价值？

（4）**银色子弹**。什么样的品牌或是品牌化的增益正在扮演或能够扮演银色子弹的角色？得到合理利用了吗？需要额外的银色子弹吗？

（5）**系列品牌**。确认系列品牌。它们的品牌识别在每个环境中都起作用吗？有没有计划确定系列品牌将来会包含哪些产品？哪一个应该是公司未来的系列品牌？这些系列品牌的品牌识别是什么？系列品牌的愿景中包括哪些产品？系列品牌会为哪些产品担任背书者角色？

（6）**合作品牌**。有机会与其他品牌合作或是成为合作品牌吗？什么类型的合作品牌能够减少自身品牌识别的局限？什么类型的品牌能够强化自身的品牌识别？在每次的合作中，品牌适合成为一个修饰品牌还是被修饰品牌？

（7）**延伸抉择**。是否有一个品牌适合进行水平延伸，为什么？哪些形象元素能够成为着力点？

（8）**垂直延伸**。确认一个应该向上或向下延伸的品牌，发展相关的战略。使用子品牌是否会有帮助？

（9）**利用子品牌进行清晰化**。找到一个例子，表明所提供的产品令顾客感到迷惑并引起了预期问题。利用子品牌能够使预期清晰化，并对之进行管理吗？

（10）**共有多少品牌**？品牌是否太多了？是否太少了？在进行增加品牌的决策时，应该使用什么标准？

思考题

1. 品牌应该向上或向下延伸吗，为什么？有什么风险？完成这些目标有什么替代途径？
2. 有哪些产品线延伸的选择？产品线延伸规划有哪些目标？
3. 找出候选的系列品牌，每一品牌的优点和缺点各是什么？明确公司未来的系列品牌。这些系列品牌的识别是什么？就包括的产品而言，系列品牌的愿景是什么——成为一个背书品牌和驱动品牌？系列品牌伞之下的产品线具有什么样的品牌识别？
4. 有机会与其他品牌合作或是成为合作品牌吗？什么类型的合作品牌能够减少自身品牌识别的局限？什么类型的品牌能够强化自身的品牌识别？在每次合作中，品牌适合成为一个修饰品牌还是被修饰品牌？

BUILDING STRONG BRANDS

第 10 章

跨产品、跨市场衡量品牌资产

如果问题正确,即使回答是概括的、模糊的,也要远远胜过对错误问题的明确而精准的回答。

——约翰·图基　统计学家

品牌就是一系列将产品与顾客联系起来的差异化承诺。

——斯图尔特·阿格雷斯　扬罗必凯公司

什么样的品牌不仅在自己所处的产品类别，而且在其他产品类别中也是真正的强势品牌？究竟如何才能打造一个强势品牌？这些都是最根本的问题。要回答这些问题，需要对品牌资产、单个品牌及其所处环境等问题具有深刻的洞察力。解决这些问题使我们能够洞悉如何打造强势品牌，并长期追踪监测品牌的强度。

下面就将讨论3种跨越产品类别衡量品牌强度的方法。其考察重点包括：①所运用的方法及原理；②由衡量结果衍生出的深刻见解及假设。正如我们将要讨论的，跨产品类别衡量品牌资产对于同时经营多种产品的公司极具应用价值，同时也为开发特定的品牌追踪系统提供了见解和起点。根据这3种衡量结果（以及已经提出的品牌资产和品牌识别的概念），我们提出一套衡量品牌资产的10个标准——品牌资产10项指标，用于衡量跨越产品领域的品牌强度。

扬罗必凯品牌资产评估模型

长期以来，在衡量跨产品领域品牌资产方面成果最为卓著的要数扬罗必凯公司的品牌资产评估模型。扬罗必凯是一家大型的跨国广告代理机构，曾在24个国家为450个国际品牌和8000多个本土品牌做过品牌资产的衡量。每一品牌的衡量都使用一套包含32个项目的问卷，该问卷除了有一套品牌个性测量指标，还包括4个衡量维度。

（1）**差异性**——主要衡量品牌在市场上的独特性。

（2）**相关性**——主要衡量品牌是否与被访问者个人有关。对于被访问者来说，该品牌是否有意义？该品牌对个人而言是否合适？

（3）**尊重**——衡量一个品牌是否被高度认可，以及是否被认为是产品大类中最好的。这一点与品牌的感知质量密切相关，与品牌的受欢迎程度密切相关。

（4）**认知**——衡量人们对品牌所代表内涵的理解。

表 10-1 列出了在每一维度上得分最高的品牌（还包括另外两个衡量维度，随后将会介绍），由此可以了解这种框架如何衡量品牌。

表 10-1 扬罗必凯品牌资产评估模型每个维度靠前的美国品牌

差异性	相关性	品牌强度	尊重	认知	品牌地位
迪士尼	AT&T	A-1	邦迪	金宝汤	金宝汤
胡椒博士	邦迪	CNN	金宝汤	可口可乐	可口可乐
法拉利	金宝汤	迪士尼	贺曼	亨氏	佳洁士
Grey Poupon	贺曼	胡椒博士	亨氏	好时	贺曼
美洲豹	亨氏	Grey Poupon	好时	吉露	亨氏
保时捷	柯达	哈根达斯	柯达	家乐氏	好时
劳斯莱斯	卡夫	贺曼	Phil. Cream	柯达	吉露
Sharper Image	Reynold's Wrap	PBS	Reynold's Wrap	麦当劳	家乐氏
斯纳普	美国邮政	60Minutes	乐柏美	百事可乐	柯达
维多利亚的秘密				美国邮政	卡夫

注：品牌以字母表顺序排列。
　　品牌强度是差异性与相关性的乘积。
　　品牌地位是尊重与认知的乘积。

扬罗必凯公司还提出了一种假说，即品牌的创建是按照 4 个维度依次进行的，如图 10-1 所示。

差异性 × 相关性 = 品牌强度

图 10-1 扬罗必凯的品牌动力模型

差异性是扬罗必凯模型中的第一个维度。斯纳普、胡椒博士、Grey Poupon 及法拉利等都与其竞争对手保持着距离，这为增强它们的品牌实力奠定了基础。如果没有差异性，品牌价值就非常低。扬罗必凯模型假定一个新品牌如果有志于成为强势品牌，必须从一开始就建立真正的差异点。相反，失去差异性是一个强势品牌开始衰退的信号。差异性主导一切。

为了证明其差异性的重要作用的假说成立，扬罗必凯公司研究了两类品牌的不同差异化。"处于上升势头的品牌",即那些在销售和流行程度方面都蒸蒸日上的品牌,一般来讲差异化程度都较高(在所有品牌中排在前 1/3),而在其他 3 个维度中排名较靠后(一般位于后面 40%);对于颓势品牌,结果正好相反。这两个结果表明,差异性是关键动力的真正驱动因素。当然,要做出明确的判断还需要进行长期的数据测量,这样才能观察到差异性变化的影响。

接下来是**相关性**。除非一个品牌与一个重要的细分市场建立关联,否则很难拥有大批基础顾客群。法拉利与捷豹差异化的程度非常高,但相关程度却很低,因此很少有人会认真考虑购买一辆,因为这些汽车对日常生活来讲要么就是很不实用,要么就是实在太贵了。相关性与家庭渗透率(购买该品牌的家庭所占的百分比)有很强的联系,例如,柯达有很高的相关性和家庭渗透率,而它的竞争对手爱克发和富士在相关性与渗透率方面明显较低。一般来说,小品牌的相关性和市场渗透率都很低。AT&T、邦迪、金宝汤这三个在相关性维度上得分最高的美国品牌,都有较高的渗透率。

品牌强度是差异性与相关性的乘积。其中的逻辑是,品牌必须同时具有两方面的特征才能成为强势品牌。然而,兼具这两方面的特征并不是一件容易的事,很少有其中一个维度得分很高的品牌在另一个维度上同时达到很高的水平。在差异性和相关性上居于前 10 位的品牌中,很少能在品牌强度方面也排到前 10 位,这一点值得注意。在品牌强度中排名靠前的是那些正在成长中的品牌,以及贺曼和迪士尼之类已经确立市场地位多年的强势品牌。

尊重 × 认知 = 品牌地位

尊重和认知处于品牌层次的后面,并共同构成了**品牌地位**这一维度。**尊重**由感知质量和对品牌流行程度增加或降低的感知共同构成。一一般而言，尊重取决于感知质量，但也存在一些品牌，其流行程度的增加或降低会影响品牌尊重。此外在有些国家（如日本），对流行程度的感知比感知质量更能够影响品牌尊重这个维度。

认知表明顾客不仅知晓品牌，还理解品牌的内涵。扬罗必凯认为认知（指对品牌的真正理解）是打造品牌所有努力的最高层次。认知的形成不能仅仅依靠频繁曝光，这一点与品牌知名度不同，而是产生于顾客对品牌的由衷亲密感。

对尊重与认知的比较。比较品牌的尊重与认知可以得到一些重要信息。例如，有些品牌在尊重维度的排名高于在认知上的排名，这意味着，尽管有些人尊重该品牌，但很少有人真正理解它的内涵。处于这种情形的品牌如果能找到办法增加认知，可能会具有一些没有实现的潜力（这些优势公司也许会、也许不会打算利用它们）。尊重高于认知的品牌有费雪（Fisher-Price）、绘儿乐、《国家地理杂志》、WD-40及3M。

相反，也有品牌或许会有较高的认知但是尊重度较低。这就意味着很多人知道该品牌的内涵，但对它评价很高的人却不多。埃克森、全美步枪协会、MTV等品牌的认知都高于尊重，还有大多数烟草和酒饮料品牌也是如此。处于这种情形的品牌通常正在丧失渗透力，或者是它们的市场对该品牌存有偏见。

具有较高品牌地位的品牌特征。扬罗必凯品牌资产评估模型吸取了其姊妹公司朗涛策略设计顾问公司（Landor Associates）品牌评估的成果。朗涛策略设计顾问公司曾经在不同的国家做过品牌资产的评估。尽管它的评估只涉及品牌地位（认知与尊重），但其研究结论还是很有指导意义的。[1]其中的一条结论指出，金宝汤、可口可乐、贺曼以及柯达等品牌地位高的品牌都有相当长的寿命，品牌传统和品牌识别都非常丰富。然而，扬罗必凯公司的研究表明，多力多滋（Doritos，始于1966年）、芝麻街（Sesame street，始于1969年）等相对年轻的品牌也能获得较高的品牌地位（和品牌强度），正如通过品牌延伸而重获生机的Ocean Spray一样。

朗涛策略设计顾问公司的研究还表明，品牌地位随着国家和细分市场的不同而呈现出较大差异。在美国，具有较高地位的是消费品行业品牌，而在日本和欧洲，汽车品牌具有较高的地位，在日本，零售品牌的地位也较高。从细分市场的角度看，18～29岁的顾客对麦当劳的打分要明显高于其他群体。像欧莱雅、新自由主义、Sure & Natural等品牌在女性群体中评价较高，而花花公子、Motorcraft、Louisville Slugger等品牌在男士中有较高的评价。丰田在进口车买主那里具有很高的评价。

力量矩阵

我们可以通过力量矩阵的品牌地位-品牌强度框架（见图10-2）获得更为深入的诊断信息。两个维度得分都高的品牌（位于右上象限）拥有最大的品牌资产可供保护和开发。位于左下象限的通常是刚起步的品牌。从长期来看，如果一个品牌长期处于这个象限，则意味着该品牌不太可能取得成功。

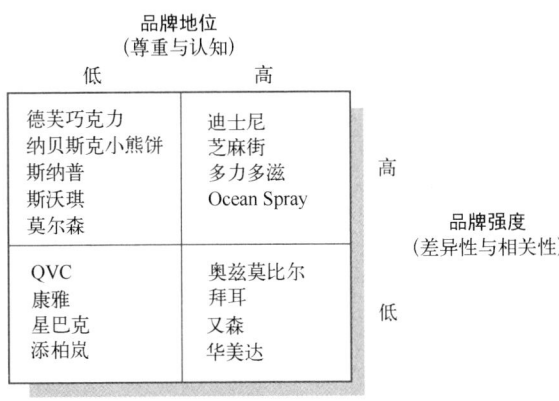

图10-2　扬罗必凯力量矩阵：地位与强度

根据扬罗必凯的假设，位于左上象限的品牌要么是强势的利基市场品牌，要么是通过提升自身的地位（尤其是认知）可以获得重大机遇的品牌。位于右下象限的品牌虽然已经显出颓势，但是仍然具有一定的尊重和认知。这些品牌中有 2/3 在尊重维度上低于认知维度，90% 的品牌相关性高于差异性。因为它们已经失去品牌强度，所以已经开始走下坡路了。

全方位研究公司的资产趋势

全方位研究公司（Total Research）开发的资产趋势（EquiTrend）与扬罗必凯品牌资产评估模型形成了很好的对比。出于对成本的考虑，资产趋势基于一些简明但有力的问题。与扬罗必凯的研究相比，尽管资产趋势的研究范围有限，但是基于长期的数据，这大大加强了判断品牌资产动态及其影响力的能力。它每年会调查 2000 名受访者对 133 个美国品牌的评判，截至 1995 年，它已经涵盖了 100 个产品类别中的 700 多个品牌。

资产趋势对 3 个品牌资产指标进行衡量。第一是**显著性**，即受访者中对该品牌发表意见的百分比。就像扬罗必凯认知维度一样，这个维度要求受访者发表自己对该品牌的意见，超越了传统的知晓、形象、回忆等概念。

第二是**感知质量**，这是资产趋势方法的核心。这部分是因为全方位研究公司发现感知质量与品牌喜好、信任、自豪感以及推荐意愿高度相关，在本质上反映了对该品牌发表意见的人对于该品牌的平均评价。感知质量可以用一种 11 点量表来衡量，量表从"杰出"一直到"无法接受"有相应的评分。

第三是**用户满意度**，反映最经常使用该品牌的人对品牌质量的评价。这一指标使我们了解某一品牌在用户群里的影响力。例如，MTV 在感知质量指标上的排名是第 100 位（得分 5.2），而其用户满意度排名是第 2 位（得分 9.3）。与此类似，丰田的感知质量排在第 62 位（得分 6.7），而其用户满意度排名却是第 4 位（得分 9.19）。雅诗兰黛的用户满意度排名为第 5 位（得分 9.1），而感知质量的排名却只是第 38 位（得分 7.0）。有些品牌在衡量用户满意度时会遇到一个问题，如梅赛德斯的用户非常少，仅仅采用一个国家的样本不足以明确用户满意度指标。

这 3 个指标共同构成了资产趋势的品牌资产评分系统。对一些强势的品牌的长期检测表现出显著的一致性（见表 10-2）。当然，因为资产趋势的数据库有限，许多美国的品牌都没有包括在内。

表 10-2 排名居前品牌的权益趋势一致性

品牌	品牌调查排名					
	1995	1994	1993	1992	1991	1990
柯达胶卷	1	3	3	2	2	3
迪士尼世界	2	1	1	1	1	—
梅赛德斯	3	5	8	8	3	2
迪士尼乐园	4	2	1	1	1	—
贺曼	5	4	4	4	5	6
费雪	6	6	5	5	6	5

尽管要进行归纳总结很困难，但考察排名居前的品牌还是能得出一些假设。（除了上面提到的品牌外，还有 AT&T、IBM、李维斯以及乐高）。首先，从资产趋势的品牌个性的数据来看，许多品牌（如柯达、贺曼、费雪、AT&T 及乐高）都与健康、温暖、呵护等特征联系在一起；其次，大多数品牌都有清晰的形象，例如李维斯具有强大的品牌识别，并一直是根植于其品牌传统的，即 19 世纪加利福尼亚矿工的工装裤，同时源于其现在的使用者形象；最后，梅赛德斯、IBM 以及 AT&T 等公司从先进科技和高价定位中获益匪浅。

感知质量与价格

对于资产趋势数据的分析表明，感知质量与高价格有关系，这也证实了第 1 章中提及的 PIMS 的研究结果。[2] 例如，柯达、梅赛德斯、李维斯和贺曼等高价格品牌在感知质量上要比富士胶片、别克汽车、李牌牛仔服和美国问候卡等竞争品牌具有明显的优势。这种关系无疑和互为因果的逻辑有关：强势品牌会要求高价格，而高价格是重要的质量暗示。如果感知质量已经（或能够）提高，那么提高价格不仅增加了利润空间，而且也有助于对品牌的认知。

感知质量与使用

研究表明感知质量影响使用。对资产趋势数据库的观察可以发现一个有趣的规律，顾客使用一个品牌的比例与该品牌感知质量的得分有直接关系；39% 的顾客给一个品牌的感知质量打了 10 分，他们也同时表明，使用该品牌的频率最高。如图 10-3 所示，当感知质量下降时，使用频率也同步下降。当然，高价品牌市场的相关性就有些弱化了。例如，给梅赛德斯 – 奔驰打分为 10 的顾客中，只有 2% 真正常常驾驶该品牌的车辆（他们中有超过 80% 的人对该品牌轿车有非常高的评价）。

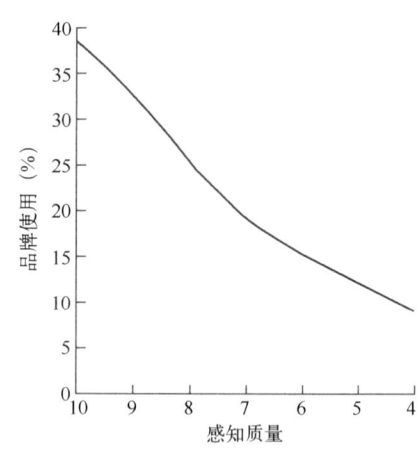

图 10-3　品牌资产与销售的关系

品牌资产与价格弹性

资产趋势的数据库针对两类快销产品进行了顾客研究，将其价格弹性放在一起做联合分析。[3] 在所有情景中，因为价格上涨 10% 时而引起的销售下降幅度，感知质量较好的品牌要远远超过感知质量优秀的品牌。

股票回报

更加令人惊奇的是资产趋势衡量的品牌资产变化与股票回报之间的关系（见第1章）。在权益趋势衡量的34个与股票回报有关的品牌（如柯达、IBM、AT&T、埃克森、固特异和可口可乐）中，品牌资产对股票回报的影响有点类似于投资回报对投资的影响，通常用与股市波动相关的会计价值衡量。在控制了广告投入与品牌知名度因素之后，这种关系甚至仍然存在。

英特品牌公司评选出的顶级品牌

英特品牌公司（Interbrand）是一家总部位于英国的品牌咨询公司，它采用一套独特的方法来确定世界上最强势的品牌。该方法的评价标准比较主观，包括品牌的商业前景、品牌的市场环境及顾客认知。根据以下这7条标准，它们对500多个品牌做出了评估。

（1）**领导力**。一个市场领域的领导品牌要比排名第2～4位的品牌更稳定、更强势。这一标准反映了领导品牌在传播和分销方面的规模经济性，同时也反映了竞争失利品牌维持分销和避免价格恶化方面的问题。

（2）**稳定性**。长寿品牌拥有过的识别已经成为市场的有机组成部分，甚至是市场的文化因子，其品牌识别已成为市场甚至是文化的有机组成部分，这类品牌具有特殊的价值和力量。

（3）**市场**。如果品牌所处的市场的销量日益增长或保持稳定，并且市场的价格体系使得成功的公司有利可图，则该品牌的价值更高。有些市场，比如速冻食品和部分家电市场，充斥着两败俱伤的价格竞争，任何品牌的盈利前景都非常暗淡。

（4）**国际性**。国际品牌要比全国或地区性的品牌更有价值，这部分是因为规模经济性的存在。更广泛地讲，品牌的市场范围越广，其价值就越高，全国性的品牌要比地区性的品牌价值更高。

（5）**趋势**。品牌在销售上的整体的长期趋势可以反映品牌的前景。一个发展健康、处于成长期的品牌表明其具有时代特征，并与顾客紧密相连。

（6）**支持**。能够得到持续投资和大力支持的品牌比那些没有这些支持的品牌更加强势。然而，支持的层次和支持的质量应该同时考虑。

（7）**保护**。通过法律保护品牌商标的力度和广度对品牌强度至关重要。

根据这些标准，英特品牌公司选出了1990年全球排名前10位的品牌。

（1）可口可乐　　　　　（6）IBM
（2）家乐氏　　　　　　（7）美国运通
（3）麦当劳　　　　　　（8）索尼
（4）柯达　　　　　　　（9）梅赛德斯－奔驰
（5）万宝路　　　　　　（10）雀巢

英特品牌公司的标准是商务导向的（与顾客导向相对应），这种视角有一定的作用，因为这种方法在对品牌进行财务估值方面迈进了一步，事实上，英特品牌公司用品牌得分来决定给其收入赋予多大的乘数。但是，衡量标准和评估的主观性使这些指标显得不够令人信服，影响了评估结果的可靠性。

这些指标反映的假设很容易遭到质疑。比如，利基市场的小品牌可能比所谓的领导品牌获利能力更高。老品牌也可能失去品牌优势。一个市场创造并保护利润的能力很难表现出来。由于本土品牌在与顾客的联系上更有优势，因此获利能力可能要比国际品牌更强，因为后者必须面对大量的协调问题。品牌销量的增长，尤其是以牺牲利润为代价时，并不一定是健康的。而且，英特品牌公司的系统没有考虑到品牌通过延伸进入其他产品类别的潜力。品牌支持也可能无效，在广告上的花费并不是有效的品牌建设所必需的。商标的保护尽管必不可少，但是这种行为本身并不创造品牌价值。

为什么要跨越产品和市场衡量品牌资产

在柯达、美国运通、梅赛德斯、福特以及 IBM 这些品牌中，哪个品牌更为强势？一个品牌为什么是强势或者弱势的？品牌强度是如何随时间发生变化的？为什么？品牌强度是如何随国家和市场的不同而变化的？为什么会这样？

思考这些问题不仅有趣，也很实用。对大多数企业来说，如果完全让它们自己来衡量品牌资产，通常会局限于与它们密切相关的产品大类以及利益相关的市场。但是，把视角扩展到多个产品类别和市场上，将会产生显而易见的实际价值，原因如下所示。

（1）**用最好的做标杆**。在多数时候，管理者认为他们的定位备选方案都应该按照其行业内约定俗成的方式来做。如果能考察一下其他领域的品牌，特别是具有一些共同特征、面临相似问题的品牌，可能会有一些新的形象上的选择。此外，在评价一项品牌识别的执行方案时，具有类似品牌识别目标的其他品牌有可能是一个有益的标杆。按照这种思路，一家金融服务行业的领军企业在考虑感知质量时，可能会发现拿迪士尼公司做比较要比拿竞争对手做比较好得多。在实施成本改进措施时，借鉴标杆的方法很常见，为什么在品牌建设过程中就不能这样做呢？

（2）**洞悉品牌的打造过程**。跨越产品类别和市场的品牌资产衡量方法提供了一个契机，使企业能够洞察创建和管理品牌的有效途径，洞悉创建和管理品牌的一些基本原则。观察到福特提高了其感知质量，并对这一过程进行分析，或许会对波音或美泰克的方案制定具有一定的启发意义。找到那些遵循或背离既定模式的品牌，能为其他面对类似情况的品牌提供指导。考察一个感知质量开始下降而品牌知名度和差异性仍然较高的品牌，可以为解决其他处于类似情形的品牌的问题提供借鉴。正确理解关键构成（如品牌知名度和品牌忠诚度）如何在长时期内相互作用，具有重要的启发意义。

（3）**提供管理品牌集合的工具**。很多公司在不同的市场和国家推出不同的品牌。如果对这些品牌进行独立、分散的管理，或者进行特例式管理，那么总体的品牌资源分配方案就不会那么合适。例如大都会这样的公司拥有一系列全球品牌，包括J&B、Bailey's、皇冠伏特加、品食乐、快乐绿巨人、哈根达斯和汉堡王。如果大都会公司不把这些品牌视作一个具有内聚力的品牌集合，那么有利于单个品牌的战略决策最终可能损害整个公司的总体绩效。

品牌资产 10 项指标

优秀的管理始于优秀的衡量标准，管理品牌集合的关键在于一系列标准。当然，精心开发并被广泛接受的财务标准，比如销售数据、成本分析、边际收益、利润和资产回报率（return on assets，ROA）等，常常主导了对品牌目标和绩效的衡量。但问题在于这些标准常常是短期性的，根据这些指标，有吸引力的投资建议常常是那些能够产生直接财务回报的建议，并且这一系统依靠自身的逻辑就能持久地运行下去，因为能够达成这些目标的业务和管理者往往会吸引更多的资源。不幸的是，在这个系统中，最好的办法就是减少不能在短期内产生效益的品牌建设行为，使品牌的投资需求处于饥渴状态。

因此，需要面对的问题就是开发一套可靠而敏感的品牌强度衡量标准，与品牌资产衡量指标一起来弥补财务衡量的不足。当品牌建设的目标和实施方案用这两套标准同时引导时，激励结构才能更加平衡，企业才能更易于判定并支持正确的品牌建设行为。除此之外，短期财务战略损害品牌资产的潜在因素才能更容易被觉察到。

以上面 3 种跨越产品类别衡量品牌资产的成果为背景，以第 1 章中提到的品牌资产框架为基础，在这里我们提出一套通用的衡量指标，称之为品牌资产 10 项指标。接下来我们将讨论将这 10 项指标综合为一种衡量标准的方法，同时讨论如何调整这一结构，使之适用于追踪监测特定品牌的资产。品牌资产 10 项指标的可靠性来自长期的经验证据和追踪记录，可以作为一个研究的起点。

衡量指标

什么样的衡量方法在跨产品与市场进行品牌资产评估和跟踪方面最有效？有 4 条标准给构建品牌资产 10 项指标提供了指导。首先，这套衡量指标要能反映被衡量者，即品牌资产的结构。品牌资产的概念与结构要始终引导衡量系统的建立。目标之一就是要涵盖品牌资产的各种构成元素，包括品牌知名度、感知质量、品牌忠诚以及品牌联想。特别需要注意的是，这套衡量指标要能反映品牌资产的价值，并关注那些不易被竞争者模仿的持久竞争优势。它们不应指导战术的制定，例如市场营销组合的描述或广告花费水平。因为战术很容易被模仿，并且也不代表资产。

其次，衡量指标要能反映真正推动市场的结构。品牌资产经理应该确信，衡量标准的变动最终会引起价格水平、销售、利润等方面衡量标准的变动。

再次，所选的衡量指标要很灵敏，一旦品牌资产结构发生变化，衡量指标就能反映出来。例如，如果由于战术的失误或竞争者的行动而导致品牌资产下降，衡量指标就要对此做出反应；如果品牌资产的一项要素很稳定，衡量指标就要能反映这种稳定性，并且品牌的真正价值不应被一些干扰因素所掩盖。

最后，建立的衡量指标应该能够应用在不同的品牌、产品类别和市场上。这种衡量指标比那些专门用于管理单个品牌的标准更具普遍意义，后者在功能利益及品牌个性的衡量方面更具独到之处。当然，已经被证实和测试的通用衡量指标，应该为那些单个品牌的衡量指标提供指导和结构建议。实际上，跨产品/市场的衡量指标应该至少有潜力跟踪单个品牌，有时或许需要一些衡量单个品牌特征的补充指标。

用研究完善指标系统

品牌资产10项指标并不一定在所有情况下都是最佳的衡量系统，根据不同的环境和任务进行调整修改是不可避免的。例如，大都会公司对于食品和饮料领域的衡量指标就和惠普高科技产品线的指标大不一样。而且，有些公司对于指标系统的要求比其他公司更加宽泛（或更为狭小），因为衡量结果对于决策的影响范围可能不一样。

合乎逻辑的处理方法是首先选择一套综合的指标，例如上面提到的那些。有时候甚至还要一些补充指标。在最终确定指标体系时，需要两种研究进行指导。第一种是定量研究。被选定的衡量指标要长期应用于一系列品牌。然后用一些统计模型决定哪些衡量指标驱动了相关的目标变量（例如与品牌相关的可感知高价格、对品牌的态度或购买意向）。品牌资产衡量指标与目标变量之间关系的强度能够为优先考虑哪些备选指标提供基础。

好事达是一家曾经从事这种定量研究的公司。在一项研究中，公司要探究哪种品牌资产要素能够影响与品牌相关的可感知高价格。他们询问顾客，竞争对手需要提供什么样的折扣才能吸引顾客转换品牌。对于非好事达品牌的顾客，研究者问他们，好事达需要让他们省多少钱才能促成购买。研究者继而考察了一些与品牌资产相关的课题，包括对好事达的感知、好事达的服务、好事达的代理商以及好事达的品牌个性。他们运用统计分析方法来决定哪些变量影响了高价位，这些变量就成为好事达进行长期品牌资产衡量的主要候选指标。

第二种研究方法是进行广泛的案例研究。这些案例描述了高价位引起的积极和消极的变化，每项案例研究都尝试去明确导致品牌价值变化的原因。令人信服的案例研究能够揭示影响品牌资产的变量是什么，并为衡量指标和整个衡量过程增加可信度。

品牌资产 10 项指标详述

这 10 项衡量指标的选择是基于上述 4 条标准的，在确定这些变量时，参考了扬罗必凯公司、全方位研究公司和英特品牌公司的研究成果。

这 10 项指标被分为 5 类，表 10-3 就是一个概括性示意。前 4 类代表了顾客对品牌资产的感知，即品牌资产的 4 个维度：品牌忠诚、感知质量、品牌联想和品牌知名度。第 5 类包含了两套市场行为指标，它们代表着来自市场的信息，而非直接来自于顾客。

表 10-3　品牌资产 10 项指标

忠诚度指标	6. 品牌个性
1. 价格优势	7. 组织联想
2. 满意度 / 忠诚度	**知名度指标**
感知质量与领导力指标	8. 品牌知名度
3. 感知质量	**市场行为指标**
4. 领导力与流行性	9. 市场份额
联想与差异化指标	10. 市场价格与分销范围
5. 可感知的价值	

忠诚度指标

品牌忠诚度是品牌资产核心维度。拥有忠诚的顾客群体意味着进入障碍、潜在的价位优势、对竞争对手创新行为的反应时间，以及抵制恶性价格竞争的壁垒。我们有充分的理由将顾客忠诚度作为一种标准变量，即评估其他潜在衡量指标的基础。如果企业在品牌资产方面发生了失误，并且波及了顾客关系的核心，它们也会影响到品牌忠诚度。这些失误往往会先令品牌的核心顾客感到不适，因为他们与品牌密切相关，对于品牌的一切都非常在意。

价格优势

衡量忠诚度的一项基本指标是顾客在面临提供类似或较少利益的其他品牌时，愿意为某一品牌支付多高的价格。例如，一位顾客即使在萨克斯购物时多支付10%，也不愿意去布鲁明戴尔，或者是愿意多花15%的钱购买可口可乐，而不愿意去购买百事可乐。这就是与品牌忠诚相关的价格优势，它可能高也可能低，可能积极也可能消极，取决于参与比较的两个品牌。

如果一个品牌与一个高价品牌相比，那么该品牌的价格优势就是负数。例如，假定去凯马特的购物者期望这里的价格比梅西百货便宜20%，那么只要凯马特的价格优势没有这么大，购物者就会在梅西百货购物。如果凯马特的价格实际比梅西百货便宜25%，这种负的价格优势反映了凯马特巨大的品牌资产。

在衡量价格优势或其他任何品牌资产指标时，按照顾客忠诚度对市场进行细分是非常有益的。例如，市场可以被分为品牌的忠诚顾客、品牌转换者以及非顾客3个群体。当然，每个群体的顾客看被研究品牌的品牌资产的视角大不相同。如果仅仅聚焦于忠诚顾客，那么其测量结果将会丧失灵敏性，据此做出的战略阐述将会使得品牌资产图变得模糊失真。

价格优势的衡量必须要有一个竞争对手或一系列竞争对手作为参照，这些竞争对手必须要明确。把一系列竞争对手作为参照更好，因为某个竞争对手的品牌资产可能会下降，而同期其他竞争对手保持稳定，在这种情况下，用一个正在衰退的竞争对手做比较，就会得出错误的品牌诊断结果。

有时仅仅询问顾客愿意为该品牌多支付多少钱，就可以得出价格优势（这种方法叫作金钱尺度）。例如，一位顾客可能会被问道："如果和一辆本田雅阁相比，你愿意多花多少钱购买一辆丰田凯美瑞？"

然而，利用联合或权衡分析法来测量价格优势更为灵敏，也更可靠。这套成熟的市场调查方法给顾客提供了一系列简单的选择，然后对选择的结果一并分析，以确定不同维度对于顾客的重要程度。例如首先问顾客：下面几款车中，14 000 美元的丰田卡罗拉、13 000 美元的本田思域、12 500 美元的土星，还有 12 000 美元的克莱斯勒霓虹，你将购买哪一款？如果顾客选择土星，就重复上述这一过程，但是这次土星的价格为 13 000 美元。如果顾客选择思域，那么下一轮思域的价格就改为 13 500 美元。通过这样的反复测试，品牌的价值就会显现出来。

衡量品牌资产的最佳指标

价格优势或许是衡量品牌资产最佳的单个指标，因为它用一种关联性最强的方式直接反映了顾客的忠诚度。如果顾客是忠诚的，那么从逻辑上讲他们应该愿意支付品牌的优势价格；如果他们不愿意支付更多，那么他们的忠诚度水平就比较低。的确，正如上面提到的好事达公司对品牌资产关键驱动因素的研究中，重点放在了哪一个变量影响了价格的优势。

人们有一种天然的渴望，希望得到品牌的财务估值。因为了解品牌的价值有助于把握品牌建设的投资。另外，品牌价值的变化也有助于评估市场营销方案。采用价格优势指标就具有这种便利性，它可以作为一个基础，对品牌的价值进行粗略的估计（现有顾客群的价格优势与销售量的乘积）。

当然，分销渠道的现状可能会妨碍价格优势影响品牌的市场价格。虽然许多顾客愿意多支付10%去购买可口可乐，但是那些价格敏感型的顾客和激进的零售商会阻止这种价格优势在超市中表现出来。即便如此，以价格优势为基础的品牌价值评估法仍然是很有益的。

英特尔就是一家不断跟踪其价格优势的公司。每个星期电脑商店里的访员都会询问顾客，需要多大折扣才能让他们乐意购买那些没有"Intel Inside"标志的个人电脑。英特尔公司因此获得了对其价格优势的持续测量，其结果用于评估市场营销方案，监测整个品牌的健康状况。

问题与提示

价格优势方法有一个问题，就是它以一个或一系列竞争者作为参照。如果一个市场有多个品牌，那么就需要一系列的价格优势测量，即使如此，也有可能遗漏一些重要的新晋竞争者。例如，当戴尔、捷威以大幅度的低价大肆入侵计算机市场时，康柏还继续把IBM作为其主要的参照品牌。因此，康柏的长期价格走势就反映了一个日益膨胀的品牌资产估值。

当一个品牌在不同市场面临不同的竞争者时，对于价格优势就存在着解释说明的问题。例如，百威在某一区域面对的强势地方品牌在其他地方很少出现，而在另一区域，一些很小的啤酒作坊可能举足轻重。为了比较百威在这些区域的实力，就需要创建一个复合的衡量标准，例如，以领导性的自有品牌、领导性的区域品牌和领导性的全国竞争性品牌作为参照，计算百威的平均价格优势。

此外，在有些市场上，价格的差异与品牌资产估值缺乏相关性，因为法律限制（例如日本政府长期控制着啤酒的价格）或市场力量使得价格差异很少会出现。在这些情况下，价格优势的意义就不大了。品牌的关键能力在于以普遍一致的价格赢得消费群，购买意愿等其他一些测量指标与品牌资产的相关性更强。

顾客满意度/忠诚度

顾客满意度（或喜爱）是直接反应愿意坚持购买某一品牌的指标。在过去 10 年里，对顾客满意度的衡量已经取得了巨大进步。事实上出现了一个衡量顾客满意度的行业。直接衡量顾客满意度的指标可以运用于现有的顾客，即那些前一年使用过某一产品或服务的顾客。其参照可以是最后一次使用体验，或者就是从顾客角度而言的使用体验。

- 你满意吗？
- 你对使用该品牌的体验感到愉快吗？
- 这种产品或服务能达到你的期望值吗？
- 下一次购买时，你还会选择该品牌吗？
- 你会向其他人推荐该产品或服务吗？
- 该产品或服务的使用还有什么问题和不便之处吗？

在服务行业（如轿车租赁公司、酒店业或银行）中，顾客满意度是一项强大的测量指标，其顾客忠诚就是使用体验日积月累的结果。

直接询问顾客有关忠诚度的问题也可以测量满意度。顾客忠诚是一个相对简单、得到认可的概念；人们都理解对于家庭的忠诚、对于朋友的忠诚、对于公司的忠诚和对于品牌的忠诚。与忠诚直接有关的问题

（你忠诚于该品牌吗？你是主要根据价格来决定是否购买吗？）可以把市场细分为忠诚使用者、价格追逐者，以及介于两者之间的顾客3类（曾在第1章提到）。另一种衡量品牌忠诚度的方法是从品牌数量的角度切入的。顾客会被问到是否忠诚于1个、2个、3个或者更多的品牌，抑或他们觉得所有的品牌都一样。忠诚于某一品牌，或者把该品牌包含在两三个偏好品牌中的顾客的百分比，也是一种具有相关性的统计数据。

问题与提示

满意度测量有一个重要的局限，就是这种方法不能真正应用于非顾客群体。因此，它无法测量品牌在顾客群体之外的品牌资产。

还有一个棘手的问题，就是仅仅针对忠诚群体和品牌转换群体得出的满意度测量结果缺乏灵敏度，也难以解释。因此，针对忠诚群体开发一套忠诚度测量指标势在必行。

感知质量与领导力指标

在这部分，我们给感知质量指标补充了一个相关的变量，称之为领导力。此外，尊重作为感知质量与领导力的综合指标，也将重新进行论述。

感知质量

感知质量是品牌资产的关键维度之一。第1章曾经提到，一些利用统计模型的研究表明，感知质量直接影响着投资回报和股票收益。并且，感知质量与其他测量品牌识别的关键指标高度相关，包括特定的功能利益变量。因此，感知质量可以成为其他更为特定的品牌识别元素的替代指标。

感知质量还有一个重要的特征，就是它可以应用在不同的产品类别测量中。当然，高品质的银行和高品质的啤酒意义差别很大，但是在追踪感知质量得分上的差异却具有同样的意义。

对于感知质量的测量可以使用以下标尺。

- 高品质 VS 劣质。
- 产品领域里最好的 VS 最差的。
- 持续一致的品质 VS 不稳定的品质。
- 一流的品质 VS 一般的品质及低劣的品质。

问题与提示

感知质量还涉及产品参照物的选择。例如，顾客拿所有的汽车品牌做比较，还是仅仅选择小型汽车（如土星或道奇霓虹）做比较，得出的结果就会有差异。因此有必要给受访者以暗示，使他们选择合适的参照品牌。但是，这样对于测量结果的阐释又多了一重复杂性。

同样，这里也存在根据忠诚度细分市场的问题。忠诚顾客细分市场、品牌转换者细分市场以及其他品牌的忠诚顾客细分市场，对感知质量的描述各不相同。例如，品牌转换者细分市场对感知质量的描述或许仅仅是该品牌是否能被接受。在分析中考虑品牌转换者细分市场会使结果缺乏灵敏度，也缺少具体的信息。

在有些情况下，感知质量并不是关键驱动因素。尤其对一些高度相关的事件无法做出及时反应。正是基于这种考虑，我们引入了领导力这个变量。

领导力与流行性

感知质量指标尤其对竞争者的创新活动缺乏敏感性。例如，佳洁士在牙膏市场上的领导地位是建立在美国口腔医学会对它的长期背书支持上的。然而，当艾禾美等竞争对手推出含小苏打的牙膏和新型包装时，对佳洁士的顾客基础造成了实实在在的侵蚀。即使佳洁士的感知质量并没有因此而改变，但其品牌资产却受到了损害。因此对感知质量框架进行补充就非常必要，这样才能真正捕捉到市场的动态变化。

这种补充结构我们称之为领导力。领导力有 3 方面的属性。首先，它部分反映了"第一名"效应。其逻辑在于如果足够多的顾客都能认同某种概念，并使其成为销量冠军，说明该品牌的确有让人称道之处。其次，领导力能捕捉到被顾客认可的动态变化，反映人们愿意顺势而为，并且不易抗拒这种潮流。这个品牌是不是越来越受欢迎？使用这种产品是不是非常时尚？使用该品牌的人是不是很新潮？代表了流行趋势？最后，它还可以触及某一产品类别中的创新趋势，即这个品牌是不是走在技术前沿。

通过考察一个品牌是否具有以下状况，可以测量到该品牌的领导力。该品牌是不是：

- 某产品类别中的领导者。
- 越来越受欢迎。
- 因为创新而备受尊重。

前面提到，扬罗必凯将流行性的增长作为感知质量的伴随指标，并由此形成了尊重这一指标结构。此外，在英特品牌公司的系统中，品牌实力的 8 个维度之一就是领导力。在该系统中，领导力根据相对的销售规模来测定。在英特品牌的权重组合中，领导力的权重最高（100 分占了 25 分）。

问题与提示

领导力指标涉及市场份额、流行性和创新，这说明了该指标不是一项单一指标。而且，关于领导力的研究和论述并没有品牌忠诚、感知质量和品牌知名度那么丰富。因此目前还缺乏充分的证据，证明这一指标值得引起太多的注意。

尊重：感知质量与领导力的综合

根据扬罗必凯模型，将感知质量与领导力综合在一起构成尊重指标是切实可行的。其前提是，将领导力包括进来创造了尊重这一结构，它就比感知质量的含义更宽泛了。

联想与差异化指标

品牌资产的关键联想要素一直都存在疑问，因为有很多形象维度都是产品类别和品牌所独有的。因而我们面临的问题是怎样制定一个通用的指标，适用于所有的产品类别。

品牌联想的衡量指标可以经由第3章中关于品牌识别的3种视角来构造，即作为产品的品牌（价值）、作为个人的品牌（品牌个性）以及作为组织的品牌（组织联想）。

可感知的价值

品牌识别的角色之一是创造一种价值主张。价值主张通常要涉及功能利益，对大多数产品类别而言，都是品牌的基础。如果品牌不产生价值，那么通常很容易受到竞争对手的攻击。价值衡量标准就是一个概括性指标，衡量品牌是否成功地创造了这种价值主张。价值衡量标准关注的是价值而不是功能利益，可以应用在不同的产品类别中。

通过回答以下问题，就可以测量品牌价值。

- 该品牌是否物有所值。
- 相比其他品牌，购买这个品牌是否有充分的理由。

问题与提示

同其他标准一样，这一衡量指标对于顾客选作参照框架的品牌集合非常敏感。通常用"在同类品牌中"或"在竞争品牌中"这些字眼来提示相关的品牌集合。

价值维度存在一个重要问题，就是它是否真正代表了一种与感知质量不同的结构。毕竟在有些场合，价值可以被认为是感知质量与价格之比。全方位研究公司基于其权益趋势数据库进行的研究可以给出一些证据。该公司总结道：一般而言，感知质量可以解释感知价值中 80% 的变量。对大多数品牌来说，感知质量根据历史预测未来的购买远比感知价值更准确。表 10-4 是 AT&T 和 MCI 在两个指标上的得分。

MCI 的质量与价值得分相近，但 AT&T 的这两项得分却有一些差距。最后一行表明，无论是用感知质量还是用感知价值作为衡量指标。结论都相同（即 AT&T 的得分要高于 MCI）。

表 10-4 AT&T 和 MCI 在两个指标上的得分

	质量	价值
AT&T	8.0	7.5
MCI	5.4	5.5
差距	2.6	2.0

然而，全方位研究公司却认为，对某些品牌来说，感知价值要远比感知质量重要。这些品牌包括：

- 西南航空与大陆航空，都定位于低价格。
- 发现卡（Discover Card），专门针对价值敏感型的购物者。
- 泰诺（Tylenol），处于私有品牌的攻击之下。
- 乐柏美（Rubbermaid），具有很强的功能诉求。

此外，扬罗必凯的研究还表明，价值与感知质量体现的是迥然不同的顾客反应。感知质量和（更常见的）尊重与品牌所享有的声望及尊重相关。而价值更多地与购买和使用某品牌的功能利益及实际效用相关，这一逻辑支持了价值作为一个单独维度的做法，尽管在有些案例中它确实可以与感知质量综合在一起。

品牌个性

联想/差异化的第二个要素是品牌个性。对某些品牌来说，品牌个性联系着品牌的情感利益与自我表达利益，同时奠定了品牌与消费者之间联系和差异化的基础。对于物理差异很小、常用于代表消费者的社会地位的品牌，这种作用尤其明显。举例来说，只有很小比例的消费者能将 4 种顶尖品牌的白兰地酒区分开，与咖啡混合后（欧洲的重要饮用方式），根本没人能将它们区分开。但白兰地酒是有个性的，它可以在社会化的情境中饮用，并且无声地传达着消费者的特征。在这种情境下，品牌个性至关重要。

品牌个性涉及品牌独有的一系列特定维度。例如，对 Charlie 香水来说，兴奋感的维度非常重要，而与牛仔的个性特征基本无关。因此与兴奋感维度相关的细节非常重要，而粗犷维度可以忽略。

当对品牌个性的考虑放在跨产品类别的背景下时，一种选择就是衡量产品的个性区域，如第 5 章中所提到的五大个性要素。然而，如果是出于追踪品牌资产的目的，品牌资产 10 项指标（每一项都有几个小条目）还是不够灵活。我们需要的指标应该反映品牌现存的强大个性，而不是专门针对产品的。可考虑的维度有下面这些：

- 该品牌有个性吗？
- 该品牌有趣吗？
- 我对使用该品牌的人有一个清晰的概念。
- 该品牌有着悠久的历史。

后两条反映的是用户形象和品牌传统，这是品牌个性的两个驱动因素，也是品牌识别的两个相关维度。

问题与提示

当然不是所有的品牌都有个性。把品牌个性作为品牌强度的通用指标，会造成对某些品牌的曲解，尤其是那些主要依靠功能利益和价值进行定位的品牌。因此我们要有鉴别地利用品牌资产10项指标，把那些与品牌实际情况不相关的维度排除。

还有一个问题，即品牌个性及其衡量指标是否能灵敏地反映品牌资产的变化。品牌个性可能超乎寻常得稳定，因此无法反映市场的动态变化。

组织联想

品牌识别的另一个维度是"作为组织的品牌"，它也是差异化的一个驱动因素。尤其是当品牌在有些属性上非常相似时，当组织能被直观感受到（如耐用品或服务业）时，或者牵涉企业品牌时，这个维度的作用就更加重要了。

为了考察"作为组织的品牌"，需考虑以下几个方面。

- 该品牌是一家我信赖的组织生产的。
- 我推崇 × 品牌的组织。
- 能与 × 品牌的公司有业务往来我很自豪（乐意）。

问题与提示

"作为组织的品牌"同"作为个人的品牌"一样，同样不是适用于所有的品牌，而不相关的衡量指标会造成曲解。组织联想的衡量指标同样缺乏灵敏度，因为改变组织的形象十分困难。

差异化：品牌联想的概括性指标

衡量品牌联想的 3 套指标涉及品牌如何与竞争者相区别的不同维度。差异是一个品牌最基本的特征。如果一个品牌被认为是没有特点的，那么该品牌很难支持其价格优势，或者在现有价格水平上保持可观的利润。于是我们可以选择一套独有的指标来替换或补充品牌联想的 3 套衡量指标，这组指标就是用来衡量品牌获得差异化的能力。

这套指标包含以下内容：

- 该品牌与其他品牌不同。
- 该品牌与其他品牌基本相同。

知名度指标

品牌知名度

品牌知名度可以反映品牌在顾客心目中的状态。在某些产品类别中，品牌知名度可以成为驱动因素，并且在品牌资产中发挥着重要作用。品牌知名度指标可以部分地反映市场的占有率情况，提升品牌知名度就是提高品牌市场触及度的一种方式。品牌知名度也能够影响感知和态度，这一点在第 1 章中已经讨论过。

品牌知名度既能反映一个品牌在顾客心目中的认知，也能反映该品牌在他们心目中的显著性。意识的测量可以分为几个层次，如下所述。

- 认知（你听说过别克路霸这个品牌吗）。
- 回忆（你能回忆起哪些汽车品牌）。
- 墓地统计（认出该品牌的人的回忆水平）。
- 第一品牌（能想起来的第一个品牌）。

- 支配品牌（能想起的唯一品牌）。
- 品牌熟悉度（感到熟悉的品牌）。
- 品牌认知与显著性（对某个品牌有自己的见解）。

墓地统计（认出该品牌的人中能够想起该品牌的人数比例）源于第1章中介绍过的"墓地"这个概念，这一概念设计主要用于区分强势利基品牌（具有较高的认知度和回忆度，但仅限于利基市场）和颓势品牌（已经呈现颓势，但仍有较高的品牌知名度）。强势利基品牌的墓地统计数字可能比较好，通过统计也能发现品牌知名度较高的、回忆度很低的"墓地品牌"。墓地统计的动态变化可以预测未来市场的发展走向。

问题与提示

品牌知名度的水平有许多层次，不同品牌、不同产品类别所适用的水平也不尽相同，所以很难对品牌知名度进行比较。对某些品牌（如软件行业），认知度非常重要，而在其他领域（如汽车），除了新品牌外，其他所有的品牌认知水平普遍很高。某些品牌（如 A-1、Dixie Cups、舒洁）在它们所处的产品领域内声名卓著，对于它们的测量只有支配性指标才能产生一定的灵敏度。

回忆度的测量通常很不方便，因为它很复杂，如果不采用量表，就会给结构性调查增加成本。当然，墓地统计也部分依赖于回忆指标，就像其他几个衡量指标都在某些背景下也同样具有潜在的关联性。如果不采用回忆度指标，但又能保证指标的灵敏度，那就是使用品牌认知和显著性变量。扬罗必凯和全方位研究公司都采用了这一方法，部分原因就是为了避免这一问题。

对品牌名称的感知没有对品牌符号或视觉形象的感知那么重要。对许多品牌（如富国银行、品食乐和泛美）来说，对品牌名称的感知离不开受众对其品牌符号和视觉形象的熟悉程度。事实上，有关符号和视觉形象的提示可以明显改变品牌的意识水平，因此一般而言，品牌知名度的创造和符号与视觉的应用密切相关。

由此看来，对于品牌名称的感知测量可以有所扩展，进而成为对符号和视觉的意识测量。这一测量可以基于一个开放性问题：提到该品牌名称，哪些事物会在心中浮现？还有一种技巧，就是使应试暴露于一系列的视觉形象之下，然后问他们能够认知哪些形象。当然，无论是开放式问题还是刺激性暴露的方式，与直接提问的方式比起来，都显得有点麻烦。

市场行为指标

品牌资产10项指标中的前8项都要求进行顾客调查，这种调查成本高、程序烦琐、耗时长，因此很难实施，并且难以阐释。但是有一项指标例外，那就是品牌忠诚度，对它的测量可以考虑重复购买数据。当然，从其他来源得到的数据对品牌的追踪也非常有用，下面就对其中一些来源进行探讨。

市场份额

从市场份额（和/或销售额）角度对品牌表现的测量常常能够真实、及时地反映品牌在顾客心目中的地位。如果一个品牌在顾客心目中具有相对优势，市场份额应该增加，或者至少不会减少。相比而言，如果竞争对手提高了其品牌资产，他们的市场份额就会对此做出反应。从这个意义上讲，市场份额是一项非常好的反映品牌资产的综合指标。

市场份额（和/或销售额）数据具有可得性和精确性两项优势。有关子市场的信息也常常包含在数据库中。因此不少企业理所当然地会持续调查此类数据，这种调查不需要进行顾客调查（没有相关的成本、阐释的困难以及时间的滞后）。

问题与提示

但是，市场份额测量指标也存在问题。就是必须界定产品类别和竞争对手，但这有时并不容易。比如，零售店品牌是否包括在内？不同价格水平的品牌怎么处理？相关的竞争者是包括微型轿车、普通轿车、进口轿车，还是所有的轿车？米勒淡味啤酒应该和所有的啤酒相比较呢，还是和所有的高档啤酒，抑或所有的淡味啤酒相比较呢？而且，相关的竞争参照组合也会变化，这样在阐述时就会有困难。

市场份额指示器最大的问题在于它只对短期的战略有所反映，而短期战略经常会损害品牌资产。靠着促销和价格优惠可以诱惑那些价格导向型的顾客，从而导致市场份额的增长，但这只不过是品牌长期价值的一种妥协。一个品牌即使削减部分品牌建设行动，或者做出一些低效、消极的品牌建设举动，市场份额也能够做出积极的反应。

如果品牌资产测量包括了对市场价格水平和分销范围的测量，只把市场份额作为其中一个指标，那么这些问题的潜在影响程度就会降到最低。

市场价格与分销范围

如果是降价或者价格促销促进了市场份额的增加，用市场份额作为品牌资产衡量的指标就特别具有欺骗性。因此，衡量品牌销售时的相对市场价格就非常重要。为做到这一点，首先应该获得品牌的不同种类的产品根据其相对销售额加权后的价格。相对市场价格可以定义为该品牌当月的平均价格除以所有品牌出售时的平均价格。

市场份额或销售额数据对分销渠道范围也异常敏感。主渠道盈利还是亏损，或者进入新的区域市场，都会极大地影响销售额。因此，非常有必要区分两种因素引起的品牌资产变化：一种是因为分销渠道变化而产生的品牌资产，另一种是通过强化品牌感知质量或品牌识别而产生的品牌资产。于是，渠道范围也成为衡量品牌强度的重要指标，这一指标可以用以下数据来衡量。

- 销售该品牌的商场占所有商场的百分比。
- 使用过该品牌的人在人群中的百分比。

问题与提示

要在一个混乱的市场中获得价格水平统计十分困难，因为这样的市场有着不同的分销渠道、产品种类众多的品牌，还有众多复杂的竞争者。要定义一个标准的购物篮分析显得很不容易。此外，关于啤酒或者葡萄酒等产品还有关税、税负以及零售政策等各种问题，云遮雾罩，令人迷惑。

分销渠道范围也存在数据收集和解释等问题。大多数品牌都有系列规格和品种，有时还会有许多产品类别，分销渠道范围需要厘清这些复杂的问题。此外，如果存在批发商，那么要获取零售的分销数据的代价就会很高。

品牌资产的单一价值

很明显，品牌资产10项指标会涉及几十项的衡量标准（见表10-5）。尽管每一项标准都有诊断的价值，但如果把所有的标准都应用到一项测量中也很难操作。如果是出于报告或者追踪的目的，使用一项综合指标是比较合适和便利的，最多不超过4个。鉴于市场中需要监测的品牌数量较多，就需要找到一项综合指标，据此判断将要进行的测量是否真正需要实施。

表 10-5　跨产品 / 市场衡量品牌资产

忠诚度

1. 价格优势
- 一盒 481 克的巧克力饼干，纳贝斯克的定价是 2.16 美元，如果想购买非凡农场而不是纳贝斯克，你愿多付多少钱
- Y 品牌要比 X 品牌的价格低百分之几，我才愿意转换品牌
- 同样是一盒 454 克的巧克力饼干，你是愿意购买 2.16 美元的纳贝斯克品牌，还是愿意购买 2.29 美元的非凡农场品牌

2. 满意度 / 忠诚度（针对使用过该品牌的人）
- 想到我最近的使用体验，我想说我感到很（失望、满意、愉快）
- 上次使用时，该品牌满足了我的期望
- 下一次购买时，你还会选择该品牌吗
- 你会向其他人推荐该产品或服务吗
- 该品牌是我购买并使用的（唯一的一个、两个中的一个、三个中的一个、多于三个中的一个）品牌

感知质量 / 领导力

3. 感知质量

同替代品牌相比，该品牌：
- 品质很高
- 具有一贯的高品质
- （是最好的、最好中的一个、最差中的一个、最差的）

4. 领导力与流行性

同替代品牌相比，该品牌：
- 越来越受欢迎
- 是该产品类别中的领导者
- 由于创新而备受尊重

尊重

同其他替代品牌相比，我：
- 高度尊重该品牌
- 比较尊重该品牌

联想 / 差异化

5. 可感知的价值
- 购买该品牌确实是物有所值
- 相对于其他品牌的产品，更有理由购买这一品牌

6. 品牌个性
- 该品牌具有自己的个性
- 该品牌很有趣
- 我对使用该品牌的人有一个清晰的概念
- 该品牌有着悠久的历史

7. 组织联想
- 这是一个值得我信赖的品牌

（续）

- 我推崇×品牌的组织
- 能与×品牌的公司有业务往来我很自豪

差异化
- 该品牌与其他品牌不同
- 该品牌与其他品牌基本相同

知名度

8. 品牌知名度
- 说出该产品类别中的品牌名
- 你听说过该品牌吗
- 你对该品牌有什么看法吗
- 你熟悉该品牌吗

市场行为

9. 市场份额
- 基于用户问卷调查或企业联合数据的市场份额

10. 市场价格与分销范围
- 相对市场价格——该品牌当月的所有产品的平均价格除以所有品牌出售时的平均价格
- 销售该品牌的商场占所有商场的百分比
- 使用过该品牌的人在人群中的百分比

创造一个或多个综合衡量指标涉及4个问题。

第一，品牌资产衡量指标体系的架构基础是什么？如何衡量这些结构？在表10-3中，根据品牌资产的4个维度，即品牌忠诚度、感知质量、品牌识别和品牌知名度，组织了8个以购买者感知为基础的衡量指标。我们需要判断一下在核心衡量指标组合中应该包括多少个指标，是4个、8个还是介于两个数量之间？此外，对每个指标来说，下一级的指标应该如何组合？市场行为的指标是否应包括在内？

第二，为建立一个综合的品牌资产衡量指标体系，应对体系中的各个指标赋予多大的权重？品牌资产不同维度的相对重要性如何？从实际效果来看，分配的权重并不如想象中的那么关键，因为最终数字对权重方案的变化几乎没有反应。因此，对各个维度赋予相同的权重可以作为一个默认的处理方式。这样，下一级的指标也就容易得到了。

第三，这些指标如何组合？是采用简单加权平均方式还是用一套更复杂的公式？全方位研究公司将品牌知名度与感知质量的乘积作为一个要素，并且认为这两者缺一不可。

第四，应该将哪些竞争对手作为参照组合？一个处于成长期、较为弱小的竞争对手或许很重要，但在标准分析中往往会被忽视。不同的市场，尤其是涉及不同的国家时，可能会有不同的竞争对手组合。如何报告与这些竞争者之间的比较？采用比率比较容易解释，但比率对共同价值的波动异常敏感。

从本质上说，需要创建一个品牌资产模型，这一模型应该与所涉及的品牌或品牌组合高度相关。首先，一组相关经理人应该为解决上述 4 个问题进行一系列训练；其次，使用品牌资产各维度的数据来决定哪些因素是关键目标的驱动力量，这些目标是价格优势、市场份额还是盈利能力？好事达在上述的举措中，把实现价格优势作为预期目标。

创建超越市场的指标

还有一个问题，即是否应该在所有的市场（如所有国家）都采用相同的市场调查工具。每个市场可能都有各自使用已久的测试工具，这些工具也有助于对测试结果进行说明。此时再增加一个调查工具，并且这个工具可能有点多余而且看起来有些脱离目标，无论是从资金上还是从（国家管理团队的）"认同"上都是一种极大的浪费。

有一个解决的办法，是命令管理团队根据主要结构为每个市场创造或改造一套衡量指标，也就是忠诚度、感知质量/领导力、联想/差异性、品牌知名度和市场行为。对于每一指标，其得分既应该易于同相关竞争者组合相比较，也应该易于同过去的得分相比较。在市场之间进行比较时，其重点应该放在与过去相比发生的变化上，以及与竞争者组合的比较上。衡量工具的具体差异并不重要，尤其是考虑到每个工具在不同情况下都需要根据市场进行调整，这一现象就更无关紧要了。

根据品牌所处环境调整衡量指标

如果品牌所处的环境要求对品牌进行跟踪，表10-3所示的10项衡量指标提供了一个很好的出发点。然而，衡量指标组合也需要进行调整，包括该品牌特有的一些信息，这些信息如下所示。

（1）品牌资产中不同组成元素对品牌的相对重要性。

（2）品牌识别、价值主张以及品牌定位。

对品牌资产的结构进行分析也非常重要。在品牌资产的4个维度中，哪个维度最重要？认知度、回忆度以及第一提及率这几项是不是相关性最强的指标？品牌忠诚度的相对重要性如何？如果任务是争取新客户，那么品牌忠诚度就不那么重要了。在忠诚度的框架中，反映惯性用户的指标对一个细分市场的管理可能很重要，但强度可能对其他细分市场更重要。

品牌识别、价值主张以及品牌定位通常还是会成为核心。如果品牌定位清晰且具有可操作性，那么定位就会指出传播活动的核心所在，尤其是那些需要提高的领域。品牌识别和价值主张也会给出提示，指出哪些方面应该避免走下坡路。

在指标体系的完整性以及可行性、成本之间通常存在一个均衡点。一套包含40或50个条目的体系就能进行有益的诊断。但是，即使是从中明智地选择一部分问题，也能成为品牌健康程度的指示器。

思考题

1. 评价一下本章开头介绍的3种品牌资产衡量方法的优点和缺点。
2. 品牌资产10项指标中的哪一项和你的品牌资产衡量关系最密切？哪一项对确定你的标杆品牌最有帮助？哪些品牌在品牌资产的某些方面做得更好？

3. 在你的品牌和行业背景之下,如何给品牌资产的各个维度赋予权重?选择哪些品牌来作为参照对比品牌?如何报告你的品牌的相关绩效?如果你的经营涉及不同的国家(或市场),在每个市场采用相同的衡量手段和参照品牌组合是否合适/可行?如果不行,那么你有什么建议?

4. 为你的品牌开发一套品牌资产衡量工具。

BUILDING STRONG BRANDS

第 11 章

为品牌创建而组织

我们已经与敌人短兵相接了,他就是我们自己。

——波戈

长期品牌资产的形成与发展,取决于我们是否有能力成功整合并实施复杂营销方案。

——蒂姆·F. 克鲁尔　雀巢公司

品牌创建的任务

创建品牌涉及一系列战略与战术层面的任务,这就给企业的组织结构带来了巨大的挑战。过去的组织结构需要进行调整或修改;未来数年中希望在品牌创建方面有所建树的公司,应该去探求新的组织结构和体系。

本章将讨论品牌战略制定者面临的有关组织调整的任务(见图 11-1),组织如何进行调整,以及广告代理公司在此过程中所扮演的角色。

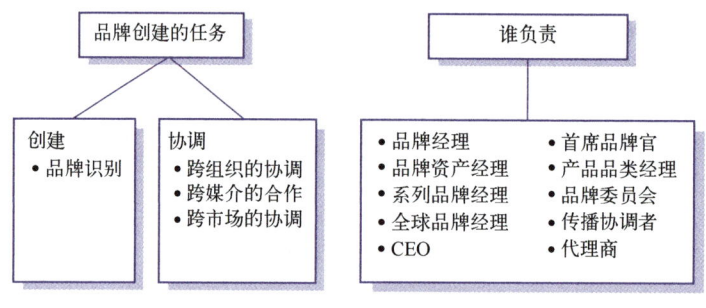

图 11-1 管理品牌

战略任务:拥有品牌识别

品牌创建的基本任务之一是拥有一个恰如其分的品牌识别,用以引导战术活动的开展与合作。这一品牌识别应该具有明确的核心,由此生成价值主张,并且奠定品牌关系的基础。通常情况下,很少有公司着力去界定品牌识别,部分原因在于没人负责这一工作。品牌建设组织的目标之一就是要确保有人负责,并确保创造一种品牌识别。

品牌识别必须足够的丰富,并经过充分的界定,这才有助于区分哪些是切中目标、具有支持作用的传播活动,哪些是不相关、没有支持作用的传播活动。如果品牌识别模糊不清或残缺不全,它就起不到应有的导向作用,导致任何传播活动看上去都与目标协调一致。

另外,品牌识别的愿景以及角色也需要明确(如担保品牌、描述性品牌或驱动品牌）。很遗憾，大多数公司都是产品驱动型而不是品牌驱动型的。这就意味着品牌的未来由产品开发人员过去的行为所决定。例如，在通用磨坊，公司研发部门利用新的食品加工技术开发了一项新产品。有了新产品，就需要一个品牌名，而最直接的想法就是采用一个已有的名字（如贝蒂妙厨、Big G 或百事得（Bisquick））。如果没有品牌愿景来引导这类决策，过一段时间，品牌识别就会迷失方向，被越来越多的类似决策推向一条随意流淌的河流。最终的品牌可能变得模糊混沌、毫无意义，或是远离核心业务。

跨组织的协调

在许多公司中，品牌为多项业务所共有。在惠普公司，惠普及其 Jet 系列等子品牌（DeskJet、LaserJet 等）被迥然不同的业务所共有，每项业务都有自己的战略、顾客群体和目标。同样，通用电气、三得利和固特异等品牌也是由不同的分支业务所共用。在这些情况下，组织的任务是建立一种机制，使所有相关业务都共同实施统一的、协调的品牌战略。如果这种机制缺位，品牌识别的落地与实施将会丧失协调性。最终使顾客一头雾水，并且丧失获得协同效应的机会。

跨媒介的合作

还有一项任务，就是建立协调各种媒介、共同创建品牌的合作机制。这些媒介包括事件赞助、俱乐部与使用计划、直复营销、公共关系、宣传、促销、活动商店、包装和设计等。曾经有一段时间，品牌建设主要依赖于媒体广告，那时合作问题很少或者根本不存在。广告代理公司扮演着主导角色。今天，有效的品牌建设行为涉及众多的组织，这些组织由专精于某一媒介或传播方式的专业人员组成。每个成员或组织都有其独特的视角和目标。要使这些人员或组织为创建同一个品牌识别而共进，甚至退一步讲，让他们对品牌识别形成统一的理解，是一项令人生畏的工作，因为无法确保代理商或者客户公司一直有一位有领导力的"船长"。

此外，并不是所有的媒介活动都与品牌识别相一致。这就给企业带来了一项挑战，即需要建立一套衡量系统，确保媒介活动的一致性，即使这会带来额外的成本和不便。另外，组织应该给有意愿、有能力的人赋予权力，使他们能够及时终止不协调的项目，即使这些项目在其他方面看上去对品牌是有益的。

跨市场的协调

当一个品牌活跃在多个市场（由不同产品或细分市场而定义）时，最后一项任务就是在各市场之间保持战略战术的协调，这样才能保证协同效应和规模经济性，同时灵活适应不同市场的特点。但由于存在许多影响品牌创建的功能性领域（如广告、销售、市场调查及其他等），这一任务通常会变得十分复杂。

为品牌建设进行组织调整

这个时代充斥着重组、扁平化、全面质量管理、全面成本控制、顾客聚焦、创新等各种举措，这都对企业提出了各种各样的要求。面对这些要求，组织的挑战之一就是把品牌建设放到日程表的首要位置，而另一个挑战就是为了完成品牌建设的任务对组织结构进行调整。

组织文化

在品牌建设方面长袖善舞的公司通常具有较强的品牌建设文化，包括清晰界定的价值观、标准及组织符号。在这些公司，品牌建设是被广为接受的：高层管理人员明确支持品牌；任何将品牌置于险境的行动都会理所当然地遭到质疑。

相对于组织程序和组织结构，组织文化是确保组织获得持续优势的最终驱动力量。除非组织将品牌建设作为组织的首要目标，否则面对品牌建设的诸多棘手问题就会束手无策。

在有些组织中存在这样一种趋势，对品牌建设只做口头承诺。仔细地倾听他们的言论就会发现，他们只有假设业务产生业绩后才会考虑品牌建设。当销售与利润目标受到威胁时，就会削减对品牌的投资以弥补损失。这些组织对于品牌建设只不过是夸夸其谈，一旦面临实施，就会退避三舍。因此关键是要建立一套考评与奖励系统，使组织在品牌没有创造业绩时仍能确保品牌资产得到维持和加强。

谁来负责品牌

有太多的组织对这一问题的回答是：没人负责。或者是有很多人在负责，但他们的目标各不相同。例如，在惠普公司，有数以百计的管理者在各自的业务领域对惠普品牌负责。另外，惠普在不同的国家进行市场营销，于是惠普又多了些品牌负责人，这又给品牌增加了一层复杂性。

当只有一个人负责品牌相关的业务时，他会有一种保护和培育品牌的动机。我们假设另一个业务单元要借用该品牌名称，例如，莎拉·李（Sara Lee）品牌名称（莎拉·李公司所有，同时用于其烘焙食品产品线）曾被莎拉·李包装肉食公司（拥有 Hillshire Farm 和 Ballpark Franks 两个品牌）借来用于一些高档熟食。[1] 借用者（在本例中是包装肉食产品线）拥有了开发这一品牌（莎拉·李）的机会，而损害品牌的风险却由另一个组织单元来承担（在本例中是莎拉·李烘焙食品产品线）。如果对品牌的操作不当，那么对包装肉食产品线来说是个遗憾，但远不是灾难。在这种情况下，借用者缺乏保护品牌名称的动机。

一定要有人（或群体）根据当今市场状况负责品牌识别设计和定位，并确保品牌识别/定位方案得以迅速有效地实施；确保识别/定位不打折扣；要制订危机管理方案应对可能发生的意外。下面将介绍一些已经证明有效的、适合不同公司的模式。

品牌经理

一直以来品牌经理这个职位就在战略和战术两个层面对品牌负有责任，包括制定品牌识别和定位，确保获取维护品牌识别所必需的投资，确保所有的媒介活动都与品牌识别协调一致。

品牌经理的作用是由宝洁公司最先界定的，在20世纪30年代，该公司根据管理的范围设定了不同的业务品牌，也界定了不同品牌经理的角色作用。这一做法至今仍在一些更为复杂的组织中应用。

品牌经理制度有一个问题，即他负责的通常是那些需要应急措施的战术活动。如果总是从事危机处理的工作，品牌经理就很难聚焦于战略问题。另外，对品牌经理的奖励不可避免地会基于销售和利润等短期指标，这样他们就缺少动力去从事品牌建设的活动，或叫停有损品牌资产的活动。成功的品牌经理在晋升之后，一般会调离原来主管的品牌，这种做法往往会降低品牌经理进行长期品牌建设的积极性。

为了确保战略性的、长期的品牌建设，必须用战略目标与清晰的品牌识别来补充短期的销售额和利润指标。战略性品牌目标包括品牌忠诚度、品牌形象及品牌知名度等品牌资产的维度。另外，这些目标还应具有足够的可操作性，能够真正指导计划和战术活动，并成为绩效考评和制订报酬方案的基础。

品牌资产经理

有些公司将品牌战略从营销活动中分离出来。品牌资产经理（有时也称为品牌经理）负责创造和维持品牌识别，同时在不同产品和市场之间进行协调。由于品牌资产经理从品牌的战术管理中解脱出来，因此他们能够潜心于战略层面的品牌调研和品牌资产测量。品牌战略的执行主要由专注于战术管理的管理者或者职能部门（在有些大型组织，如万豪酒店、通用汽车和贺曼中）来担任。这样品牌资产经理就能从战略视角来督导、评价或者支持战术活动的执行。

系列品牌经理

拥有系列品牌的公司自然是按照产品组织的。这样，品牌就由背景各异、目标不同的各类人员管理着。在这种情况下，解决方法之一就是设置一个系列品牌经理，由他负责跨业务品牌的战略利益。系列品牌经理要确保制定一个人人都能接受的整体的品牌战略，确保管理者同时对品牌识别的支持和避免矛盾的需求保持高度敏感。这项任务要求开发合适的传播工具，使品牌识别的协同效用在整个组织中达到最大化。

全球品牌经理

IDV 是大都会的核心业务，它将品牌资产经理的概念扩展到了全球范围的经营中。每个国家都有一个全国品牌经理，他们负责在各自的国家推广大都会品牌。然而，主要的 IDV 品牌都有一个全球品牌经理（在皇冠伏特加案例中，这一角色是由皇冠伏特加公司的总裁担任的），他负责在全球范围内建立品牌识别，确保每个国家的分支公司都忠实于整体品牌战略，负责传播并促进最佳举措，鼓励跨国间的协调一致和协同效应。这一做法已经被沿用到大都会的品食乐业务中，如其旗下的快乐绿巨人、哈根达斯等品牌。

由于全球品牌经理与各国业务人员的视角和目标各不相同，因此就会造成一种紧张局势，但大都会认为这是有益的。对许多决策（如为某一国家选择广告代理商），这两个组织必须达成共识。对其他决策，国家品牌经理在一些明确的指导下被赋予很大的决策空间。于是，皇冠伏特加以"纯粹的震撼"为主题的广告在全世界各地的执行都相同，都是透过皇冠伏特加酒瓶看风景（见第7章）。但是广告根据每个国家的具体情况做出了调整，使用的风景或人物各不相同。

CEO

在一些公司，CEO就是品牌负责人，所有将品牌置于危险境地的决策都要得到最高层的首肯。CEO具有跨各个业务单位的权力，能够阻止风险性方案的执行，并能够在品牌需要的时间和地点提供相应的资源支持。另外，CEO至少在理论上应该具有长期的战略视角。但不幸的是，CEO也面临着一系列由营运指标（如销售额、成本、利润以及新产品开发等）考核的目标，许多目标都与公司的品牌建设目标相抵触。另外，CEO在运营复杂业务的同时，还要回答很多利益相关者（包括股东、雇员、顾客和零售商）的质疑。由于肩负多种责任，CEO很难专注地进行品牌建设与保护。

首席品牌官

在实际操作中，品牌管理工作通常由组织最高层负责，这就是各种形式的"CEO负责制"。通常情况下，品牌经理提出建议或方案，由高级管理团队进行审核。这个团队是品牌的守护人，会抵制将品牌置于危险境地的举动，同时鼓励增强品牌实力的方案。尽管这些团队具有战略视角，但由于他们的精力难以顾及数量众多的品牌，无法深入了解品牌的处境，难免会有不同程度的疏忽。

雀巢公司的解决方案是确立一名首席品牌官，即只负责单一品牌的高级主管。他们的职责与品牌资产经理类似，只不过首席品牌官处在组织的最高层。此外，由于高级主管的介入，品牌监督的范围自然而然包括了品牌表现活跃的所有国家和所有业务领域。

产品品类经理

许多公司感到应从更广的视角考虑分销与后勤效率,于是产品品类经理应运而生。当一个品牌与产品品类(如口腔保健类产品)联系在一起时,产品品类经理就可以针对该品类中的各子品牌和各产品进行通盘考虑,制定整体战略和活动方案,实现战略高度的品牌管理。显然,与一两位产品品类经理合作,要比与十几位品牌经理合作简单多了。

即使一位产品品类经理负责多个品牌,他的全局视角对于协调相邻或相关品牌仍然很有裨益。例如,吉列化妆品就包括 Right Guard、吉列男士系列、White Rain、Dry Idea 及吉列 Foamy;宝洁公司有 7 种肥皂和几种洗衣粉。单一品牌的经理由于缺乏产品品类的视角,很少将他们的品牌与同一品类中的其他品牌联系起来,这样就会导致相似品牌间的相互蚕食。

与单一品牌的经理人相比,产品品类经理面临的高效率和低价格的压力(来自零售商及其他人)常常更多。因此,品牌建设很难自动地成为其首要任务。

葛兰素史克公司主要生产 Tums 抗酸药、康泰克感冒药以及 Aquafresh 等口腔护理产品,已经建立了一套全球性的产品品类管理机构,[2] 每个产品品类管理团队都有调研、品牌和市场小组,并向一位副总裁级别的产品品类主管汇报工作。产品品类管理团队负责开发各种方式以扩展现有品牌,并向全球的品牌小组提供新观念。

品牌委员会

跨业务部门的合作可以由一个委员会来完成,它是组织的一个延伸。例如,惠普公司就有一个由传播主管组成的品牌资产委员会。这些主管分别代表各个使用惠普品牌的部门。他们的任务是为惠普制定识别定位,确保该识别得以有效传播,并在品牌建设行为中促进合作与协同。

传播协调者

为减少合作产生的问题，增加产生协同效用的机会，公司可以将不同的传播职能集中到一个经理人身上。高乐氏、可口可乐、通用食品及其他一些公司都采用了这种方式，即由一位高级经理负责广告、媒介、促销、营销调研、营销情报服务，以及消费者反应/促销服务等多种职能。这种方式的问题是缺少线性管理，员工的职能缺乏目标，尤其在整体预算捉襟见肘时更为明显。

职能集中的举措面临一个问题，就是与现在组织管理扁平化的原则背道而驰，《解放型管理》（*Liberation Management*）一书的作者汤姆·彼得斯（Tom Peters）就是后者的倡导者之一，他指出：现代组织必须摒弃过度集中的权力，将管理者置于职能部门的最前线，从而达到组织扁平化的目的。他还主张减少管理层次、去中心化和权力下放。[3] 这些主张之所以引人注意，是因为它们可以提高生产率、反应能力和增加组织活力，但是这种措施使品牌战略的协调更加困难。在此背景下，设置一个品牌资产经理或首席品牌官应该是很有必要的。

广告代理商的角色

品牌战略需要一位专门的设计师，他将在多个媒介和市场中实施与协调具有凝聚力的品牌战略。广告代理公司常常是这一角色的优秀候选人。

事实上，最好的品牌战略制定者应该是那些代理公司的职员。代理公司会吸引那些对品牌战略感兴趣的人，他们因为接触过不同的品牌，了解不同品牌的背景，所以会形成一些品牌战略工具，并且拥有相关的信息和经验。此外，当公司品牌经理更换频繁时，代理公司凭借其对品牌的理解和自身传统，常常成为品牌资产的天然维持者。

代理公司本身的特点就适合充当战略与执行之间的联系纽带，因为两种职能都可由它们一并完成。制定品牌战略的代理公司自然而然地会考虑到实施的问题。即使是站在记述的立场上，代理公司的品牌战略制定者也对执行具有良好的感觉。因为他们更容易意识到，如果没有杰出的执行方案，大多数战略只能是一纸空文。

如果全球性代理公司在各个国家都有强大的分支机构，全球性的品牌可以从它们那里受益良多。大多数全球性代理公司在国家之间取得一致性和协同性方面具有丰富的经验，即使是代理公司怀疑论者，也认为代理公司擅长根据不同国家的特点调整品牌识别。

广告代理商作为新的传播形式的学习者和实践者，非常适合领导跨媒介的合作活动。大多数大型代理公司都曾开设研发项目，探索如何使用新兴的传播形式。20世纪80年代，奥美公司开始进行交互式广告的试验。但是在媒介广告的作用已经变得不那么重要的时候，许多广告代理商仍然对其有所偏爱，正如那句俗话所讲：当你有一把锤子的时候，每样东西看起来都像是钉子。而且，代理商管理替代性媒体（如事件赞助或直接营销）的能力可能有一定局限。

因此，代理商面对一项挑战，即增强应用多种传播媒介进行整合传播的能力。下面就讨论提升这一能力的几种方法。

代理商集团

解决整合传播问题的最早的方式是通过并购能力互补的传播公司创建代理商集团。最常见的组合方式是并购一些专精于促销、企业形象设计、包装设计、直接营销、市场调查、展览展示、公关以及事件营销的公司。这种整合的目的是期望通过相互的推荐实现内部的系统效应，并且希望客户能够接受一站式的联合传播服务。

但是组建代理商集团的方式被一致认为不可行。组成集团的公司都有各自独特的文化和视角，很难达到水乳交融的状态。每个公司都倾向于按照其既成的方式来解决传播问题，其合作很难实现突破性的效果。并且，很难让客户相信完成每项传播任务的最佳人选就在集团内部。因此，即使合作的方式在理论上很有说服力，让客户签约也并不容易。更可笑的是，内部的相互推荐也不会出现，因为有些公司对兄弟公司缺乏信心，并且把它们当成了客户预算的争夺对手。

全能型内部代理商

另一种方式是扩展代理商的能力，使之包括促销、宣传册制作、公关等其他的传播方式。扩大了媒介渠道的品牌服务团队应该能够完成需要合作的传播任务。这种方式有一个优秀的案例，即赖利公司（见第2章）为土星公司设计的系列促销方案。赖利公司被誉为土星品牌的守护者，这家代理商设计了宣传册，制定了促销方案，并且为土星设计了网站，甚至还参与设计了零售概念。

李奥贝纳广告公司有意回避了代理商集团的方式，它更支持在一家公司内部发展并整合直接营销、促销、公关和新媒体等各种传播能力。这家代理商中的非广告专业人士不允许服务外部的客户。[4]

先进技术可以帮助代理公司提供跨媒介的高效率、整合性传播服务。旧金山的CKS集团基于新技术的应用，横跨了广告、展览展示、包装、宣传册制作、企业形象设计、虚拟商店，甚至互动电话亭等多种媒介服务。CKS系统的核心是电脑存储和图像处理，它们可以应用于多种媒介。如一项标志或设计可以出现在宣传册、指示系统、包装等各种媒介上；在广告中具有实效的形象也可用于展览横幅、宣传册及店内促销。正在进行的工作及最终结果向所有CKS的团队成员和客户开放。CKS将技术（包括E-mail、互联网和共享形象）视为整合传播的关键因素。

只要代理公司有足够的资金用于雇用新人才、有称职的人才来掌控新的服务，这种全能型内部代理商的方式就可以持续。然而，代理公司并不总拥有足够多的人才，或者拥有足够多的资金支持多样化的员工队伍。因此，扩展代理公司的业务是否明智或可行仍然有待进一步检验。

新的代理组织形式：服务集群团队

恒美广告公司的基思·莱恩哈德基于一种动态服务团队概念提出了新的设想，描绘了一种他称之为代理 2000 的未来的广告代理公司。[5] 服务集群团队的成员来自代理公司的各分支机构（也可能是与代理公司结盟的外部公司）。这个团队只有一个战略目标，为特定客户提供服务，但同时可以根据客户需要进行灵活变化。如促销在客户的品牌战略中具有相对重要的地位，团队就会侧重于从促销公司中抽调人手。尽管这个促销团队在关键成员数量、基础架构上与原公司相同，而且也能得到原公司的支持，他们的关注点和努力方向却是这位客户及其需要。

这种多功能的服务集群团队实际上可以形成自己的组织，恒美广告就曾为 GTE 这一个客户成立了一个代理公司。代理公司被称为 Focus GTE，其成员是从恒美广告的不同分支机构抽调出来的，代表着不同的能力，包括销售促进、直接营销、数据库营销。公司从不同组织中把人员集中到一个地方，是期望这种做法能够有助于克服障碍。从本质上讲，这就是一个虚拟企业，为了最好地完成临时任务而组成的一群人或组织。

这种服务集群团队可以采取集中办公的方式，但这种方式代价昂贵，并降低了服务集群团队应有的适应性和灵活性。有一种替代方案，即采用电子通信手段在团队成员之间建立联系。利用电脑和视频通信技术，团队的所有成员不仅可以共享数据，还可以共享理念和执行方案。电子工作室（Electronic Studio）是伦敦的一家代理公司，该公司在运用计算机与扫描技术加速广告创作方面走在了前沿，它们的系统甚至包括了与客户的在线联络。通过视频会议的支持，这种运营理念可以扩展到广告之外的其他沟通渠道。对技术的运用是希望在保持大型代理公司适应能力的同时，又能将团队成员联系在一起。

服务集群团队的一个关键特征是它重点关注创意而非广告。代理公司最主要的差异化优势在于它有能力招募、培训和支持战略与战术的创造人才。现在的观念是要将这种创造力输送到推动品牌发展的概念创造上。这些"品牌创意"（brand idea，J.沃尔特·汤普森采用的术语）将由最合适的媒介来实现，并不仅仅局限于广告。下面所讲的黑金（Black Gold）的故事就是很好的例子。

黑金的故事

丹麦的黑金啤酒通过一项传播活动成功地走向了市场。在这次传播活动中，传统媒介广告作用不大。其代理公司恒美广告首先为品牌识别构思了一个很好的创意，然后选用最佳的传播工具对创意进行了演绎。这种方式不同于那些策划广告活动的代理公司。

这一品牌识别神秘、感性又不失智慧，将先锋、前卫做到了极致。品牌创意的核心是一部在电影院播放的黑白电影预告片，短片时长6分钟，极其荒诞怪异、标新立异。这部极富感染力的短片为黑金创造了一个感性的、特色鲜明的平台。这部短片预先进行了广而告之，影院里的观众都在翘首期盼。从短片剪辑的4个富有感染力的场景被印成明信片和海报（见图11-2），这不仅增加了曝光度，也通过消费者的使用增加了参与度。整个传播活动都以核心创意为基础，创意推动了整个执行过程。

图 11-2 黑金的视觉广告

资料来源:Reproduced with permission from DDB Needham Worldwide A/S.

在代理公司内部需要有思维的根本转变，品牌的创意应该取代伟大的广告创意成为推动传播活动的主要力量。这种观念转变有一个前提，即广告已经不再是品牌传播的最主要推动力量了。在品牌识别的传播中，赞助活动（如完美文书赞助的自行车队或 José Cuervo 赞助的排球赛）也可以扮演核心角色。

作为传播整合者的代理公司

服务集群团队这种方式存在一个问题，即最优秀的人才就在代理公司内部。在专业化与细分的时代，这个假设不太可能成立。还有一种方式是把代理公司界定为一个整合者，它可以整合代理公司外部的资源来完成传播服务。作为整合者与协调者的代理公司，具有以下的优势。

- 优秀的品牌战略制定者。
- 创造性地提供传播解决方案。
- 擅长提供备选媒介。
- 执行力优秀，尤其体现在挖掘主题和视觉形象方面。
- 为客户的政策制定提供客观建议。

需要注意的是这些只是潜在的优势；只有代理商经营良好，这些优势才能表现出来。

通用汽车公司就在这种方式的探索上有一定的进展，它将其代理公司的角色扩展为"总承包商"。希望代理公司在管理好通用汽车品牌的同时，又能够依靠外部的专业公司，如事件赞助公司和外部精品店，实施一些特定的创意。代理公司的角色在于提出创意，从代理公司内外部挑选合适的执行者，并且管理整个过程，确保达成整合沟通的预期效果。[6]

客户方的方式

对于许多公司来说，品牌战略问题的解决方案并不依赖于代理公司，而是在公司内部完成的，并且这种方式常常有一些合理的证据支持。首先，代理公司擅长制作广告，但品牌战略最好由品牌管理团队来规划。事实上，制定品牌战略应成为品牌团队的首要任务。即使需要外部支持，代理公司也不一定是最好的选择，尤其是有些代理公司的调研能力非常有限。一家客户公司发现，只有 13% 的代理费用产生了创造性的结果。减少代理公司的某些职能（如媒体购买和市场调查），并调整相应的服务费用能够节省一大笔投资。

其次，在当今市场细分和媒介专业化的时代，很有必要雇用一家由专业化的传播公司组成的团队，其中每一家都是在各自领域中实力最强的公司。如果需要开展广告活动，广告代理公司可以成为团队的一员；如果需要交互式媒体或事件赞助时，广告代理公司就不是最好的选择了。

最后，如果必要，客户自己也可以提升自己的专业技能，包括市场调研、媒体购买甚至战略咨询。金宝汤公司甚至自己制作在 Lifetime 有线频道播出的专题节目，关注老师在教育孩子方面的关键作用。这一举措是教育标签计划（教育标签计划是指学生、家庭及其他社会团体可凭购买金宝汤公司产品的凭证，换取积分使得金宝汤公司向学校免费赠送教学用品）、菜谱出版及销售点方案的一部分。[7]

创建强势品牌的 10 项指南

1. 品牌识别 为每个品牌创造一种识别。不仅要有品牌作为产品的视角，还要从品牌作为个人、品牌作为组织、品牌作为符号的角度考虑问题。要确定核心品牌识别。如果需要，针对不同的细分市场和产品调整品牌识别。要记住，品牌形象是品牌如何被客户所感知的，而品牌识别是你期望品牌如何被客户所感知。

2. 价值主张　要清楚对每个品牌具有驱动作用的价值主张。考虑品牌的功能利益，同时考虑情感利益和自我表达利益。要明白背书品牌如何提供信誉保证。理解品牌－顾客关系。

3. 品牌定位　每个品牌都要拥有品牌定位，它能够给执行传播方案的人员以指导。回想一下，定位是品牌识别与价值主张的一部分，它们都需要得到积极的传播。

4. 实施方案　传播方案的实施不仅要实现品牌识别与定位，还要达到悦人耳目、持久有效的目的。需要提供备选方案，并且拥有媒体广告之外的其他可选媒介。

5. 长期的连续性　要将长期保持品牌识别、定位与实施方案的一致性作为目标。要确保符号、形象及隐喻持续地发挥作用。要理解并抵制组织改变品牌识别、定位与实施方案的倾向。

6. 品牌系统　要确保所有品牌都协调一致，并产生协同效应。要清楚它们的角色。拥有或者培育银色子弹以支持品牌识别与定位。开发品牌化的特色与服务，利用子品牌起到清晰化和修正作用。了解战略品牌。

7. 品牌平衡　只有品牌识别得到应用和强化，才考虑扩展品牌和开发合作品牌。明确系列品牌，并为每一品牌开发品牌识别，明确在不同的产品背景下，各个品牌识别如何产生差异。如果一个品牌向上或向下延伸，要注意对最终品牌识别的整体性进行管理。

8. 追踪研究品牌资产　长期跟踪品牌资产，包括品牌知名度、感知质量、品牌忠诚度，特别是品牌联想。要有明确的沟通目标，尤其要注意那些品牌形象中没有反映品牌识别与定位的领域。

9. 品牌责任　有专人负责管理品牌，包括创建品牌识别与定位，协调、联合不同的组织单元、媒介和市场实施传播方案。当一个品牌在某业务领域中并不是基础要素却被应用时，要引起特别注意。

10. 品牌投资　要持续不断地对品牌进行投资，即使一时无法实现公司的财务目标。

结束语

概而言之，要创建强势品牌，使它们通过提供价值主张创造顾客利益和忠诚度，奠定品牌-顾客关系的基础，就需要对品牌识别及定位有一个清晰、有效的界定。为了有效地指导市场营销活动，品牌识别除了要包括核心识别，还应包括延伸识别与识别符号。在品牌识别创造过程中常常遇到的一个陷阱是过度关注品牌特征。公司必须跳出品牌就是产品的框框，除了考虑功能利益外，还应考虑情感利益和自我表达利益，从品牌作为个人、品牌作为组织、品牌作为符号的多个视角来考虑问题。

培育强势品牌的一个关键是要保持长期一致性。公司先是创造出一种可持续的形象与定位，然后依靠卓越的执行力对之进行支持，同时还要抵制各种对于改变的偏好，长此以往，才能实现品牌识别的一致性。

品牌系统的概念给品牌管理增加了新的维度。品牌系统由交叉品牌、重叠品牌和子品牌构成，这就容易造成混乱和差异，由此产生的问题就是如何对系统进行有效管理，使之产生效果，提高效率。达成这一目标的关键在于深刻理解每个品牌的角色，根据每个角色的具体情况进行管理。

培育品牌的组织是创建成功品牌的基础。组织需要进行适当调整，明确设置专人负责品牌识别／定位，负责协调不同的组织单元、媒介和市场实施方案。

对于大多数组织而言，品牌是带来巨大优势的基础，但强势品牌不是一蹴而就或自发产生的。只有制定了正确的品牌战略，并由专注、自律的组织对之进行卓越的执行，强势品牌才能水到渠成、呼之欲出。这本书试图提供一些概念、工具和模型，意在帮助品牌战略制定者应对品牌管理中的挑战。

思考题

1. 你所在的公司目前的组织架构是什么？谁负责主要的品牌？他们具备为未来建设这些品牌的内在动力吗？他们对于媒介、市场和产品是否具有足够宽广的视角？
2. 在跨组织、品牌与市场的合作中，存在什么问题？跨媒介的合作存在什么问题？组织内部是否拥有合适的人才和动力去选择最有效的媒介工具实施品牌战略？

参考文献

第 1 章

1. Drawn in part from Douglas Collins, *The Story of Kodak*, New York: Harry N. Abrams, Inc., 1990.
2. Wayne D. Hoyer and Steven P. Brown, "Effects of Brand Awareness on Choice for a Common, Repeat Purchase Product," *Journal of Consumer Research*, September, 1990, pp. 141–148.
3. Kodak Annual Report, 1993.
4. Robert Jacobson and David A. Aaker, "The Strategic Role of Product Quality," *Journal of Marketing*, October 1987, pp. 31–44.
5. Eugene W. Anderson, Claes Fornell, and Donald R. Lehmann, "Customer Satisfaction, Market Share and Profitability: Findings from Sweden," *Journal of Marketing*, July 1994.
6. David A. Aaker and Robert Jacobson, "The Financial Information Content of Perceived Quahty," *Journal of Marketing Research*, May 1994, pp. 191–201.
7. David A. Aaker, "Managing Assets and Skills: The Key to a Sustainable Competitive Advantage," *California Management Review*, Winter 1989, pp. 91–106.
8. The Schlitz story is described in *Managing Brand Equity*, Chapter 4.
9. For example, my colleague Kevin Lane Keller defines consumer-based brand equity in terms of brand knowledge and unique brand associations. Kevin Lane Keller, "Conceptualizing, Measuring, and Managing Customer-Based Brand Equity," *Journal of Marketing*, January 1992, pp. 1–22.
10. Frederick F. Reichheld, "Loyalty-Based Management," *Harvard Business Review*, March-April 1993.
11. Ibid.
12. Christopher W. L. Hart, James L. Heskett, and W. Earl Sasser, Jr., "The Profitable Art of Service Recovery," *Harvard Business Review*, July-August 1990.
13. Frederick F. Reichheld, and W. Earl Sasser, Jr., "Zero Defections: Quality Comes to Services," *Harvard Business Review*, September-October 1990.
14. An example of an event store would be a Nike store in which music and graphic make the store visit an event where people can experience the Nike identity.
15. Dertouzos, Michael L., Richard K. Lester, and Robert M. Solow, *Made in America: Regaining the Productive Edge*, Cambridge: MIT Press, 1988.

第 2 章

1. This chapter is adapted from the article "Building a Brand: The Saturn Story," by David A. Aaker, which appeared in the *California Management Review* in Winter 1994 and received the Pacific Telesis Foundation award for the article published in Volume 36 of that journal that made the most important contribution to improving the practice of management. The use of material from the article is by permission of the *California Management Review*, which owns the copyright. Thanks are due to Bob Ellis of Hal Riney, Tom Shaver (formerly Saturn's advertising manager) and Roberto Alvarez, all of whom made helpful comments on earlier drafts. The material for the article was drawn in part from discussions with Saturn executives, retailers, and agency people and from secondary sources such as Richard LeFauve, "One More Chance," *MIT Management*, Spring 1992, pp. 2–7; David Woodruff, "Saturn," *Business Week*, August 17, 1992, pp. 85–91; Richard G. Lefauve and Arnoldo C. Hax, "Managerial and Technological Innovations at Saturn Corporation," *MIT Management,* Spring, 1992, pp. 8–19, Raymond Serafm, "The Saturn Story," *Advertising Age*, November 16, 1992, pp. 1, 13; Alice Z. Cuneo and Raymond Serafin, "With Saturn, Riney Rings Up a Winner," *Advertising Age,* April 14, 1993, pp. 2–3; T. W. Shaver, remarks to San Diego Advertising Club, November 6, 1991; Don Hudler, address to the Adcraft Club of Detroit, January 17, 1992; 1991 brochure introducing the Saturn.
2. The 1994 Saturn brochure is the source of all of these quotations.
3. Roger B. Smith, statement at the Saturn news conference, January 8, 1985.
4. Richard G. Lefauve and Arnoldo C. Hax, "Manageriai and Technological Innovations at Saturn Corporation," *MIT Management*, Spring 1992, pp. 8–19.
5. One by the NADA (National Automobile Dealers Association) and the other by the J. D. Power Company. See Hudler, op cit.
6. Lefauve and Hax, op. cit.
7. 1993 Kelly Blue Book Official Price Guide, Western Edition, September–October 1993.
8. Hudler, op cit.
9. Hudler, private communication, June 1995.
10. Charles J. Murray, "Engineer on a Mission," *Design News*, February 22, 1993, pp. 102–111.
11. T. W. Shaver, op. cit.
12. Don Hudler, op. cit., 1992.

第 3 章

1. This chapter benefited from long discussions with Scott Talgo of the St. James Group. His experience and insight permeate the chapter.
2. From the cartoon strip "Non Sequitur" by Wiley, *San Francisco Examiner*, February 12, 1995.

3. Credit for this insight, as for many others in this book, is due to Scott Talgo of the St. James group.
4. Erdener Kaynak and S. Tamer Cavusgil, "Consumer Attitudes Towards Products of Foreign Origin: Do They Vary Across Product Classes," *International Journal of Advertising*, 1983, pp. 147–157.
5. C. Min Han and Van Terpstra, "Country-of-Origin Effects for Uni-National and Bi-National Products," *Journal of International Business Studies*, Summer 1988, pp. 235–256.
6. Items drawn in part from the annual reports of McDonald's from 1990 to 1994.
7. Items drawn in part from Nike annual reports from 1991 to 1993 and from Geraldine E. Willigan, "High-Performance Marketing: An Interview with Nike's Phil Knight," *Harvard Business Review*, July-August 1992, pp. 91–101.
8. Figure 3–10 is adapted from Jerome Kagan, Ernest Havemann and Julius Segal, *Psychology: An Introduction*, 5th edition (New York: Harcourt Brace Jovanovich, 1984), p. 25.
9. Duane Knapp, a branding consultant, is an advocate of using value propositions to help guide brand strategies.
10. Stuart Agres, "Emotion in Advertising: An Agency's View," in Stuart J. Agres, Julie A. Edell, and Tony M. Dubitsky, *Emotion in Advertising* (New York: Quorum, 1990), pp. 1–18.
11. Russell W. Belk, "Possessions and the Extended Self," *Journal of Consumer Research*, September 1988, p. 139.

第 4 章

1. This material in part has been drawn from Bo Burlingham, "This Woman Has Changed Business Forever," *Inc.*, June, 1990, pp. 34–44; interview with Anita Roddick, *Business Ethics*, September/October 1992, pp. 27–30; Anita Roddick, *Body and Soul* New York: Crown Trade Paperbacks, 1992. Thanks to Lorilei Beer of The Body Shop for helpful suggestions.
2. The material in this section is drawn in part from personal discussions with Japanese executives.
3. "Good Citizenship Is Good Business," *Fortune*, March 21, 1994, pp. 15–16.
4. Judann Dagnoli, "Consciously Green," *Advertising Age*, September 16, 1991, p. 14.
5. Lawrence E. Joseph, "The Greening of American Business, *Vis a Vis*, May 1991, p. 32.
6. Bradley Johnson, "Nestle Unifies Image," *Advertising Age*, C 26, 1992, p. 3.
7. Marvin E. Goldberg and Jon Hartwick, "The Effects of Advertiser Reputation and Extremity of Advertising Claim on Advertising Effectiveness," *Journal of Consumer Research*, September 1990, pp. 172–179.
8. Jennifer Aaker, "The Effect of Country-of-Origin Information on Product Evaluation," working paper, Stanford University, 1994.

9. C. Min Han and Van Terpstra, "Country-of-Origin Effects for Uni-National and Bi-National Products," *Journal of International Business Studies*, Summer 1988, pp. 235–256.
10. Kevin Lane Keller, my research colleague and a professor at the University of North Carolina, convinced me over the course of many conversations that corporate brands work in large part by providing credibility.
11. Kevin Lane Keller and David A. Aaker, "Managing the Corporate Brand: The Effects of Corporate Images and Corporate Brand Extensions," working paper, 1995.

第 5 章

1. This chapter benefited from the involvement of Jennifer Aaker. The first three sections, in particular, draw heavily on her conceptualizations and research. In addition, she made many substantive comments and suggestions throughout.
2. John W. Schouten and James H. McAlexander, "Subcultures of Consumption: An Ethnography of the New Bikers," *Journal of Consumer Research*, June 1995, pp. 43–61.
3. Ibid.
4. "The Marketing 100," *Advertising Age*, July 5, 1993, p. S30.
5. Jennifer L. Aaker, "Conceptualizing and Measuring Brand Personality: A Brand Personality Scale," working paper, Stanford University, December 1995.
6. Joseph T. Plummer, "How Personality Makes a Difference," *Journal of Advertising Research* 24 (December/January 1984), pp. 27–31.
7. David Mick and Susan Fournier, "Process and Meaning in Consumer Satisfaction: A Multimethod Inquiry on Technological Products," working paper, Harvard University, 1994.
8. Jennifer Aaker, op. cit. A 42-item BPS used to measure brand personality consists of selected items from each of the 15 facets shown in Figure 5–2.
9. Raymond Serafin, "Chevy Claims 'Genuine Icon Status,'" *Advertising Age*, March 21, 1994, p. 1, 44.
10. Grant McCracken, "Culture and Consumption: A Theoretical Account of the Structure and Movement of the Cultural Meaning of Consumer Goods," *Journal of Consumer Research*, June 1986, pp. 71–84; Grant McCracken, "Who Is the Celebrity Endorser? Cultural Foundations of the Endorsement Process," *Journal of Consumer Research*, December 1989, pp. 310–321.
11. David A. Aaker and Douglas Stayman, "Implementing the Concept of Transformational Advertising," *Psychology and Marketing*, May-June 1992, pp. 237–253.
12. Russell W. Belk, "Possessions and the Extended Self" *Journal of Consumer Research*, September 1988, pp. 139–166.

13. Joel B. Cohen, "An Over-Extended Self?" *Journal of Consumer Research*, June 1989, pp. 125–127.
14. Margaret Mead was one of the first modern social scientists to suggest that today's world requires multiple social selves; see Margaret Mead, *Mind, Self and Society* (Chicago: University of Chicago Press, 1934). For an excellent commentary, see Hazel Markus and Elissa Wurf, "The Dynamic Self Concept: A Social Psychological Perspective," *Annual Review of Psychology* 38, 1987, pp. 299–337.
15. Jennifer Aaker, "The Moderating Effect of Context on the Impact of Brand Personality on Brand Choice," Working Paper, UCLA School of Management, 1995.
16. Fred Posner, "You Have to Have a Brand Become a Friend," speech given to the Advertising and Promotion Workshop, February 1, 1993.
17. Raymond Serafin and Leah Rickard, "Lighting Up Neon," *Advertising Age*, February 7, 1994, p. 16.
18. Max Blackston, "Beyond Brand Personality: Building Brand Relationships," in David A. Aaker and Alexander Biel, *Brand Equity and Advertising* (Hillsdale, NJ: Lawrence Erlbaum Associates, 1993), pp. 113–134.
19. Blackston, op. cit.
20. Susan Fournier, "A Consumer-Brand Relationship Framework for Strategic Brand Management," Ph.D. dissertation, University of Florida, 1994.
21. David M. Buss and Kenneth H. Craik, "The Act Frequency Approach to Personality," *Psychological Review* 90, 1983, pp. 105–126.
22. Fournier, op. cit.
23. France Leclerc, Bernd H. Schmitt, and Laurette Dube, "Foreign Branding and Its Effects on Product Perceptions and Attitudes," *Journal of Marketing Research*, May 1994, pp. 263–270.
24. Jennifer Aaker, "User Imagery Versus Brand Personality," working paper, UCLA, 1994.

第 6 章

1. Paul Feldwick, *BMP Works*, Henley-on-Thames: NTC Publications Limited, 1992.
2. Adrian J. Slywotzky and Benson P. Shapiro, "Leveraging to Beat the Odds: The New Marketing Mind-Set," *Harvard Business Review*, September-October, 1993, pp. 97–107.
3. For an introduction to strategy concepts and supporting analysis approaches, see my book *Developing Business Strategies*, 4th edition, New York: John Wiley, 1995.
4. Kenton Low, "Revitalizing Brand Image Can Often Be More Effective and Less Risky Than Introducing a New Product," address to the 1993 Brand Marketing Forum, Chicago.
5. Kathleen Deveny, "For Coffee's Big Three, A Gourmet-Brew Boom Proves

Embarrassing Bust," *Wall Street Journal*, November 4, 1993, p. B1.
6. Susan Caminti, "A Star is Born," *Fortune*, Autumn/Winter 1993, pp. 45–47.
7. This was stimulated by Lynn Upshaw, *Building Brand Identity*, New York: John Wiley & Sons, 1995.

第 7 章

1. Elaine Underwood, "Proper I.D.," *Brandweek*, August 8, 1994, pp. 25–30.

第 8 章

1. Peter H. Farquhar, Julia Y. Han, Paul M. Herr, and Yuji Ijiri, "Strategies for Leveraging Master Brands," *Marketing Research*, September 1992, pp. 32–39.
2. Sylvie LaForet and John Saunders, "Managing Brand Portfolios: How the Leaders Do It," *Journal of Advertising Research*, September-October 1994, pp. 64–76.
3. C. Whan Park, Sung Youl Jun, and Allan D. Shocker, "Composite Brand Extension: Its Process, Outcomes, and Promise," working paper, University of Pittsburgh, April 1994.
4. For a more complete description of strategic opportunism and an alternative, strategic visions, see David A. Aaker, *Developing Business Strategies*, 4th edition, New York: John Wiley, 1995.
5. Gregory S. Carpenter, Rashi Glazer, and Kent Nakamoto, "Meaningful Brands from Meaningless Differentiation: The Dependence on Irrelevant Attributes," *Journal of Marketing Research*, August 1994, pp. 339–350.

第 9 章

1. All ConAgra brands listed are registered trademarks.
2. ConAgra internal records.
3. John A. Quelch and David Kenny, "Extend Profits, Not Product Lines," *Harvard Business Review*, September-October 1994.
4. Carol M. Motley and Srinivas K. Reddy, "Moving Up or Moving Down: An Investigation of Repositioning Strategies," Working Paper 93-363, College of Business Administration, University of Georgia, 1993.
5. Johan Arndt, "Role of Product Related Conversation in the Diffusion of a New Product," *Journal of Marketing Research* 3 (August), pp. 291–295.
6. Kevin Lane Keller and David A. Aaker, "The Effects of Sequential Introduction of Brand Extensions," *Journal of Marketing Research*, February 1992, pp. 35–50.
7. Jean B. Romeo "The Effect of Negatiye Information on the Evaluations of Brand Extensions and the Family Brand," in *Advances in Consumer Research*, Rebecca H. Holman and Michael R. Solomon, eds., Association for

Consumer Research, 1991, pp. 399–406.
8. Subodh Bhat and Mary R. Zimmer, "The Effect of a Brand Extension's Fit and Quality on Attitude toward the Extension and Attitude Toward the Parent Brand," working paper, San Francisco State University, 1994.
9. Barbara Loken and Deborah Roedder John, "Diluting Brand Beliefs: When Do Brand Extension Have a Negative Impact?," *Journal of Marketing*, July 1993, pp. 71–84.
10 David A Aaker and Stephen Markey, "The Fffects of Subbrand Names on the Core Brand," working paper, University of California, Berkeley, 1994.
11. Peter H. Farquhar, Julia Y. Han, Paul M. Herr, and Yuji Ijiri, "Strategies for Leveraging Master Brands," *Marketing Research*, September 1992, pp. 32–39.
12. Peter A. Dacin and Daniel C. Smith, "The Effect of Brand Portfolio Characteristics on Consumer Evaluations of Brand Extensions," *Journal of Marketing Research*, May 1994, pp. 229–242.
13. J. Walter Thompson presentation at the Philip Morris workshop "Growing the Business Via Brands and People," October 1992.
14. Susan M. Broniarczyk and Joseph W. Alba, "The Importance of the Brand in Brand Extension," *Journal of Marketing Research*, May 1994, pp. 214–228.
15. David A. Aaker and Kevin Lane Keller, "Consumer Evaluations of Brand Extensions," *Journal of Marketing*, January 1990, pp. 27–41; and Keller and Aaker, op. cit.
16. C. Whan Park, Michael S. McCarty, and Sandra J. Milberg, "An Examination of the Negative Reciprocity Effects Associated with Direct and Sub-Branding Extension Strategies," working paper, University of Pittsburgh, 1994.

第 10 章

1. Stewart Owen, "The Landor ImagePower Survey: A Global Assessment of Brand Strength," in David A. Aaker and Alexander L. Biel, *Brand Equity and Advertising*, Hillsdale, NJ: Lawrence Erlbaum Associates, 1993 pp. 11–30.
2. Robert Jacobson and David A. Aaker, "The Strategic Role of Product Quality," *Journal of Marketing*, October 1987, pp. 31–44.
3. John Morton, "Improved Quality = Less Price Elasticity," Total Research, in-house publication 1993.

第 11 章

1. Sara Lee Corporation, Annual Report, 1994.
2. Patricia Winters, "SmithKline Realigns by Category," *Advertising Age*, March 8, 1993, p. 17.
3. Tom Peters, *Liberation Management*, New York: Alfred A. Knopf, 1992.

4. Julie Liesse, "Fully Integrating Marketing Equation," *Advertising Age*, September 12, 1994, p. S2.
5. Pat Sloan, "DDB Needham Clusters for the Future," *Advertising Age*, May 31, 1993, p. 4.
6. Michael McCarthy, "GM to Redefine Agency Roles, Fees," *Brandweek*, October 17, 1994, p. 3.
7. See *Advertising Age,* January 25, 1993, for comments contrasting agency and client views.